反面教師として読んだ『文章読本』

原 不二夫

鳥影社

反面教師として読んだ『文章読本』

目次

二　受ける言葉がないか、不適切　85

第二章　サ行変格動詞（〇〇する）について

第三章 なじまない「的」

第五章 その他の記述方法 199

第六章　語順、同語反復

第七章　「だ」「である」と「です・ます」 269

第八章　話し言葉　会話体　通俗表現 313

反面教師として読んだ『文章読本』

はじめに

日本語の乱れが言われて久しい。古い世代の人々が若者の規範を外れた表現、言い回しを嘆くもの、国語学の権威や大作家が正しい日本語とはどのようなものかを諄々と説くもの、の二様の反応が生まれ、後者については近年、書店に絶えることなく多種多様な教則本・規範本が並んでいる。当老骨、老骨の眼から若者の日本語の乱れを嘆くつもりはない。若者言葉は彼らの自由であり、世人からそのようなものとして見られるから、放置しておいても「日本語はかくあるべきだ」という視点を損ねることはなかろう。

この数十年来、気掛かりでならなかったのは、大作家、文豪が必ずしも常に模範的な無謬の日本語を残しているとはいえないのではないか、ということだった。そのため、一九九一年に、夏目漱石、森鷗外、島崎藤村、谷崎潤一郎、芥川龍之介、志賀直哉、川端康成など二〇人の大作家（民俗学の巨人・柳田国男を含む）の著名な文学作品について、その日本語の妥当性、正確さを検討した本『文豪を添削する――正確な日本語を求めて』を自費出版した（東京、謄光社）。この中で、著名な日本語学の権威、金田一京助、大野晋、丸谷才一（作家でもある）の文章についても、併せて分析を試みた。しかし、残念ながら世人からは一顧もされなかった。大野先生、丸谷先生、金田一博士のご子息・春彦先生、それにこの頃すでに日本語についてすぐれた論考を発表しておられた井上ひさし先生などにもこの拙い書をお送り申し上げた。この中でただ一人、大野先生から返信のお葉書をいただいた。消印は一九九二年二月までは読み取れるが、日付は消えかかっていてよく分らない。文面は以下の通りで、当老骨の大切な宝である。

かねて「日本語の練習のための教則本」を作りたいと思い、ことにハとガとにこだわって、いろいろ材料を集めておりますので、貴著まことに当を得たものと存じます。このような個々の裏打ちの上で、それでは一般則としてどう句読点を打てばよいかなどを述べて下さるとい い。それが大切でしょう。私は日本語の現代語の「文」をどのように定立すればいいかを考えて、毎日新聞の文章を分析しています。自分の理論で「文」が割り切れるかどうかをためしているのです。新聞の第一面は大体できる。第二面以下に妙にむつかしい型がありますね。御礼までにて。

大野先生は「句読点」とおっしゃっておられるけれど、句点（。）については世上あまり問題になることはないから、読点（、）のことを指しておられたのだと思う。当方、この本の中で「、」についてはかなり具体的な「あるべき姿」を示したつもりだったが、その後種々の『文章読本』を読むにつけ、「一般則」を誰もが納得するようには開示してなかった、先生のご指摘にもっと真剣に取り組むべきだった、と思うようになった。

この自費出版の後、在職した南山大学の紀要に、日本語に関する私見を二編掲載していただいた。『アカデミア・文学・語学編』第73号、二〇〇三年一月の「日常出会う理不尽な表現」、同誌第84号、二〇〇八年六月の「日常出会う理不尽な表現（2）」である。初編では、「到着をする」「発車をする」などといった動作をゆがめる「……をする」、「……によれば～としている」という不適切な受け答え、「節税対策」「防犯対策」「防災対策」など策を講じる向きをあやまたせる「……対策」（それぞれ、「税金対策」「犯罪対策」「災害対策」とするか、「節税策」「防犯策」「防災策」とすべきだ、と説いた）、「体を触る」といった不適格な「を」、「魅せる」という誤用・軽薄表現、「文字」が具体的・具象的な意味を体現する場合以外の「文字どおり」（たとえば、「文字どおりおいしい」）などの跳梁跋扈への嘆息を記した。（2）では、「……が～していただく」（正しくは、「……が～して下さる」あるいは「……に～していただく」）、「……に警戒する」（正しくは、「……を警戒する」ではなかろうか）、「……に訪問する」（正しくは、「……を訪問する」）、「……を輩出する」（正しくは、「……が輩出する」）、体言と用言の同格化（例えば、「の捜索や……を探しているという」）などを指摘した。この両稿にも、何の反応もなかった。

南山大学在職中、アジア学科のホームページに「権威ある朝日新聞の日本語」を添削した連載を載せていただいた。当時の朝日新聞編集局長だった三浦昭彦さん（のちに取締役。大学のゼミの一年先輩だった）が目を通して下さっていたという話を別の先輩から伺ったが、その他の反応はなく、逆に学科の同僚の一人が閉鎖せよと息巻いていた旨、別の同僚（この人のおかげで連載が生き延びた）から聞いた。

何を書いても底なしの沼に砂粒を落すような状態から抜け出せないまま、「本業」の停年退職を迎えた。日本語には自信があったが、本業でしてきたことについては、他の人々の成し遂げた仕事に比して遜色余りに大きく、退職後継続してもとてもこの穴は埋められないと自覚していた。そのため、「本業」関連の蔵書は、ほとんど処分することにした。幸い、中国福建省の厦門《アモイ》大学で日本語、マレーシア語、英語の本は引き取って下さった。但し、中国政府の意向で、共産主義とか民主主義とかに関する本は除外し、やむなく処分した。中国語の本は随分あったが、これもやむなく処分した。古書業者さんに当たってみたが、「ＩＳＢＮのついた本は引き取るが、ないものは受けられない」とのことで、ごくわずかしか引き取ってもらえず、値段もまさに二束三文だった。

この時、朝日新聞の記事の添削を続ける傍ら、より重要な仕事として、名だたる『文章読本』はあるべき日本語をどのようなものと説いているか、そこではどのような日本語が使われているか、を詳細に、とことん調べて行こうと思い立った。これまでの『文章読本』分析を中心に、朝日新聞記事の検討をも踏まえて、そこから大野先生の言われる「一般則」を組み立てることができるかも知れないと、期するところもあった。

若い知人からホームページ（ＨＰ）の作成法を教えてもらい、悪戦苦闘して大枠を作り、「日本語亡者の繰り言」と題して二〇一四年八月に公開した。序言には次のように書いた。

「美しい日本を取り戻す」ために、脇目も振らず、まなじりを決して突き進んでおられる安倍晋三首相は、今年（二〇一四）八月十五日の「全国戦没者追悼式」で、次のように述べられました。

「世界の恒久平和に、能《あた》うる限り貢献し、万人が、心豊かに暮らせる世の中の実現に、全力を尽くしてまいります」。（太字は引用者による）

これを報じた朝日新聞では、十五日夕刊の報道記事でも、十六日朝刊の「式辞全文」でもこのようになっています。

「能う」は五段活用ですから、「能うる限り」は誤りで、「能う限り」が正しい「美しい」日本語のはずです。

「美しい日本」の導師がこのような日本語を使い、同じ思いで結集しておられる官邸、内閣の使命感あふれるお歴々も、いかなる報道機関も、この言葉に違和感を覚えなかったようです。あるいは、大臣方が文法の解釈を閣議決定で変更したのでしょうか。

「若者の日本語が乱れている」などと言われて久しいのですが、このHPでは、権威ある人々の日本語がいかにおかしいかを、谷崎潤一郎や川端康成を筆頭とする文豪や日本語学者の「文章読本」、並行して朝日新聞の記事、論説について見ていこうと思います。同紙は最近「従軍慰安婦」問題で袋叩きにあってしまいましたが、その日本語の規範性は依然揺らいでいないと見られているからです。

ところが公開はしても一向に検索の網に掛かってこない。幸い、大学時代のゼミの同期生・山崎直宣氏が国内屈指の優れたＨＰ「文化技術」（同氏の造語だという）を運用しておられたので、同氏に助力を仰いだ。同氏は種々お教え下さった他、ご自身のＨＰで関連ＨＰとして「日本語亡者の繰り言」を記し、推奨して下さった。多分にこのおかげで、当老骨のＨＰが検索で出て来るようになった。『文章読本』への批評は二〇一四年十一月の谷崎潤一郎版から始め、二〇一六年四月の井上ひさし版で一区切りつけた。ついでながら、この間に見た「自由民主党憲法草案」の日本語があまりにひどく、日本のみならず日本語の将来も気掛かりでならなくなったので、同草案の添削も詳細に行った。

残念ながら、これまで、高校時代の同級生・細川直吉さんから理路整然とした異論をいただいただけで、「読者」からは何の反応、反論も来ていない。そもそも読んでくれた人がいるのかさえ、皆目見当がつかない。『文章読本』の出版社には、internetで分った範囲で「ご意見・問い合わせ」の窓口にmailを送り、該当出版社の書籍の日本語について当老骨ＨＰに綴った批評をどのようにお考えになるか、感想・講評をお願いした。

ゆまに書房出版部、研究社編集部、明治書院販売企画課からはお返事をいただいたが、他からは何の反響もなかった。

二〇社ほどのうち、返信を寄せて下さったのはわずか三社に過ぎない。それも具体的な内容に踏み込んだものではなく、いわば「お愛想」を記したものだった。老骨が長年かかって積み上げた文章論を世に問うため、個々の文章の添削を書き連ねるのでなく、そこから浮かんでくる真に規範となる文章の姿をあぶり出し、「一般則」をまとめられないか、と改めて思った。以下はその努力の跡である。

ここで取り上げた『文章読本』あるいはそれに類する本を、「はじめに」の後に掲げた。

最後に、一言お断りしなくてはならない。作家は時に、意識的に正調をはずして破格の文を書くことがあって、ここに取り上げた文はそういった箇所かも知れない、ということである。それでも、そのような文は文章読本で規範文として賛美するにはふさわしくないと思われるので、特別な「忖度」は加えないことにした。

なお、引用文中の（）は原典のままの補足、〔〕内は引用者＝原による補足、引用文末の（）内は同書の頁を示す。また、原典の旧字体は新字体に改めた。

追記

この拙い、面白味のない本の出版を、削除することなく引き受けて下さった鳥影社に、心からお礼申し上げたい。同社の本社は諏訪市にあり、同市は当老骨の郷里、茅野市の「となりむら」である。どこまでつながるか不明だけれど、国宝「縄文のヴィーナス」「仮面の女神」と諏訪大社とにも感謝申し上げる次第である。

閲覧した『文章読本』関連書籍一覧

（初出版年順。カッコ内は閲覧した版の出版年）

谷崎潤一郎『文章読本』中公文庫　一九三四（二〇〇九）
川端康成『新文章読本』タチバナ教養文庫　一九五〇（二〇〇七）
共同通信社『記者ハンドブック』共同通信社　一九五六（二〇〇九）
三島由紀夫『文章読本』中公文庫　一九五九（二〇〇六）
中村真一郎『文章読本』新潮文庫　一九七五（一九八二）
丸谷才一『文章読本』中公文庫　一九八〇（二〇〇六）
梅田卓夫 他編『高校生のための文章読本』筑摩書房　一九八六（二〇〇七）
梅田卓夫 他編『高校生のための文章読本』別冊『表現への扉』
井上ひさし『自家製　文章読本』新潮文庫　一九八七（二〇〇九）
岡崎洋三『日本語とテンの打ち方』晩聲社　一九八八（一九九三）
倉田稔『学生と社会人のための文章読本』丘書房　一九九四（一九九九）
大倉徹也『超文章読本』影書房　一九九五（一九九八）
金田一春彦『ホンモノの日本語を話していますか？』角川書店　二〇〇一（二〇〇二）
大野晋『日本語の教室』岩波新書　二〇〇二（二〇〇二）

中条省平『文章読本　文豪に学ぶテクニック講座』中公文庫　二〇〇三（二〇〇三）
加藤重広、吉田朋彦『日本語を知るための51題』研究社　二〇〇四（二〇〇四）
丸谷才一他『書きたい、書けない、「書く」の壁』ゆまに書房　二〇〇五（二〇〇五）
本多勝一『新装版　日本語の作文技術』講談社　二〇〇五（二〇〇九）
吉行淳之介・選『文章読本』ランダムハウス講談社二〇〇七（二〇〇七）
中村明『悪文　裏返し文章読本』ちくま学芸文庫　二〇〇七（二〇〇七）
阿部紘久『文章力の基本』日本実業出版社　二〇〇九（二〇〇九）
石黒圭『よくわかる文章表現の技術（新版）Ⅰ　表現・表記編』
明治書院　二〇〇九（二〇〇九）
石黒圭『よくわかる文章表現の技術（新版）Ⅱ　文章構成編』
明治書院　二〇〇九（二〇〇九）
町田守弘『新聞で鍛える国語力』朝日新聞出版　二〇一〇（二〇一〇）
中山秀樹『ほんとうは大学生のために書いた　日本語表現練習帳』
すばる舎リンケージ　二〇一〇（二〇一〇）
中村明『語感トレーニング――日本語のセンスをみがく55題』
岩波新書　二〇一一（二〇一一）
水谷静夫『曲り角の日本語』岩波新書　二〇一一（二〇一一）
村田喜代子『縦横無尽の文章レッスン』朝日新聞出版　二〇一一（二〇一一）

加藤道理『字源　ちょっと深い漢字の話』明治書院　二〇一三（二〇一三）

この他、大野晋、丸谷才一『日本語で一番大事なもの』中公文庫 一九九〇（一九九〇）、町田健『日本語のしくみがわかる本』研究社 二〇〇〇（二〇〇八）の二書を読んだが、前者は文章でなく対談形式なので、後者はいわば軽佻浮薄文の大行列で途中で読む気が失せたため、いずれも取り上げなかった。

第一章　文を成さない文章

『文章読本』あるいはそれに類する本は、当然のこととして、規範、模範とすべき文章、主述関係が整いどの語がどの語に掛かるか分る文章、さらには文意が明確に読み取れる文章で構成されているものと、誰もが思っている。ところが、意外なことに、ほとんど例外なく、どの本にも日本語を成していないのではないかと思われる文章がある。例示していきたい。

一　文意不明もしくは理解困難な文章

(1) 谷崎潤一郎『文章読本』

彼等〔西洋人〕は、……帝王とか、偉人とか、年長者とか、尊属とか云うものに対しても、われ〳〵のようには謙譲でなく、度を超えることを卑屈と考える、……（一九四頁）

これは、どう頭をひねってみても意味が分らない。「度を超える」とは、相手に敬意を表することなのだろうか。それとも「度を超えないこと」あるいは「度を弁《わきま》えること」の誤記だろうか。ただ、これはちゃんと文は成している。

(2) 共同通信社『記者ハンドブック』

次の文の処理は大変難問である。

大相撲で、横綱が引退したり、大関や関脇、小結が降格後に最高位を表す場合は「元」を使う。（五五八頁）

まず、「引退したり、」はどこに掛かるのだろう。「降格後」は体言だから、受け皿にはならない。「最高位を表す」に掛かって同格で「場合」に掛かるとすれば、文を成さない。左記あたりが妥当だろうか。

↓横綱が引退したり大関や関脇、小結が降格した〔りした〕後に最高位を表す場合は、「元」を使う。

「横綱に最高位」は変だから、あるいは左記の方がいいかも知れない。

↓引退後の横綱を表したり、大関や関脇、小結からの降格後にその最高位を表す場合は、「元」を使う。

あるいは、

↓引退後の横綱は「元横綱」とし、降格した三役経験者の最高位を表す場合は「元」を使う。

(3) 三島由紀夫『文章読本』

(a) 近代文学者が外国の思想の影響を受けて、散文芸術の精神を唱えて、自然主義文学の影響を受けた作家たちは、散文の窮極の目的と、自分たちの文学理念とを調和させようとして努力しましたが、日本語にはなおかつ長い散文・韻文の混淆の歴史が日本語の特質の背後に深く横たわっているのであります。（二六頁）

長い錯綜した文章で、何がどこに続くのか、判断に迷う。「近代文学者が……唱えて」はどこに掛かるのだろうか。「唱えたために」と言おうとしているのだろうか。「日本語には……日本語の特質の背後に深く横たわっている」も、日本語の規範とするにはためらいを覚える。この「日本語には」を取ってしまえばすっきりするのだが、それは著者の意図を損ねるだろうか。

(b) 日本ではヨーロッパ的なロマーンはなかなか生れませんでした。これは序論で言ったように、日本文学の男文字と女文字の区別からもきていることは、ロマーンこそは男性の論理的世界と女性の情念の世界との一大綜合であり、男性的理念と女性的情念との完全なジュンテーゼでなければならないからです。（七七頁）

前段では、「これ」（日本でロマーンが生まれなかったこと）は「男文字と女文字の区別」のためだ、と言っているのだろうと推察する。では後段は何を言おうとしているのだろうか。「男文字と女文字の区別からもきていることは……ジュンテーゼでなければならないから」だ、とはどういう意味だろうか。

(c)　戯曲と小説との中間形態はいろいろあって、たとえばゲーテの『ファウスト』は戯曲と言うには┐あまりにも奔放な会話の羅列であり、第二部のごときは上演も不可能なものでありますし、また会話体で書かれた戯曲でないものも沢山あるので、ゴビノオ伯爵の『ルネッサンス』のごときは┐その一例であり、またフランスの十八世紀の小説にも会話体の小説があり、戯曲と小説との間には多くの中間形態があります。(八五頁)

これも、書いているうちに陶然となって文の結び方を放念した例ではなかろうか。ここで、「言うにはあまりにも」とか、「のごときはその一例」とかは、間を「、」で切れば文の流れを失い、美観が損なわれる。また、「あるので……一例であり、……中間形態がありま す」は文を成さない。左記のようにしたらどうだろうか。

↓……戯曲と言うにはあまりにも奔放な会話の羅列であり、……戯曲でないものも沢山あって、ゴビノオ伯爵の『ルネッサンス』のごときはその一例であり、……

(d)　ロシアの小説でもドストエフスキーの『カラマーゾフの兄弟』のように、むずかしい神学的議論にまで及ぶ長い長い会話がつづけられて、それが小説の主要なテーマを劇的に盛り

上げております。（八六―八七頁）

「ロシアの小説でも……のように……盛り上げております」という構造で、「ロシアの小説でも盛り上げている」意味になる。著者の言わんとするところはそうではあるまい。忖度するに、左記が著者の意図を表していると思うのだが、いかがだろうか。

↓……『カラマーゾフの兄弟』は、……盛り上げております。

さらにじっくり忖度すると、左記のようにした方が著者の意図により忠実かも知れない。

↓ロシアの小説にも、ドストエフスキーの『カラマーゾフの兄弟』のように、むずかしい神学的議論にまで及ぶ長い長い会話がつづけられて、それが小説の主要なテーマを劇的に盛り上げているものがあります。

この場合には、「ロシアの小説にも」は文末の「あります」に掛かり、「のように」は中途の「つづけられて」「盛り上げて」に掛かるから、「小説にも」で切った方がいい。

(e)　さらに戯曲の会話というものは過去の状況を説明すると同時に、現在の行為が進行してい

かなければなりません。（九六－九七頁）

「会話というものは……行為が進行していかなければなりません」は、主語、述語の関係がややねじれた形になっている。

↓会話というものが過去の状況を説明すると同時に、……　とするか、

↓さらに戯曲の会話というものは、「過去の状況を説明すると同時に、現在の行為を進行させていかなければなりません。

これは、格助詞「が」の効力が直後の「説明する」にしか及ばないのに対して、助詞「は」の効力は「説明する」のみでなく後段の「進行させて」にまで掛かるからである。これについては別項にまとめる。

(f)……洋服全盛の時代がきますと、その洋服のファッション・ブック的語彙の一例が、サック・ドレスとか、タイト・スカートとか、それから生地や色合いにいたるまで、生半可な外国語の名称が氾濫し、そういうものを、もし明治の小説のようにふんだんに小説中にとり入れなければならないとしたら、何ページかが片仮名で埋ってしまうことになるでありましょ

う。（一四五頁）

この前に一行弱あるのだが、論点には関わらないので省略した。自己陶酔の長い文で、途中で言いたいことがずれてしまったらしい、もう一つの例であろう。

「一例が」がどこに掛かるのか分らない。「一例が……氾濫し」なら、自家撞着だ。

↓……ファッション・ブック的語彙が多用され、……　あるいは、

↓……一例がサック・ドレスとかタイト・スカートとかで、（一例に二つ挙げるのも変だけれども）

あたりなら、長い文でもすんなり理解できるのだが。

(g) われわれ**日本人は**、先にも申しましたように、心理と官能や感覚との境目をはっきりさせないことが文学上の**礼儀とすら考えられて**いました。（一六一頁）

「日本人は……礼儀と……考えられる」は、いささか奇妙だ。

↓われわれ日本人は、……礼儀と見ているとすら考えられていました。　あるいは、
↓われわれ日本人は、……礼儀とすら考えていました。

(h) リラダンの文学はワグナーの音楽を髣髴させるそうでありますが、**私は**文章の視覚的な美も**大切だが**、一種の重厚なリズム感に感動しやすい**性質をもっています**。（一九二頁）

「です・ます」調のところになぜ浮島のように「大切だが」とあるのか不思議だが、それよりなにより、「私は……大切だが、……性質をもっています」という構造は文を成していない。前段で「美も」としているから、後段にも「も」を付けた方が筋が通る。

左記のようにすればよく分かると思うが、どうだろうか。

↓……私は文章の視覚的な美も大切にしますが、一種の重厚なリズム感にも感動しやすい性質をもっています。

(4) 中村真一郎『文章読本』

(a) しかし、そうした専門家の意志、あるいはそれに伴う技術というものは、時代と共に、人の感じ方考え方が**変ってくるにつれ**――もっと正確に云いますと、人々の心の働かせ方の変化に伴って、というより、天才的な作家は、民衆のそうした心の働かせ方の変化を、予感

し、先取りした表現を発明します。（一四頁）

「変ってくるにつれ」がどこに掛かるのか探して、何分も視線がこの文の上をさまよったのだが、結局分らなかった。左記のように言おうとしたのだろうか。

↓……人の感じ方考え方が変ってくるにつれ――もっと正確に云いますと、人々の心の働かせ方の変化に伴って――変ります。というより、天才的な作家は、民衆のそうした心の働かせ方の変化を、予感し、先取りした表現を発明します。

(b) 横井也有の『鶉衣』という文集が、┐その代表的なもので、それはその一部を、┐学校の教室で皆さんも習ったと思いますが、ああした文章は、ごく短い表現のなかに、┐無数の古典的連想を含んでいて、その面白さは無類なのですが、その連想的知識が記憶のなかに詰まっている人でなくては、面白く感じることはできません。（四五頁）

「それはその一部を」の「それは」はない方が読みやすい。そもそも、この「それは」はどこに掛かっているのだろうか。また、この文章も「、」が多すぎて理解を妨げている（┐で示した）。このような過剰な「、」の例は、後にまとめて記したい。

左記のようにすればかなり読みやすくなると思うが、いかがだろうか。

↓横井也有の『鶉衣』という文集がその代表的なもので、その一部を学校の教室で皆さんも習ったと思いますが、ああした文章は、ごく短い表現のなかに無数の古典的連想を含んでいて、その面白さは無類なのですが、……

(c)私たちは今、花袋や藤村やの文章を読んで、まことに平易に自然に、そして時には平凡すぎるようにさえ感じるのですが、当時の若き自然主義者たちは、自分の心のなかに湧き出てくる混沌とした**気分をさえ**、そのなかから日本人としての伝統的な要素を故意に切り捨てるために、西洋の小説を読んで、そのなかの主人公の気持ちに、自分の気持ちを当てはめ、その主人公に自分が変身したつもりになって、その気分を表現している原文をなぞりながら、**それを**自分の気分だとして表現しています。(四六頁)

「気分をさえ」がどこに掛かるか分らない。「切り捨てる」に掛かって、文末の「それを自分の気分」の「それ」は直前の「その気分を表現している原文」のみのことを指すのかと考えたのだけれど、それでは意味がよく伝わってこない。ない知恵を絞って考え込んだ結果、「気分をさえ……自分の気分だとして」とつながるのではないか、と思い至った。そうであれば、どこに掛かるかがはっきり分るように（　）を付して、次のようにしてもらえたら理解しやすい。多くの文節を飛び越えて「気分をさえ」を「それを」に重ねようとするのは、文章として無理難題というしかないように思う。誤読であれば、天国の著者に衷心からお詫び申し上げます。

→……自分の心のなかに湧き出てくる混沌とした気分をさえ、（そのなかから日本人としての伝統的な要素を故意に切り捨てるために西洋の小説を読んで、そのなかの主人公の気持ちに自分の気持ちを当てはめ、その主人公に自分が変身したつもりになって、その気分を表現している原文をなぞりながら）、自分の気分だとして表現しています。

(d)　しかし、それが書かれた時期、明治の終りごろには、通俗小説の方が自然主義小説よりも、比較にならないほど多くの読者に読まれていたので、**つまり**多くの日本人は、通俗小説の方が自分たちの気持ちを表現しているように感じられたのです。（四七頁）

「つまり」は前の文脈を言い換えて詳しく説明するときに用いると思うのだが、ここでは前段と後段の因果関係を説明しているように見える。「**つまるところ**」あたりにした方が理解しやすいように思える。「つまり」がふさわしいのは、むしろ「それが書かれた時期、**つまり明治の終りごろには**」とするような場合ではなかろうか。

(e)　しかし、長年の修練は、〔徳田〕秋声の散文を独特な捉われない自由なものとして行ったので、**それは**晩年の『仮装人物』という長編の書き出しにも、見事にその美点がうかがわれます。（一二三頁）

この「それは」もなくもがなだと思う。「それは……その美点がうかがわれます」はいかにも重苦しい。

(f) この武者小路の主観主義と志賀の客観主義とのあいだに、白樺派の文体がある、と云ってもいいような**気がされます**。(一三九頁)

「気がされる」という表現があるだろうか。
「**気がします**」か「**気にさせられます**」か「**気になります**」が妥当なのではなかろうか。

(g) ダダ、超現実主義、表現主義、未来派、キュービズム、その他、無数の運動が一時に起り、芸術の空に真赤な炎のように、一時期燃えさかったのを、幼少の頃、記憶している、中年の読者もあると思います。(一七三‐一七四頁)

厳密にいえば、「幼少の頃、記憶している」は過去と現在との混交に見える。左記のようにすれば、時称は整合性を持つのではなかろうか。

↓……幼少の頃の出来事として記憶している、……　あるいは、

↓……幼少の頃の記憶として留める、……

(h) 便利な**こと**には私はリカ子を彼女の良人から奪はうと云ふ気もなければ彼女を奪ふ必要もない**ことだ**。（一八七頁。横光利一『鳥』）

「ことには……ことだ」は文を成さない。左記のようにするのが妥当だろう。

↓便利なことには私はリカ子を彼女の良人から奪はうと云ふ気もなければ彼女を奪ふ必要もない〔のだ〕。

(i) すると**先程**、この柔かい彼女の顔を、緑色に輝く無数の松の葉の針が突き刺す光景が**浮んで来た**。（一九四頁。野間宏『地獄篇第28歌』）

「先程……浮んで来た」と読んでしまう。忖度するに、左記のような状況を描こうとしたのではなかろうか。「先程の」は「光景」に掛かることになる。

↓すると、先程の、この柔かい彼女の顔を、緑色に輝く無数の松の葉の針が突き刺す光景が浮んで来た。

あるいは左記だろうか。これなら「先程」は「突き刺した」に掛かることになる。

↓すると、先程この柔かい彼女の顔を緑色に輝く無数の松の葉の針が突き刺した光景が浮んで来た。

(5) 丸谷才一『文章読本』

(a) この情景を見てゐて「私」の誤解を精細に写して、読者にロマネスクな衝撃を与へるための工夫である。（二七一頁。大岡昇平『野火』を引用した後の論評）

「見てゐて……衝撃を与へる」という構造である。「見てゐ」たのはこの情景が起きた時で、「衝撃を与へ」ようとしたのは執筆時のはずである。とすれば、左記の方がふさわしいのではなかろうか。単なる誤植なのかも知れない。

↓この情景を見てゐた「私」の誤解を精細に写して、読者にロマネスクな衝撃を与へるための工夫である。

(b) これはむしろ常識的な話だ。しかしこの心得にはあまり異論がないと思ふけれど、このさ

きはすこし感じが悪いかもしれない。(三五四頁)

「しかし……けれど(あるいは、しかし……が)」は、あちらも否定しこちらも否定しで、文章がどちらを向いていいか定まらなくなってしまうように思う。右記の「しかし」は、なくても前の意見に条件を付けていることはよく分ると思う。

以下は引用文である。

(c) 所が朝鮮ではさうはゆかない。事情が全で違ふ。寧ろ気持ちが違ふといつた方が更に当るかも知れない。(三三八頁。柳 宗悦『朝鮮の木工品』)

「全で」とはどういう意味なのだろうか。「一切合切全体が」ということだろうか。それとも誤植だろうか。「まるで」と読ませるのだろうか。ただ、『日本国語大辞典』の「まるで」は「丸で」のみである。また、当時は「すべて」を「全て」と書く風潮はなかったから、「て」を「で」としてしまったのではなかろう。それとも「全」一字で「すべて」と読ませ、「すべて」を「全て」とする風潮の先駆を成したのだろうか。あるいは「まったしで」なのだろうか。

(d) 溝を汚さぬように、貴重品を扱うような手つきでレコードを拭いたり、ターンテーブルに乗せたり裏がえし、慎重に針を落して音楽が鳴り始める。（三五六頁。小倉　朗『自伝　北風と太陽』）

「ターンテーブルに乗せたり裏がえし」の意味がつかみかねる。左記のようにすれば意味が通ずるが、誤った解釈に基づく改変だろうか。

↓……拭いたり、ターンテーブルに乗せたり、裏がえしたりして、……　あるいは、

↓……拭いたり、ターンテーブルに乗せて裏がえしたりして、……

(e)その返事を講義録紙上に掲げるからと申し越された時、別にこれがといふ事をしてゐないわたしは、この頃座敷から隅田川のさかな掬ひをしてゐますと御挨拶をしようかと思つたほど、潮満ち来れば、棒のさきに結びつけた叉手で目高や、鮒や、時には鯔やらを掬ふ事が出来るのも、その家の座敷でした。（三六八頁。山口剛『火をくぐりて』）

「わたしは……思つたほど」と読めるから、最終的に「わたしは」を受ける言葉がないように見える。長いこと考えて、「わたしは……さかな掬ひをしてゐます」と言おうとしているのだと思い至った。それなら、「」を付けた方が分りやすい。また、「叉手で」は後段の「掬ふ」に掛かり、「目高や」は直下の二つと同格で「を」に掛かる。

いずれにしても何とも分りにくい構造で、規範文としてはいかがなものだろうか。

↓……「別にこれがといふ事をしてゐないわたしはこの頃座敷から隅田川のさかな掬ひをしてゐます」と御挨拶をしようかと思つたほど、潮満ち来れば、棒のさきに結びつけた叉手で目高や鮒や時には鰌やらを掬ふ事が出来るのも、その家の座敷でした。

⑹ **梅田卓夫 他編『高校生のための文章読本』**

いずれも、規範文として引用された文章。

(a) 楽曲は、おおむねちゃちな弁証法と、他愛ない図式の上に平面的に**構造されている**。（一四頁。武満徹『吃音宣言』）

「構造する」とか「構造される」とかいう日本語はあるのだろうか。平易に「**造られている**」、あるいは「**構成されている**」とでもした方がいいのではなかろうか。

(b) 日本の夫たちは、妻へのいたわりを行動するのが面倒ならしい。（一六〇頁。岡部伊都子『恨み薄氷』）

「いたわりを行動する」という言い方が成り立つのだろうか。通常であれば「いたわりを行動に移す」あるいは「いたわりを実行する」あたりだと思えるのだけれど。

(c) 腹を出して、┐動かない彼のわきに、マタドールは両手を挙げて、観衆の歓呼に応えている。

(一六三頁。小川国夫『大きな恵み』)

「わきに、……応えている」はどうも座り心地が悪い。「腹を出して」もどこに続くのか探してしまう。左記のようにすれば落ち着くと思う。

↓腹を出して動かない彼のわきに、マタドールは両手を挙げて立ち、観衆の歓呼に応えている。

むしろ左記の方がすんなり読める。

↓腹を出して動かない彼のわきで、マタドールは両手を挙げて、観衆の歓呼に応えている。

(7) 梅田卓夫 他編『高校生のための文章読本』別冊『表現への扉』

(a) そこには「科学」や「合理性」の見せかけが、┐かつての宗教の肩代わりになって現代人の幻想を支えている事実が指摘されている。(五二頁)

「そこには……見せかけが、……事実が指摘されている」は文を成さない。これは次のように「、」の位置を改めれば理解可能な文になる。

↓そこには、「科学」や「合理性」の見せかけがかつての宗教の肩代わりになって現代人の幻想を支えている事実が、指摘されている。

(b) エピソードへの入り方も自然だが、次第に語っていくうちに別の話題へ移っていく方法も自然である。（七九頁）

これは語順の問題。「次第に語っていく」（いささか不自然）でなく「次第に……移っていく」と言おうとしたのだろうと思われる。左記の方が素直な語順だろう。

↓エピソードへの入り方も自然だが、語っていくうちに次第に別の話題へ移っていく方法も自然である。

(c) 女が被害の意識をとぎすませる過程を述べて……。

……自身でしまい込み、とぎすませたものもあるのではないかと、……。（八一頁）

『広辞苑』『日本国語大辞典』『大辞林』いずれも「済ます、済ませる」は挙げているが、「澄ます・清ます」に対応する「澄ませる・清ませる」はない。「研ぎ澄ます」も同様である。『大辞林』は「澄ます・清ます」の末尾に「可能動詞」（「……できる」の意）として「澄ませる・清ませる」を記しているが、前記二例はこれにはあたるまい。

↓女が被害の意識をとぎすます過程を述べて……。

自身でしまい込み、とぎすましたものもあるのではないかと、……。

(d) 必ず法律の執行人が存在するのである。ドストエフスキーの生きた旧ロシア帝国では、下は直接拘引する警察官から、裁判を行う判事や役人や官僚までの、その頂点に立つのが皇帝ニコライ一世であった。（八八－八九頁）

「官僚までの」が宙に浮き、「その頂点」の「その」が何かも分らない。次のように言おうとしたのだろうか。

↓裁判を行う判事や役人や官僚までの執行人がおり、……

(8) 井上ひさし『自家製　文章読本』

(a) 筆者には、その実力と資格に欠けるのである。（七頁）

「……には……に欠ける」はいささかおかしい。左記のいずれかが適切と思われる。

↓筆者には、その実力と資格が欠けるのである。

↓筆者は、その実力と資格に欠けるのである。

次は引用文。

(b) それは、ヨーロッパの言語を学ぶための準備段階として、こゝには、いふのでなく、日本語の音韻組織を、単音にまで分析して、認識せしめうるからである。（一四〇－一四一頁。亀井 孝『国語問題と国語学』）

「ここには、いふのでなく、」がどこにどう関わるのか不明で、この部分がいわば宙に浮いている。さらに、「分析」でなく「分解」ではなかろうか。次の方が理解しやすい。

↓それは、ヨーロッパの言語を学ぶための準備段階として、といふことでなく、日本語の音
韻組織を、単音にまで分解して認識せしめうるからである。

(9) **岡崎洋三『日本語とテンの打ち方』**

したがってそのことが原因して次第に読まれなくなるという可能性はある。(一六五頁)

「原因する」という表現は、どうもなじめない。左記の方が正調日本語と思う。

↓そのことに起因して……　あるいは単純に、
そのことが原因で……

(10) **倉田 稔『学生と社会人のための文章読本』**

「しえなくてはならぬ」は、古いし、複綜している。(五二頁)

「輻湊」している、の誤植だろうか。

(11) **大倉徹也『超文章読本』**

(a) 読み手であるわたしにはゴツゴツと感じられる文章も、書き手はスラスラと書いているか

もしれない。そうだとしたら、わたしはゴツゴツと感じるのが、その文章の書き手のもっているリズム感なのである。（二〇頁）

後段は、意味が分りかねる。「わたしは」を受ける言葉がないためかも知れない。「わたしがゴツゴツと感じるものが……」とすれば意味が通じるが、左記の方がいいかも知れない。

↓わたしにはゴツゴツと感じるものが、その文章の書き手のもっているリズム感なのである。

(b)そこでルポルタージュの書き手が、もし最初から、自分なりの「文学」であることを意図して書いた**文章は**、書き手の中に「文学的」であろうとする**意識が入り込んでくる**だろう。（一四三頁）

「もし」を受ける語がなく、また、「文章は、書き手の中に……意識が入り込んでくる」の意味が分らない。次のように言おうとしたのだろうか（「、」の変更については後述）。

↓そこで、ルポルタージュの書き手が、もし最初から自分なりの「文学」であることを意図して文章を書けば、書き手の中に「文学的」であろうとする意識が入り込んでくるだろう。

(c) もともと彼〈川上宗薫〉の小説は、日本では「私小説」という、自分の体験をそのまま小説にするという書き方、生き方をしていた人だ。(一七八頁)

「小説は……人だ」は文を成さない。「もともと彼は、……」とすればいいのだろうか。

(d) 書けないのは自分に文才がないせいだと思い込んでしまって、つまり「名作・名文」に対してコンプレックスを持つようになる。(二一七頁)

「つまり」の意味がよく分らない。「つまるところ」あるいは「とどのつまりは」の意味で使われているのだろうか。

⑿ 金田一春彦『ホンモノの日本語を話していますか?』

監督将校の山村中佐は船長に急いで全速力で方向転換を命じたが、敵に砲弾を撃ち込まれ、……(一四九頁)

「急いで全速力で……命じた」という文で、「急いで命じた」はともかく、「全速力で命じた」はどうもおかしい。よく考えると、次のように言おうとされたのではなかろうか。

↓監督将校の山村中佐は船長に急いで全速力で方向転換するよう命じたが、……

⒀ **大野晋『日本語の教室』**

(a) この記述には┐こまかい点では異論もあるでしょうが、大事な点を衝いています。（七九頁）

「記述」に、「異論もあるでしょう」と「衝いています」の双方に掛かるような助詞を付けるのは難しい。この記述は、「記述には、……衝いています」となってしまうので、ややゆがみがある。

↓この記述にはこまかい点では異論もあるでしょうが、大事な点を衝いています。

とすれば、「記述には」は後段にまで掛からず、「衝いています」の主語が明示されないうらみはあるけれども、「記述は」だろうと推定可能だから、いいのだろうと思う。

「記述」を両文節に受入れられるようにするには、

↓この記述は、こまかい点では異論も招くでしょうが、大事な点を衝いています。

あたりでどうだろうか。

(b) 私はさきにお話しした一つの自動車会社の営業の実績の向上に果たした、言語能力の再訓練に価値を認めています。（二二四頁）

「私は」は文末の「認めています」に掛かり、「果たした」は中途の「再訓練」に掛かる、と思えたのだが、なおよく見ると、「再訓練」も「価値」も「果たした」を受け止める形になっていないようだ。次のようにした方が分りやすいのではなかろうか。

↓私は、さきにお話しした一つの自動車会社の営業の実績の向上に果たした、言語能力の再訓練の価値を認めています。（これだと、「果たした……価値」となる）あるいは、

↓私は、さきにお話しした一つの自動車会社の営業の実績の向上に果たした、言語能力の再訓練の役割に価値を認めています。（これだと、「果たした……役割」となる）

⒁ 加藤重広、吉田朋彦『日本語を知るための51題』

(a)「ら抜きことば」とは、「られる」という助動詞の「ら」を抜かして「れる」とした表現のことですが、……（九三頁）

文章語としては、「抜かして」より「抜いて」の方が適切なのではなかろうか。

(b) たとえば「夜明け」ということばはありますが、「昼明け」とは「夕明け」とは言いません。
（一三四頁）

左記の誤植だろうか。

↓「昼明け」とか「夕明け」（とか）とは言いません。　あるいは、
「昼明け」とも「夕明け」とも言いません。

(c) たとえば、「父」と「母」は、」「一世代上」、きょうだいは「同世代」、「息子」「娘」には「一世代下」です。（一五三頁）

左記の誤植だろうか。なお、三つの同格語のうち『父』と『母』は」の後のみに、「、」を付す意味が分からない。こうした不均衡な「、」は文章を理解しにくくする（この点も後に詳述する）。

↓たとえば、「父」と「母」は「一世代上」、きょうだいは「同世代」、「息子」「娘」は「一世

代下」です。

(d) 漢字には、訓読みもあり、訓読みも複数の読み方が許されていることから、音読みも二通りないし三通りの読みが併存したまま、一本化されることがなかったために、複数の音読みが存在しうると考えられる。（一七六頁）

「漢字には」も「併存したまま」もそれぞれ直下の文節のみに掛かるから、この「、」はなくもがな。この「、」で、どこに掛かるか後方を探してしまう。

「存在しうる」という表現は、著者の言わんとする状況を適切に反映していないように思える。時称のチグハグさ（なかったために、……存在しうる）も気になる。左記の方が著者の意向をよく表すのではなかろうか。

↓漢字には訓読みもあり、訓読みも複数の読み方が許されていることから、音読みも二通りないし三通りの読みが併存したまま一本化されることがなかったために、複数の音読みが存在することになったと考えられる。

⒂ 丸谷才一 他『書きたい、書けない、「書く」の壁』

近未来において、我が国が外交・貿易・教育上きわめて不利益を被ることは否めない。（七〇頁）

「きわめて不利益」は成り立たず、「きわめて……被る」もいささか不自然で座り心地が悪い。「きわめて大きな不利益」あるいは「外交・貿易・教育上甚大な不利益」とでもした方がいいのではなかろうか。

⒃ 本多勝一『新装版　日本語の作文技術』

朝日新聞の次のような記事を俎上に載せ、添削している。（二四二－二四三頁）

(a) 運輸省の話では、シンガポール海峡は、東京湾、瀬戸内のように巨大船の航路が決められ、対向船が違うルートを運行するよう航路が分離されていない。

著者は、「シンガポール海峡は、東京湾、瀬戸内のように巨大船の航路が決められ」ていると読めると批判し、たった一字「ハ」を加えるだけでこの文章は論理的になる、として左記の文を提示している。

運輸省の話では、シンガポール海峡は、東京湾、瀬戸内のようには巨大船の航路が決められ、対向船が違うルートを運行するよう航路が分離されていない。

しかしつぶさに見れば、是正後も、「決められ……ていない」とはすんなり読めない。次のようにすればよほどすっきりすると思うが、いかがだろうか。

↓運輸省の話では、シンガポール海峡は、東京湾、瀬戸内のようには巨大船の航路が決められていないし、対向船が違うルートを運行するよう航路が分離されてもいない。

(b) もしハを加えることで詩が破壊されるというのであれば、別の表現を考えなおすべきである。（二六四頁）

「別の表現を考えなおす」、つまり「手許にない表現に改めて手を入れる」とは、どういうことだろうか。

↓別の表現に考えなおす　あるいは
改めて別の表現を考える　あるいは
表現を考えなおす　の意味だろうか。

⒄ **吉行淳之介・選『文章読本』**（規範文として二〇人の作家の文章を載せている）

(a) 最近フランスの新しい文章にはこの言語をいかに考えるかというそのところに、そのこれまでとちがった新しい考え方によって、生みだされてきている。（一五一頁。野間宏「文章を書くこと」）

何がどこに続くのかも、何を言おうとしているのかも、一向に理解できない。端的には、何が「生みだされてきている」のかが記されていないのである。前の文章で示されているわけでもない。「そのところに」を「そのことが」とでもすれば分るのだが。

(b) 私はその頃早くも行き詰った感じになり、その原因は、私が不心得のために自らの作った時間が、ただ、日常的時間をつめたに近いものだけであったために、忽ち混乱をきたした。（一七二頁。小島信夫「わが精神の姿勢」）

「原因は、……あったためで、」とすれば分るように思うのだが、ともかくこれでは文を成していない。「だけであったため」も、「だけだったため」とした方がすんなり読める。「近いものだけだったことにあり、」とすればもっといいと思われる。

(e) ぼく自身が、目指すものは、義太夫、春本、落語であって、七・五調にこだわるわけではないが、そのリズムを内に秘めた、目で読んでいて身内にこころよい、内容などしごく月並みでいいから、小説を書いてみたい、「あだしがはらにおくしもの、ひとあしずつにきえていく」風文章であり、かけ言葉を用い、頭韻脚韻をふまえたもの。(二二四頁。野坂昭如「なじかは知らねど長々し」)

「ぼく自身が」は直後の「目指す」のみに掛かるから、この「、」はなくもがな(こうした「、」については別項にまとめる)。

「小説を書いてみたい」が、どこに着地点を探していいか、困惑しているようだ。

「小説を書いてみたいという、」とでもすれば、直下の「あだし……」風と同格で「文章」に掛かることが示されて落ち着くように思うのだが。

(d) 彼は「舞良戸」という名の戸の例をひきあいに出して、この今では〈古い邸や寺などに見られるだけ〉の戸が、何も小説は、現代的なマンション生活ばかりを扱うべきだという規則があるわけではなく、〈小説家自身の過去の喚起が、小さな事物をも重要な心象たらしめるから、現代小説にだって、舞良戸が登場することは免かれない。〉それは確かにそうだ。(二四四頁。金井美恵子「言葉と《文体》」)

「戸が」がどこに掛かるのか分らず、文章全体も何を言いたいのか分らない。(金井のこの短文の「文体」には、全体的にその傾向がある)。これを文章の規範とするのは、いかがなものだろうか。

⒅　**阿部紘久『文章力の基本』**

私は物事を客観的に見て、なるべく主観に偏らずに考えたり判断しようと常に努めています。（一七三頁）

「私は……見て、努めています」という構造になっている。つまり、「見て」は「努めています」と同様、すでに実現している既定の事実として論じられている。しかし実際は、「客観的に見る」のも「努めている」対象なのではないか。そうとすれば、「私は」は文末の「努めています」に掛かり、「見て」は中途の「考えたり判断しよう」に掛かるから、左記のような切り方の方が理解を助ける。

また、「考えたり判断しよう」は、やや踏み外した言い回しに見える。

著者が手を入れる前の大学生の原文は、「私は物事を客観的に見ることができ、主観に偏らずに考えたり判断したりできます」だった。「できる」と自慢げに書いてはいけませんよ、との論しは分るのだが、「考えたり判断したり」から後半の「したり」のみを削ることで、文法の正道からそれてしまってはいまいか。

二つの問題点をあわせて、左記のようにしたらいかがだろうか。

↓私は、物事を客観的に見て、なるべく主観に偏らずに考え判断しようと常に努めています。

⒆石黒 圭『よくわかる文章表現の技術（新版）Ⅰ表現・表記編』

それにたいし、多くの人は「こうした曲の多く」が「中国で作曲された曲と思われている」という誤認された事実が中国人のあいだに存在している。しかし、そうした事実を筆者に伝えた情報ソースがわからないと考えているのでしょう。（一六二頁。これは句読点の位置の問題でもある）。

こういう構文の「。」のつけ方は難しい。「多くの人は」を受ける言葉がないまま「存在している。」で文が閉じてしまっているけれど、よく見れば次の文の「考えている」で受けている。それがよく分るように「存在している、」として文をつなげればかえって分りにくくなる面がある。従って、この「。」に異を唱えるつもりはない。

問題は、「、」の位置である。

「多くの人は」が前述のように末尾の「考えている」に掛かることを明示する「、」の打ち方があるはずで、それは左記のようなものだと思う。これなら、「多くの人は」が「と考えている」に掛かることが分る。

↓それにたいし、多くの人は、「こうした曲の多く」が「中国で作曲された曲と思われている」という誤認された事実が中国人のあいだに存在している、しかし、そうした事実を筆者に伝えた情報ソースがわからない、と考えているのでしょう。

⒇ **石黒 圭『よくわかる文章表現の技術（新版）Ⅱ 文章構成編』**

(a) それは、同じ子供でも「大人」に対する憧れと実際に大人になる事の間にある過程に気付きもしなかったような時期とはまた別の「子供」である。（三一頁）

どうも意味がつかめない。「憧れ」と「大人になる事」とを同格にして対比しているためだろうか。「大人」に憧れる事と実際に大人になる事との間……としてみても、やはり釈然としない。「、」がないために何がどこに掛かるかよく分らないためかも知れないと思い、左記のように「、」を打ってみた。

↓それは、同じ子供でも「大人」に憧れる事と実際に大人になる事の間にある過程に気付きもしなかったような時期の子供とは、また別の「子供」である。

これで理解できるようになったと思うのだが、いかがだろうか。

(b) 読者はこの時点で、なぜ……という謎と、なぜ……という謎が見事に氷解します。（二一四頁）

「読者は……謎が……氷解」する、という言い回しには、やや抵抗感がある。「読者にとっては」の方が親切かも知れない。分岐点は「という謎が」だろう（この点は別項で改めて論ずる）。

↓読者にとってはこの時点で、なぜ……という謎と、なぜ……という謎が見事に氷解します。

㉑町田守弘『新聞で鍛える国語力』

(a)実は国語科教科書にも「平和教材」と称されるものがあり、それは一つに「戦争」の悲惨さを伝えて「平和」の意味を考えるという内容になっている。（二三六頁）

「一つに」は「いつに」と読ませるのだろうか。他の内容のものもあるとすれば、「ひとつに」と読ませることになるが、「一つに……内容になっている」では文を成さない。この場合には、左記のようにして欲しい。

↓その一つは、……

(b)この写真を……米国大統領に示すことにより、大統領の被爆地訪問の実現と、プラハ演説でのメッセージの通り、核軍縮に向けての動きを後押ししたいという筆者の思いを読み取

ることができる。（二三七頁）

「実現」と「動き」を「後押ししたい」という構造だと思うが、「メッセージの通り」を受けるべき用言も「後押ししたい」しかないから、途方に暮れてしまう。言わんとするところは「メッセージの通り核軍縮に向けて動く」ということだと拝察するが、そうであれば、左記のようにすればギクシャクはなくなる。

↓プラハ演説でのメッセージ通りの、核軍縮に向けての動きを……

(22) 中山秀樹『ほんとうは大学生のために書いた　日本語表現練習帳』

若い社員編集者に、記事を書いたり原稿を手直しする技術を教え、貴重な戦力に育てなければなりませんから、こちらも懸命です。（六頁）

日本語は主語を省くことがよくある、とよく言われるけれど、この文では、何を「貴重な戦力に育て」るのか、つまり目的語が示されていない。「若い社員編集者」に「技術を教え」「育てる」と言おうとしているようだが、「編集者に、……戦力に育てなければ」は、文を成さない。次のように、規範文であれば、改めて目的語を記すべきではなかろうか。

また、文章指南書としては、「したり」と記したあとは次の同格文節にも「したり」を付けて欲しい。

↓若い社員編集者に、記事を書いたり原稿を手直ししたりする技術を教え、彼らを貴重な戦力に育てなければなりませんから、……

㉓中村明『語感トレーニング――日本語のセンスをみがく55題』

「供述調書」「書類送検」「拘留」……といった用語を連発すれば、裁判所や警察署に勤務している人を連想させやすい。「善意」「悪意」あるいは「確信犯」といった語を単に使うだけではなく、**その用法が専門的な意味合い**であっても同様である。（一八－一九頁）

この太字部分の意味が分らない。「日常の会話であっても、専門用語として使われる場合であっても」といった意味だろうか。何を基軸に対比しているのかが魯鈍な当方には理解できないので、困惑してしまうのである。

㉔村田喜代子『縦横無尽の文章レッスン』

極めて数が多い。言いたいことが先走って文章構造にまで頭が回らなかったのだろうか。

(a) 女性が髪を結ぶことによって、女性らしくあることを捨てず、あらゆるスポーツにおいて

の記録をのばすことを可能にした。（八七頁）

学生の文章だが、著者は、内容への賛辞だけで文章への注意は記していない。「……が……することによって、……を可能にした」は、主語、述語の関係に乱れがあるのではないか。「……は、……することによって……を可能にした」なら一貫するけれども、ここは左記がいいのではなかろうか。

↓女性は、髪を結ぶことによって、女性らしくあることを捨てず、あらゆるスポーツにおいての記録をのばすことが可能になった。

あるいは、

↓女性が髪を結ぶことによって、女性らしくあることを捨てずあらゆるスポーツにおいての記録をのばすことが、可能になった。

(b) 食事に行く前、図書館へ寄って本を返しに行く。（一二六頁）

「図書館へ寄って本を返す」か、「図書館へ本を返しに行く」のいずれかにして欲しいところ。

(c) 六年間もの長い時間をどことも知れない沼の底に沈むような、不確かで不条理な、出入口の戸を自分の意思で自由に開け閉めできない部屋へ入って行く。（一二六－一二七頁）

「時間を……沈む」は、通常は文を成さない。直前に「鮮やかな夢を見る時間は生涯で通算六年間に及ぶ」との説を紹介しているから、ここは、左記の意味だろうか。

→六年間もの長い時間（が）どことも知れない沼の底に沈むような、……

(d)作中にはめんどり、……かたつむり等々、私たちのよく知っている生きものたちが、彼らの特徴を見事にとらえて、あるときはけなげに、……活写されている。（一七三頁）

「生きものたちが、彼らの特徴を見事にとらえて、活写されている」という構造で、能動と受動とが混在してしまっている。左記のように一貫させて欲しいところ。

→……生きものたちが、（彼らの〔これはなくてもいい〕）特徴を見事にとらえられて、……活写されている。

(e)彼女の作風は子供向けのものでも、人間の心理をしっかりと描き込んでいる。（一八九頁）

言わんとするところはよく分るけれども、「作風は……描き込んでいる」は、文章としてはいささか無理がある。左記あたりの方が無難ではなかろうか。

↓　彼女の作品は、……描き込んでいる。　あるいは、
　彼女は、子供向けのものでも、人間の心理をしっかりと描き込んだ作風で知られる。

(f) その限られた空間の、境目のガラスに、ひげを押し付けるようにして外を眺めるメスネズミの、〈つゆのしずくのような目〉が〈かぼそい骨〉の姿が、読み手の前に浮かび上がってくるだろう。（一九二頁）

文の続き具合からして、左記のいずれかにしてもらった方がすんなり読める。

↓　……〈つゆのしずくのような目〉が、〈かぼそい骨〉の姿が、……
　……〈つゆのしずくのような目〉や〈かぼそい骨〉の姿が、……

(g) そこで一つの方法はワープロで文章を印刷するときに、書式を少し変えてみる。（二一五頁）

「方法は……変えてみる」は文を成さない。次のいずれかにして欲しい。

↓
……方法は、……変えてみることだ。
……方法として、……変えてみる。

因みに、「方法は」は文末の「ことだ」に掛かり、「印刷するときに」は中途の「変えてみる」に掛かるから、「方法は、」と切った方がいい。

(h) 最初のうちはどこも一所懸命に書いているように見えるが、文意をたどっていくとただ重複しているだけで、あるいは書くほどのものでもないことに字数を費やしていたり、そんな無意味な所に気がついてくる。（二一六頁）

理解が難しい文章だ。通常は、「……だけで、」とくると、「……しない」と受けるだろう。例えば、「重複しているだけで、長さ相応の意味はない」といった言い回しである。ここはどうすれば理解しやすくなるか、考え込んでしまう。左記はどうだろうか。これだと、「だけの」「費やしている」「無意味な」が同格で「所」に掛かるから、分りやすいのではなかろうか。

ついでながら、「文意をたどっていくと」は文末の「気がついてくる」に掛かり、「重複しているだけで」は何らかの形の中途の語に掛かるから、「文意をたどっていくと、」と切る必要がある。

↓……文意をたどっていくと、ただ重複しているだけの、あるいは書くほどのものでもないことに字数を費やしている、そんな無意味な所に気がついてくる。　あるいは、
↓……ただ重複しているだけだったり、あるいは書くほどのものでもないことに字数を費やしていたり……

⑵⑸　**加藤道理『字源　ちょっと深い漢字の話』**
(a)　許慎は当然のことではあるが甲骨文字は見ておらず、篆文を中心に解説しているので、時に誤った説明もないではないが、漢字の成り立ちを考える上では、**『説文』を見ずに物を言うことはできない、最も重要なテキストである。**（九頁）
「『説文』が最も重要なテキスト」と言おうとされているらしいのだが、「『説文』を見ずに……言うことはできない」テキストが『説文』では、収拾がつかない。左記のいずれかにして欲しい。

↓……『説文』は、見ずに物を言うことはできない、最も重要なテキストである。

……『説文』を見ずに物を言うことはできない。最も重要なテキストである。
(b)　私に諸葛孔明が**必要**なのは魚が水がなくては生きられないように、なくてはならぬ**人**である。（七九頁）

「必要なのは……なくてはならぬ人である」は文を成さない。
左記のようにでもして欲しいところ。

↓私に諸葛孔明が必要なのは、魚が水がなくては生きられないように、なくてはならぬ人だからである。

(c) すなわち政治とは世の不正をただし治めることであるが、この「政は正なり」の言葉の裏には為政者の人間的正しさ、すなわち人徳がなければならないと考えるのが儒家思想の「徳治主義」の考え方である。（一八一頁）

「裏には……考え方である」は文を成さない。「裏には」は「人徳がなければならない」でなく文末の「考え方である」に掛かるはずで、「正しさ」は直後の「人徳」に掛かる。左記ならよく理解できる。

↓……この「政は正なり」の言葉の裏には、為政者に人間的正しさ、すなわち人徳がなければならない、と考える儒家思想の「徳治主義」の考え方がある。

二　受ける言葉がないか、不適切

(1) **谷崎潤一郎『文章読本』**

(a) なるべく皆さんが漢語風の云い方を避けて、やさしい固有の日本語に立ち帰って頂くことを希望するのでありまして、……（一二〇頁）

「誰々が……していただく」という言い回しは、最近の巷にあふれる日本語無頓着者の表現と思っていた。後段の(21)（一〇八頁）に引用したように、水谷先生は、このような「していただく」が広まったのは戦後の国語審議会、その後の国語分科会の敬語法の指導理念のためだった、と述べておられる。ところが豈謀らんや、明治以来の大文豪までがかくありしか、と驚いた次第。

「皆さんが……立ち帰って下さる」か、「皆さんに、……立ち帰って頂く」のいずれかにして欲しい。

(b) かくの如き現在形の単純な文章においては全然文章体と同じく、……となります。（一五〇

（一五一頁）

「全然」は否定形で受けるが、最近は肯定形で受ける例も増えている、とよく聞く。しかし大文豪の「文章規範」ともなれば、「全然文章体と違わず」とか、本来の形を保って欲しかった。

(c) ですがこれにも不都合があると云うのは、仮りに「家」と云う字に「イエ」と振ったとしましても、これは作者が、いつでも「家」を「イエ」と読むことを欲しているのではありません。（一六五頁）

「と云うのは、……欲しているのではありません」では、文を成さない。

↓欲しているのではないからです。

とても受けて欲しい。

(d) これもあまり煩わしい。（一七二頁）

「あまり」なら「煩わしくない」と受けるべきだろうが、ここは、「あまりに煩わしい」と言いたかったのだろう。

(e)　こゝで皆さんの御注意を**喚起**したいのは、われ〳〵の国語には一つの見逃すことの出来ない**特色があります**。（一九七頁）

「喚起したいのは、……特色があります」は文を成さない。

「喚起したいのは、……**特色があることです**」か、「皆さんに御注意を喚起したいのですが、……特色があります」とでもすべきではなかろうか。

(2)　川端康成『新文章読本』

或る日**私は**仕事場で仕事をしてゐると主婦が来て主人が地金を買ひにいくのだから私も一緒について行つて主人の金銭を絶えず私が持つてゐてくれるやうにと云ふ。**それは**主人は金銭を持つと殆ど必ず途中で落して了ふので主婦の気遣ひは主人に金銭を渡さぬことが第一であったのだ。（二〇六頁。横光利一「機械」）

前段、「私は」を受ける言葉がない。それに、「、」が全くないのも読み辛い。

後段、「それは」を受ける語がない。「第一であったのだ」に掛かるのかとも思ったが、これは「主婦の気遣ひは」を受ける言葉である。「、」のないことによる読みにくさは、前段と同様。

↓或る日私が仕事場で仕事をしてゐると主婦が来て、「主人が地金を買ひにいくのだから私も一緒について行つて主人の金銭を絶えず私が持つてゐてくれるやうに、」と云ふ。それは、主人は金銭を持つと殆ど必ず途中で落して了ふので、主婦の気遣ひは主人に金銭を渡さぬことが第一だといふ事情があつたのだ。

とでもすれば大分理解しやすくなるのではなかろうか。

(3) 三島由紀夫『文章読本』

(a) **それは**終戦後になって、勅語も口語化される時代が来て、いちおう文章はますます平均化されて行ったように見えながら、おのずから同じ口語文のなかに目的、用途にしたがってたくさんの方法上の差別、あるいはニュアンスの差が残っています。（八頁）

「それは」を受ける言葉が、どこを探しても見当たらない。文末の「残っています」は、「差別」「差が」を受けている。

「それは、……残っている**ことに現れている**」とでも言いたかったのだろうか。

(b) このみやびやかな雅文調のなかに、読者は十分に日本の風土と、日本の社会環境とはちがっ

た、西洋の事物に対するエキゾチシズムを満足させられたのであります。（三三―三四頁）

まず、「読者は十分に」は後段の「満足させられた」に掛かり、「風土と」は直下の「日本の社会環境」と同格で、次の「とはちがった」に掛かるから、この切り方は不適切だろう。さらに、「……のなかに、……を満足させられた」と言い方はいかがなものだろうか。併せて、左記の方が正調日本語といえるのではなかろうか。

↓このみやびやかな雅文調のなかに、読者は十分に、日本の風土と日本の社会環境とはちがった、西洋の事物に対するエキゾチシズムを見出した（あるいは「満喫した」）のであります。

(c) なぜならば小説にはそういう会話を準備するために、そういう会話の必然的に出てくる心理や情景描写がすでになされており、さもなければ会話が途絶えたあとで心理や情景の解説がこれにつづきます。（九三頁）

「なぜならば……なされており……つづきます」と続いて、「なぜならば」を受ける語が見当たらない。また、「なぜならば」は文末に掛かるはずで、「ために」は直後の「なされており」に掛かるから、次が望ましいと思う。

↓なぜならば、⌝小説にはそういう会話を準備するために、そういう会話の必然的に出てくる心理や情景描写がすでになされており、さもなければ会話が途絶えたあとで心理や情景の解説がこれにつづくからです。

(d) そこに戯曲の文体というものは、⌝戯曲というものの厳密無比の構成力の要求と、⌝深く対応してくるのであります。（一〇二頁）

「そこに」を受ける言葉がない。「そこに」を削除するか、「そこで、」とすれば解決するが、残すなら、左記のようにすれば分りやすい。

↓そこに、⌝戯曲の文体というものは戯曲というものの厳密無比の構成力の要求と深く対応してくる理由があるのであります。

(e) なんらの実感が湧きません。（一三二頁）

特に格調高くなくとも、普通の日本語であれば、

↓なんらの実感も湧きません。　あるいは、
なんら実感が湧きません。　だろう。

(f) われわれは江戸時代の人情本のように二流文学や、一例が為永春水の小説とか、そういうもののなかにも遊蕩児の心理の研究によって、一つの不変の真理を発見することができます。（二五五頁）

「人情本のように」を受ける言葉がない。「人情本のような」の誤植だろうか。

(g) これこそは小説家のセンスが、人間のまぎれもない表情をとらえて、それから新しい作った言葉で表現を与えたわけであります。（二二六頁）

「これこそは」は文末に掛かる構造になっているのだけれど、「これこそは……与えたわけであります」はきちんと受けた言葉になっていない。「与えた」が受けているのは「これこそ」か「センスが」か判然としないからである。

「与えた好例」とでもすればよく意味が通じて、その場合には、「これこそは……好例」で受け切っている。「センスが」は中途の「とらえて」そして恐らくは「与えた」に掛かるのだろう。従って、次のようにすれば理解しやすい。

↓これこそは「小説家のセンスが、人間のまぎれもない表情をとらえて、それから新しい作った言葉で表現を与えた、好例であります。

(4) **中村真一郎『文章読本』**

森鷗外は明治の中期になっても、学問の結果しか日本人は導入しようとせず、学問の方法自体を物にしなければ、真の学問は日本に根差さない、と嘆いていますが、その時、その方法の探求を意味する Vorshung というドイツ語の訳語すら未だないのだから、と苦々しく述べています。（二七頁）

「日本人は導入しようとせず」がどこに続くのか、分らない。単純に次のようにすれば当老骨にも理解できるのだが。

↓森鷗外は明治の中期になっても、学問の結果しか日本人は導入しようとしない、学問の方法自体を物にしなければ、真の学問は日本に根差さない、と嘆いていますが、……

(5) **丸谷才一『文章読本』**

(a)「大日本帝国」といふ名のり方が威張りくさつてゐて、愚劣で、趣味が悪い。これは植木枝盛の二つの憲法私案の、「日本国」といふ呼称が品がいいし、そこまではゆかなくとも、伊藤博文が井上毅らの協力を得て作つたいはゆる夏島草案の「日本帝国」のほうが無難だらう。（七八頁）

「これは」を受ける語が、どこにも見当たらない。ない方がすっきりするのではなかろうか。

(b) **当時の人には**、一つには直前の時代である江戸期の様式過剰にげんなりしたあげく、さらには、師匠とも言ふべき西洋十九世紀の露骨と率直にすつかり感服したせいで、様式なんか無用のものにすぎないと思ひ込んだ。（三七二－三七三頁）

「当時の人には」を受ける言葉がない。単に「当時の人は」の誤植だろうか。

(6) **梅田卓夫 他編『高校生のための文章読本』**
いずれも、規範文として引用された文章。

(a) **ここは**六カ国語で「浴槽へ。」と書かれ、貨車に満載した囚人たちを引込線で収容所の構内につれてくるとそこに設けられたコンクリート台のプラットフォームにおろし、いんぎんに消毒と入浴を口実にして素っ裸にさせ、鉄条網のなかを行進させてチクロンで虐殺したわけである。（六頁。開高 健『〝夜と霧〟の爪跡を行く』）

冒頭の「ここは」がどこに掛かるのか分らない。「ここには」とした方が分りやすいと思われる。

(b) 政治とは人間の人間に対する支配、すなわちその力の及ぼし方にはいろいろあるが、政治の力の及ぼし方は権力を用いて人を支配することであり、政治社会の統一のためには権力が必要である。（九二頁。丸山 真男『日本人の政治意識』冒頭部分）

劈頭《へきとう》の「政治とは人間の人間に対する支配、」がどこに掛かるかを、懸命に頭をひねって考えてみたのだが、ついに分らなかった。「政治とは人間の人間に対する支配である。」と止めるところを、つい観念が先行して筆が勝手に動いてしまったのだろうか。

(c) 男の仕事は、そういう「イイ女」とめぐりあうことも「男子一生の事業」の何割かは占めるであろう。（一一九頁。田辺 聖子『夫の生き方、妻の生き方』）

「私は頭が悪い」の類で「男の仕事は」は下の文全体に掛かる、と言われるかも知れないけれど、これは全く下の文からは浮いているとしか思えない。「男の仕事に関していえば、」とでもするか、取り払って左記のようにしても、文意を損ねることにはならないのではなかろうか。因みに、編者は欄外の設問で、この文章から始まっていたとしたら「印象はどのように違うだろうか」と賛辞を呈し、この点は頬かむりしている。

↓そういう「イイ女」とめぐりあうことも、「男子一生の事業」の何割かは占めるであろう。

⑺梅田卓夫 他編『高校生のための文章読本』別冊『表現への扉』

つまり、「この少年は自分の言葉を、やがては自分で紡ぐことによって言葉を回復するのである。（七〇頁）

まず、「自分の言葉を」を受ける言葉が分らない。「自分の言葉を」と次の「言葉を」が積み重なってしまっているのである。また、「つまり」も「この少年は」も同様に「回復する」に掛かるから、間に「、」は要らない。左記のようにして欲しいところ。

↓つまりこの少年は、自分の言葉を、やがては自分で紡ぐことによって回復するのである。

⑻岡崎洋三『日本語とテンの打ち方』

大江健三郎の文章を、無用なテンが多いとして、(a)のようにテン削している。

(a)八三万個の白血球をもち、内臓のありとある組織に癌をもち、背骨は軽石のようだったあの老人のカルテもまた水のような音を立てて流れているのだろう。(一三三頁)

テンの位置については第九章⑽に譲るとして、ここでは「ありとある」について。「ありとある」は、引用されたテン削前の大江の原典がそうなっている。通常の日本語は「ありとあらゆる」なのだが。

(b)ソ連チェルノブイル原子力発電所事故については、低い出力においては炉が不安定になるなど、わが国の原子炉と異なり、安全性確保の観点から見て設計上大きな問題があったことに加え、運動員が、原子炉を緊急に停止する装置を故意に切って実験を強行するなど、数々の重大な規律違反を犯したために起こったもので、原子力安全委員会の報告にもある通り、わが国では起こり得ない事故でした。(一七七－一七九頁)

「……については……起こり得ない事故でした」はいかにも落ち着かない。左記のような文にして欲しい。これなら、「については」は「みるべきで」で受け切っている。

↓ソ連チェルノブイル原子力発電所事故については、低い出力においては炉が不安定になるなど、わが国の原子炉と異なり、安全性確保の観点から見て設計上大きな問題があったことに加え、運動員が、原子炉を緊急に停止する装置を故意に切って実験を強行するなど、数々の重大な規律違反を犯したために起こったものとみるべきで、これは、原子力安全委員会の報告にもある通り、わが国では起こり得ない事故でした。

(9) 倉田 稔『学生と社会人のための文章読本』

「はっきりと読者に**伝わるのは**、出来るだけ無駄を切り捨てて、不必要な言葉を**省く**」ことだ。
（一〇頁）

「伝わるのは……省くことだ」は文を成さない。引用文でなければ「伝わるには　……」とすればいいだろうが、「」の中は引用文だからそれができない。左記ならどうだろうか。

↓「……省く」ときだ。

(10) 大倉徹也『超文章読本』

実に微に入り細に入りで、……（二〇二頁）

通常は、　微に入り細を穿つ　なのだけれど。

⑾ 金田一春彦『ホンモノの日本語を話していますか？』

(a) 日本には植物に関しては、新しい国字を作ったり、無理矢理違う意味の言葉をあてはめたり、相当苦労しているのは、それだけ植物の種類も多いし、関心も深いからということになるのだろう。（四八頁）

「日本には」を受ける言葉がない。

「**日本人が**」とでもすればすんなり意味が通じるのだけれど。

(b) 中国料理でおいしいものが三つあり、それは燕の巣と猿の脳味噌と熊の掌だと言う。**それ**は中国の熊は冬眠の前に、蜂の巣を襲って蜜を掌に塗り込む。冬眠の間目が覚めると、掌をペロペロなめるのだそうだ。（一六三頁）

二番目の「それは」を受ける語がない。この「それは」を取ってしまうか、あるいは左記のようにすれば受ける形ができ、意味がよく分る。

↓それは、中国の熊は冬眠の前に蜂の巣を襲って蜜を掌に塗り込むからで、冬眠の間目が覚めると、……

(c) 易者が部厚い漢字字典を開いて、この漢字の正しい字画は……などとやられると、ついその気になるのであろうか。（一七一頁）

「易者が……やられると」では文を成さないのではなかろうか。左記のいずれかにした方がいいのではなかろうか。

↓易者に、部厚い漢字字典を開いてこの漢字の正しい字画は……などとやられると、

あるいは、

↓易者が部厚い漢字字典を開いて、この漢字の正しい字画は……などとやると、

⑿ **大野　晋『日本語の教室』**

(a) 菅江真澄の『すわのうみ』の天明四年（一七八四年）の記事によると、長野県の諏訪では一月十五日の夜、ホンガラホと言って廻ったとあります。（三六頁）

新聞、テレビの報道では、常に「……によると……としている」となっていて、これが気に

なって仕方がない。「よると、……とのことだ」「よると……だそうだ」とするか、「……は……としている」が正調日本語ではないだろうか。ここも同じで、

「記事には、……廻ったとあります」か「記事によると……廻ったそうです」の方が正調日本語ではなかろうか。

⒀中条省平『文章読本　文豪に学ぶテクニック講座』

苦しまぎれに自分にも、とに角三十年近い現世の生活をして来たのだからその内には何か一つ技術らしいものを習得しているだろうという考えに辿りついた。（一五一頁。島尾敏雄「夢の中での日常」）

「自分にも」を受ける言葉が見当たらない。「習得している」で受けさせようとしたのかも知れないが、「自分にも習得している」では文を成さない。

「苦しまぎれに」は文末の「辿りついた」に掛かるのだろう。そうであれば、

↓苦しまぎれに、自分もとに角三十年近い現世の生活をして来たのだからその内には何か一つ技術らしいものを習得しているだろう」という考えに辿りついた。

とすれば理解しやすい。「自分もとに角……習得しているだろう」はまとまった文節で、このあとに「、」を付けた方が読みやすい。(「、」については別項で詳述)。

著者は次の一五二頁の解説で、

それはまず、ひとつひとつの文章の論理的なつながりに、しつこいほど念を押すところに典型的にあらわれています。

と称賛している。右記の例文などは、「文章の論理的なつながり」が無視されていると思うが、いかがだろうか。

この解説文自体は、「それはまず」「つながりに」がそれぞれどこに掛かるか判断に苦しまされる。「つながりに、あらわれています」と読めてしまう。「それはまず」は文末の「典型的にあらわれています」に、「つながりに」は中途の「念を押す」に掛かるから、

↓それはまず、ひとつひとつの文章の論理的なつながりにしつこいほど念を押すところに、典型的にあらわれています。

とした方がいいのではないか。

⒁ **本多勝一『新装版　日本語の作文技術』**

私の願いは、何処のどういう子供が書いたのか分からない、偽り事の少ない文章に接して、子供に対する親の、或いは大人の偏見を充分に訂正して**貰いたかった**。（一八九頁。串田孫一「優等生」）

著者の「テンの打ち方の原則とよく一致している」実例として引用された、いわば模範文である。しかし、「願いは……貰いたかった」は文を成さない。「**貰うことだった**」とでもして欲しかった。

⒂ **吉行淳之介・選『文章読本』**（規範文として二〇人の作家の文章を載せている）

(a) その一番の大きな**理由は**、私が臆病で「死」をおそれ、何者かをおそれ、早くから防禦の姿勢をとっている**のではないか**と思ってきた。（一七〇頁。小島信夫「わが精神の姿勢」）

「理由は、……のではないか」では、文を成さない。「理由は」は、「**ことではないか**」あたりで受けるべきではないか。

(b) そこで手近にあった中央公論社刊織田作之助全集の第一巻をひもとき、特に織田作之助を好きだったわけではなく、ぼくは戦後すぐ大阪にいて、当時いわば英雄の如き存在であったこの人物は、やはり気になっていたから、古本屋で買い求め、それまでろくすっぽ読んでもいなかった。（二二〇－二二一頁。野坂昭如「なじかは知らねど長々し」）

目を皿のようにして探しても、「ひもとき」を受ける言葉がない。「ひもといた。」と切るべきではないか。

⒃ 中村 明『悪文　裏返し文章読本』

構想段階で失敗しない**ためには**、その文章で伝えたい思考の主要な筋道をたどり、その線上に位置する個々の項目の関係をきちんとおさえる**ことだろう**。（四九頁）

間違いというわけではないが、著者は主語、述語関係の厳格な記述を求めている。「ためには……ことだろう」はいささか座りが悪いのではなかろうか。

→……ためには、……ことが緊要だろう。　あるいは、

……ための要諦は、……ことだろう。

とでもした方が適切ではなかろうか。

⒄ 阿部紘久『文章力の基本』

(a) 私が国際学部を志望した**理由は**、母国日本のことに加えて、海外の文化、習慣について理解を深め、国際社会で通用する人間になりたい**からである**。（九七頁）

「理由は、……からである」という言い回しはよくあるが、果たして正確だろうか。左記のいずれかの方が妥当のように思えるが、いかがだろうか。

↓志望したのは、……国際社会で通用する人間になりたいからである。

志望した理由は、……国際社会で通用する人間になりたいことにある。

(b)「私は、」のように主語の後に自動的に読点を打つ人がいますが、そのような短い主語の後には、読点は**必ずしも必要ありません**。（一〇九－一一〇頁）

「必要ない」とは言うが、「必要ある」という言葉はあるのだろうか。ここは、

↓必ずしも必要ではありません。　としたほうがいいのではなかろうか。

⒅ **石黒圭『よくわかる文章表現の技術（新版）Ⅰ表現・表記編』**

よい面は、筆者の考えがやわらかく表現されていることにより、おしつけがましくない点だと思う。（一三一頁）

「おしつけがましい」は形容詞で、『大辞林』によれば、形容詞につく「ない」は「補助形容詞」だという。これに対して動詞につく「ない」は助動詞とされる。

「ことにより」をこのような形容詞で受けるのは不適切ではなかろうか。例えば「最新技術により速い」といえば、どこか筋違いの感じがする。ここは、左記のようにした方がいいのではなかろうか。

→よい面は、筆者の考えがやわらかく表現されていることにより、おしつけがましくなっている点だと思う。

⒆ **石黒圭『よくわかる文章表現の技術（新版）Ⅱ文章構成編』**

(a) 結末②には、拮抗はしていますが、どちらかといえば違和感を覚えるというコメントが**多かった文章です**。（三七頁）

「には」を活かすなら「……コメントが多く**寄せられました**」、「文章です」を活かすなら「結末

②は、」とでもするところ。

(b)「自立支援センターふるさとの会」によれば、彼らを需要ある福祉分野に移すことが問題の改善につながると示唆している。（二七七頁）

ＮＨＫのニュースなどを聞いていると、「……によりますと」と言った後の結びに、ほぼ必ず「……としています」が来る。老骨はそれが嫌だから、「……によりますと」と聞くとスイッチを切ることにしている。しかし皮肉なもので、もう終わったろうと思ってスイッチを入れると大抵「としています」から聞こえてくる。

右記「示唆している」には主語がない。誰が「示唆している」のか分からない。主語がないのは日本語ではごく普通のことだ、と言われるかも知れないけれど、著者はここで「……によれば」を主語に据えている。しかし「によれば」は主語たり得ない。ここは、左記のようにすべきだろう。

↓「自立支援センターふるさとの会」は、彼らを需要ある福祉分野に移すことが問題の改善につながると示唆している。

(c) 文章を書くことは技術、すなわち勉強さえすれば誰でも修得できるものだと考えています。

（二八八頁）

「技術」がどこに掛かるか分らず、宙に浮いてしまっている。「技術さえすれば」という文が成り立てばいいのだがそうならないからである。左記のようにすればつながると思うのだけれど。

→文章を書くことは、技術を取得すれば、すなわち勉強さえすれば、誰でも修得できるものだと考えています。

(20)町田守弘『新聞で鍛える国語力』

二〇一〇年七月二一日付『朝日新聞』の「オピニオン・声」の紙面における「ザ・コラム」の欄に、「スピードと便利さのわな」と題する文章を編集委員の外岡秀俊氏が寄せている。

（二二六頁）

受ける語がないというわけではないが、「紙面における……の欄」はいささか座りがよくない。「紙面の」とか「紙面にある」とか「紙面の一角」とか「紙面中」とか「紙面上」とかの方がいいのではなかろうか。

(21) **水谷静夫『曲り角の日本語』**

〔「くださる」を適切に使えるように教育すべきだった〕それがそうならなかった原因の一つは、「〜ていただく」を広めたのが先ほど申しましたように、戦後の国語審議会、それから現在の国語分科会の敬語法の指導理念だったわけです。（九二頁）

大の大人を含めてほとんどの人が「誰それが……していただく」という言い回しをするので、当老骨はそのたびに下を向いて顔をしかめている。水谷先生のご指摘に溜飲が下がる思いだ。それはそれとして、講演を筆耕したためだろうか、「原因の一つは」を受ける言葉がない。「国語審議会、……指導理念だったわけです」は「広めたのが」を受けていて、「原因の一つは」とは関係ない。

→そうならなかった原因の一つは、「〜ていただく」を広めたのが、先ほど申しましたように、戦後の国語審議会、それから現在の国語分科会の敬語法の指導理念だったことです。

とすれば、「ことです」が受け言葉になる。

(22) **村田喜代子『縦横無尽の文章レッスン』**

そこで一つの方法はワープロで文章を印刷するときに、書式を少し変えてみる。（二一五頁）

「方法は……変えてみる」は文を成さない。左記のいずれかにして欲しい。

↓……方法は、……変えてみることだ。
　……方法として、……変えてみる。

因みに、「方法は」は文末の「ことだ」に掛かり、「印刷するときに」は中途の「変えてみる」に掛かるから、「方法は、」と切った方がいい。

(23) 加藤道理『字源　ちょっと深い漢字の話』

(a)〔「聚」について〕取は音符として用いられているが、**取とは**戦で討ち取った敵の耳を切りとり、その数で戦功を称えたともされ、取には集める意味があり、聚とは人々のあつまりのことで衆と同じ意味である。（二九－三〇頁）

「取とは」を受ける言葉が見当たらない。左記のように受けていいものだろうか。

↓……取とは、戦で討ち取った敵の耳を切りとり、その数で戦功を称えたことを表わすともされて、集める意味があり、聚とは人々のあつまりのことで衆と同じ意味である。

(b) 人や物の多くあつまる意を示す字にはこのように衆・聚・集があるが、これはあつまることを「シュウ」と発音し、それを字としてどう表現しようかと苦心してこれらの字が出来たのであり、聖書に「まず言葉（発音）ありき」とあるように、文字より前に言葉（音）があることを忘れてはならない。（三〇頁）

「これは」は受ける言葉がなく、宙に浮いている。取り去ればすんなり読めるし、何の弊害もないように思う。

第二章　サ行変格動詞（〇〇する）について

一　馴染まない「○○する」

(1) 谷崎潤一郎『文章読本』

　哲理そのものの奥深さよりも、日本語の構造の不備に原因していることが明らかでありますので、……（六九頁）

「起因している」の方が日本語になじむと思う。あるいは、「……不備が原因となっている」。

(2) 三島由紀夫『文章読本』

　私は大衆に愛好されている、むしろ熱狂されている作家たちの文章のなかに、実に下卑た悪文の数々を見出すことができるのであります。（四六頁）

「私は大衆に愛好されている」と読んでしまう。「私は」は文末の「見出すことができる」に掛かり、「愛好されている」は直下の「愛好されている」と同格で次の「作家たち」に掛かる。「熱狂する」はごくありふれた言葉だけれど、「熱狂される」という受身は格調高い日本語と言えるのだろうか。次のようにしたらどうだろうか。三島が自身のことを指しているとは思えないけれど。

↓私は、大衆に愛好されている、むしろ熱狂的に迎え入れられている作家たちの文章のなかに、実に下卑た悪文の数々を見出すことができるのであります。

(3) **中村真一郎『文章読本』**

……今日ではそうした文章は、原文に数倍の分量の註釈を参考しないと、意味が読みとれません。（四五頁）

まず、「原文に」はどこに掛かるのだろうか。「参考しないと」に掛かるのだろうか。そうであれば「原文にその数倍の分量の註釈を参考しないと」という意味なのだろうか。それでも、「原文に参考する」はいかにもぎくしゃくしている。

もっと気がかりなのは、「参考しない」という言葉である。よく見かけるけれど、日本語としておかしい。「参照する」か「参考にする」が正嫡日本語だと思う。

左記のようにすれば、よく意味が読みとれるのだが。

↓……原文の数倍の分量の註釈を参照しないと、意味が読みとれません。

あるいは、「原文に」をそのまま生かすのであれば、

↓……原文に数倍する分量の註釈を参照しないと……

⑷ 梅田卓夫 他編『高校生のための文章読本』

秋が来て、木の葉が黄色になり**落ち葉する**ように、自然に、いつの間にか、飲めなくなってしまったのである。（一五四頁。大山　定一「酒」）

「落葉《らくよう》する」とは言うが「落ち葉する」というだろうか。

⑸ 梅田卓夫 他編『高校生のための文章読本』別冊『表現への扉』

……解説文を**参考**のこと。（二一一頁）

「**参考する**」という日本語を前提として「参考のこと」が出て来るのだろうけれど。
正調日本語では、「参照する」とは言っても「参考する」とは言うまい。

あるいは、

↓参照のこと。
参考にすること。

(6) 岡崎洋三『日本語とテンの打ち方』

したがってそのことが原因して次第に読まれなくなるという可能性はある。（一六五頁）

「原因する」という日本語はあるのだろうか。少なくとも、範とする日本語になり得るのだろうか。私なら、「**に起因する**」としたい。

(7) 加藤重広、吉田朋彦『日本語を知るための51題』

〔「不安定する」、「不成立するなど」〕否定の接頭辞がつくと、サ変複合動詞に使えないことがわかります。一見すると「**不戦勝する**」などが例外になりそうに思えますが、これは「**戦勝する**」の否定形ではないので、この原則の適用外です（「不戦勝」は「不戦＋勝」なのです）。（七〇頁）

そもそも、「戦勝する」という言い方はあるのだろうか。それがあれば、「戦敗する」もあることになる。「戦勝」の反対語は一般的には「戦敗」でなく「敗戦」かも知れない。因みに、『大辞林』には「勝戦《ショウセン》」という言葉は載っていない。

この『大辞林』はそれぞれの言葉を次のように解説する。

戦勝　（名〔名詞〕）スル〔「戦勝する」という動詞があることを示す〕。戦いに勝つこと。
戦敗　戦いに負けること。
敗戦　（名）スル。戦争や試合に敗れること。

「不戦勝」、「不戦敗」には、「（名）スル」はついていない。

他方、『日本語大辞典』は「……スル」があるか否かを記していないが、戦勝、戦敗、敗戦、不戦勝、不戦敗のいずれについても、例文として挙げられているのは名詞のみである。「勝戦」という項目は、やはりない。

当方は、戦勝する、戦敗する、敗戦する、不戦勝する、不戦敗する、のいずれにも違和感がある。少なくとも、広く受入れられている言葉でないからこそ、『日本語大辞典』に例文がないのだろうと思うが、いかがだろうか。

(8) **丸谷才一他『書きたい、書けない、「書く」の壁』**
……不快や欠落感に**担保され**て私たちの語彙は拡大するのである。（一一九頁）

「担保する」という言い回しは、いつ頃から始まったのだろう。当方には依然として違和感がある。普通は「**確保する**」で言い換えた方が安心できるが、ここは「**支えられて**」あるいは「**裏打ちされて**」あたりにすればほっとする。

(9) 吉行淳之介・選『文章読本』

詩的散文として文壇の第一位に**権威**して居た。（五五頁。萩原朔太郎「詩人は散文を書け」）

名詞に「する」をつけて動詞にするのは個々人の自由なのだろうけれど、ましてや詩人となれば自在にそのような言葉を作れるのだろうけれど、『文章読本』に規範として誇示するのはいかがなものだろうか。「**君臨して居た**」とでもする方が穏かではなかろうか。

(10) 水谷静夫『曲り角の日本語』

(a)「定義づける」や「結論づける」

……定義は付けるものではありません……下すものです。……「結論」を付けるとしたら、ゆがんだ結論です。……「定義する」「**結論する**」で十分いいわけで……（四五頁）

「定義する」は全くその通りだと思うけれど、「結論する」には抵抗感がある。『大辞林』の「結論」の項にも「スル」が付されていて、動詞としても使われることが示されている。『広辞苑』にも「結論する」の例文が挙げられている。しかし、どうも腑に落ちない。「結論を下す」「結論に達する」「結論に至る」などの方がすんなり受入れられるのは、当亡者のみだろうか。

貧弱な頭をさらに絞って考えてみると、名詞の結論は「ケツロン」とツにアクセントが付くが、「ケツロン」とアクセントをつけず平板にすれば「論を結ぶ」という動詞になるようにも思う。それなら確かに「結論（アクセントなし）する」でいい。

(b) 電車の遅れが生じたことが原因で我の遅刻が結果したと言っているんですが、……（一三七頁）

「結論する」と同様、「結果する」にも違和感がある。

「実を結ぶ」意味の「けっかする」（「け」にアクセントがある）はすんなり受入れられるのだが、「ある状況に帰着する」意味では、いかがなものだろうか。

「結果」について、『大辞林』は、「スル」の記載があり、

「①ある行為・原因などから最終の状態を導き出すこと。また、その状態。
②実がなること」
として、両様の動詞を認めている。

他方『広辞苑』は、

「①実を結ぶこと。結んだ実。
②原因によって生み出されたもの」
とあって、②の方は動詞としては扱っていない。つまり、②の意味での「結果する」を認めていない。私の違和感は、必ずしも全くの妄想ではなかったことになる。

ここは、

↓我の遅刻をもたらした　　　あるいは、
我の遅刻を生じた　　　　　あるいは、
我の遅刻に至った

あたりでいかがだろうか。

二　○○をする

サ行変格動詞の基幹語と「する」の間に「を」を入れる用法が、世に跳梁跋扈している。左記のように二冊の文章読本がこうした言い回しに警鐘を鳴らし、あるいは注意を喚起しているが、多くは気にしている様子がない。

二―一　「○○をする」についての論考

(1) 加藤重広、吉田朋彦『日本語を知るための51題』

「努力する」「調査する」「結婚する」は、「努力をする」「調査をする」「結婚をする」のように「を」を入れることができますが、「合格する」「びっくりする」では「×合格をする」「×びっくりをする」とは使いません。（一七八頁）

著者はここで、「一般に自分の意思で思い通りにできるような動作でなければ」「Xをする（分離形）」という形は許されない、と記している。このような指摘は初めて見るもので、敬服した。

実は当方、一九九一年に自費出版した本『文豪を添削する——正確な日本語を求めて』の中で、真っ先にこの「を」を取り上げている。朝日新聞一九八〇年に載った、作家・故堀田善衛氏の文章に、この「を」が頻出したからである。「もともと片目は失明をしていて」、「そこで開始をされた帝国主義と植民地主義」（同年四月二十六日夕刊）、「如何にフランスの農民が反対をしようとも」（同年八月十五日夕刊）、「操作に苦労をしていた」（同年九月十六日夕刊）などなど。

こうした「を」について、当方はこの本で次のように論じた。（四－五頁）

「○○をする」という場合、通常○○は具体的・具象的な事象、眼に見える行動を意味する。それに対して「○○する」は、抽象的な眼に見えない行為を指す。例えば、「釣りをする」と「釣る」を考えてみればよい。また、「○○をする」には、「○○」に対して何らかの働きかけをするような意味あいがある。「咳をする」「くしゃみをする」「話をする」「噂をする」「狩をする」「留守番をする」のたぐいである。

「○○をする」はまた、「する」者の意思が働いている場合が多く、自然にある状態になる、の意味にはなり得ない。例えば、「私は失業をしている」「私は落選をした」といえば、あたかも自分の意思で「失業」「落選」という行為を行ったかのように感じられ、本来の意味からはかけ離れてしまう。

堀田氏流の「○○をする」のおかしさは、「愛する」を「愛をする」、「教える」を「教えをする」、

「資する」を「資をする」、「びっくりする」を「びっくりをする」と言い換えて見てもよく分る。それに、「○○をする」が成り立つなら「○○をされる」という受け身の行為も成り立つはずである（自動詞であれば、「○○する」があっても通常「○○をされる」はない）。しかし、例えば「由来をされる」という日本語はあり得るだろうか。

「ご協力をお願いを致します」「議長を選出をする」などという人がいる。把手の二つ付いた鞄やひしゃくを両方からつかんで引っ張ろうとするか、右手に槍を持ち左手に円盤を持って同時に投げようとするようなもので、何がどちらにどう動かされるのか見当もつかない。

『日本語を知るための51題』に戻る。著者は、「自分の意思で思い通りにできるような動作」は「Xをする」が成り立つ、と述べている。まず著者の用いた例から検討したい。

「結婚」は相手があることなのに、「自分の意思で思い通りにできる」と言っていいのだろうか。また、「努力する」「調査する」はそれぞれ抽象的な意味合いの「努める」「調べる」の意味であって、具体的な行為を指す「努力をする」「調査をする」とはいささか趣を異にすると思う。

また著者は、自動詞、他動詞を「を」がつくか否かの基準にしていない。当方は、基本的に自動詞は「を」を付けられないと思っている。右記のように「○○をされる」という言い方があり得ないからである。その意味でも「結婚をする」はおかしい。NHKの「気象情報」で毎日出てくる「低気圧が発達をする」「高気圧が南下をする」もおかしい。

さらに、著者の基準では、「……を調査をする」を排除できないのではなかろうか。

(2) 中村明『語感トレーニング――日本語のセンスをみがく55題』

政治家の言葉の特徴について、次のように論じている。

「法律を改正をする」「関係書類を提出をする」のような言い方をしてまで漢語のサ変動詞を敬遠することも多い。漢語だけでなく、「姿をお見せをしてまいりました」などともったいぶった答弁をした大臣もある。（一八頁）

こうした「を」のおかしさについては、当方もつとに何度も指摘してきた。

二〇〇七年の年賀状では、第一次安倍内閣時代の安倍晋三氏の前年の発言について左記のような所見を述べたのだが、残念ながら安倍氏の日本語は第二次内閣になっても何の変りもない。

「美しい国」の疎ましい（？）（鬱陶しい？）総理大臣の、就任（二〇〇六年九月二十九日）後の何とも「美しい」日本語による国会答弁や記者会見です。

（太田昭宏氏が公明党）新代表に就任をされましたことをお祝い……。（10・3）

事態は流動的で、瞬時瞬時に推移をしており、……。（10・13）

モラルが低下をしている。（10・30）

二　○○をする

物づくりを見直しをする……。現場においても……ラインを見直しをしたい。……十月から開始をいたしました……。（11・28）
国民の信頼を回復をしたい。（12・20）
戦後体制から脱却をする。（12・21）
事実を調査をしなければ……。（12・26）
（佐田玄一郎行革相の後任には）適切な方を任命をし……。（12・27）
日本人が皆理想的「愛国者」になる日、こういう美しい日本語に統一されるのでありましょうか。（当老骨の二〇〇七年の年賀状）

当方が気になって仕方のない「を」として指摘したのは、何も政治家の日本語に限らない。研究者の使う日本語にさえ数多く現れる。日常生活の中で苛立たせるのは、駅構内や電車内の、左記のような案内である。

列車が到着（停車・発車）をします。
お待たせを致しました。
ご協力をお願いをします。

どの鉄道会社でも、どの路線でも、このように案内放送しないところは経験したことがない。

西武鉄道には二、三〇年前に二回にわたって社長宛に手紙を書いて是正を求め、その都度、確か営業部長か誰かから「おっしゃる通りで是正に心掛けます」といった内容の返事があったけれども、いまだに何の変化もない。

名古屋から塩尻までの中央西線車内では、もう一〇年以上前、車掌さんに何度も何度も是正を求め、最後には「次回までに改善の跡がなければ電車賃を払わない」と警告し、その次に乗車した際も変わらぬ日本語だったので乗車賃の支払いを断った。しかし、「次の駅で公安員に引き渡す」と恫喝され、か弱い老人、泣く泣く切符を買わされた。

以下に、文章読本の著者自身がいかにこうした「を」に無頓着かを示す。

二－二　「文章読本」の中の「〇〇をする」

(1) 谷崎潤一郎『文章読本』

最初は漢文を読み下す時にのみ使っていたその云い廻しを、国文を作るのに応用をした、それが和漢混交文であります。（五三頁）

「云い廻しを、……応用をした」という文章である。格助詞「を」が二回現れる文章は、何に向って働きかけるのか分らない、柄が両側についているヒシャクのようなものだ、と以前書いたことがある。大文豪がこのような文章を規範として提示しているのは、何とも驚きである。「応用した」として欲しい。

(2) 倉田稔『学生と社会人のための文章読本』

有名な小説家も小難しい文章を書くことがあるから、**注意をする**必要がある。（一一頁）

「注意」という作業をする響きがある。

(3) 大倉徹也『超文章読本』

(a) ここで「寅さん」の「自己紹介」を**紹介をして**みよう。（五一頁）

(b) 知らない人は**誤解をする**かもしれない。（七二頁）

(4) 金田一春彦『ホンモノの日本語を話していますか？』

(a) ……人間が神の木の精と**結婚をする**。民話には人間がクスノキやヒノキと結婚する話もある。（一二一頁）

「結婚をする」は、「結婚」という事柄に働きかけるようで、どうもなじめない。現にすぐ次に先生も「結婚する」と書いておられる。

(b) **期待をさせておいてがっかりする**もの、つまらないもの、というような意味だと思われるが、……（一八四頁）

同じく、「期待をする」「期待をさせる」はどうも釈然としない。「を」はない方がすっきりすると思うのは、私だけだろうか。

また、「期待」と「がっかり」の主体に整合性を持たせるには、左記のようにした方がいいと思う。

→期待させておいてがっかりさせるもの、……

(5) 丸谷才一他『書きたい、書けない、「書く」の壁』

これはこういうものだと**説明をする**。（五〇－五一頁）

(6) 本多勝一『新装版　日本語の作文技術』

注意をして文を書いていけば、おおよそ、どのようなところに〔読点を〕うてばよいかがわかるようになるだろう。（一五〇頁）

「人に何か小言を言う」意味なら「注意をする」だろうけれど、「気をつけて」の意味なら「注意して」の方がいいのではなかろうか。

(7) 石黒 圭『よくわかる文章表現の技術（新版）Ⅱ 文章構成編』

(a) **反省をして**みなければならないだろう。（八四頁）

(b) 以下の三条件で**判断をし**ます。（一九二頁）

(c) 〔山谷労働〕センターの門が開くと、数十人が窓口めざして**全力疾走をする**。（二六三頁）

「全力疾走」という競技のことを言っているのではないので、「**全力疾走する**」の方がよかろう。

(8) 町田守弘『新聞で鍛える国語力』

日本の国技とされる相撲に外国籍の力士が増えて、番付の上位を占めて**活躍をして**いる。その事実に目を向けて、積極的に**評価をする**という立場から書かれたものである。（一三三頁）

「活躍する」「評価する」の方が、よほどすっきりする（「すっきりをする」という言い回しを見たことがあるが）と思うが、どうだろうか。「評価をする」には「高く買う」という響きはないが、「評価する」にはそれがある。著者がここで言いたいのは後者だろう。

⑼ 水谷静夫『曲り角の日本語』

自分が努力をして漢字を書かなくても、漢字変換キーを押すと漢字が出てくる。（一五四頁）

「努力をして」と「を」を付けるのは、「努力」に具体的な姿がある場合だと思う。しかしここは、「その方向に力を尽す」という抽象的な意味合いのように思える。そうであれば、

↓自分が努力して漢字を書かなくても、……

でいい。

三　送り仮名の「する」「した」を抹消する「足切り文」

三－一　文末

文末のサ行変格動詞の、「する」「した」「している」部分を抹消して基幹語だけ残す用法で、過去のことなのか、現在のことなのか、将来のことなのかが、読み取れない場合が多々ある。

(1) **共同通信社『記者ハンドブック』**

(a) ……発言を八－一〇行で紹介。
……「追加」として送信。（五三二頁）

(b) 衆参補選は知事選に準拠。
全候補者の……略歴……などを出稿。（五三四頁）

その他、多くの箇所に。

新聞記事には、このように「サ行変格活用」の活用部分を取ってしまう記載法があふれている。「指摘」はその代表格で、「指摘。そのうえで……」（「指摘したうえで……」とした方がずっといい流れと思うのだが）といった記事は日常茶飯事だ。ひどい場合には、「……が選出。」などと受身の送り仮名さえ取ってしまう。こうした記述の「震源地」が、この本なのだろうか。雑記帳ではないのだから、きちんと「……する。」（あるいは「……される。」）と最後まで書いて欲しい。

因みに、左記は朝日新聞二〇一八年二月十九日の記事である。

〔中国で〕一七年六月にはネット上の言論統制を強化する「インターネット安全法」が施行。

「施行された」が切られてしまったのだが、読者は往々にして「施行した」を省略したものと見、「施行する」を自動詞と思い込んでしまう。（そもそも記者がそう思って書いたのかも知れない。）近年「……が施行（結成、達成、樹立、設立、開催）する」といった記述を随所で見かけるようになったのは、こういう受身足切りの影響かも知れない。

(2) 金田一春彦『ホンモノの日本語を話していますか？』

いよいよ二十一世紀がスタート。（二一三頁）

「いよいよ二十一世紀がスタートした」としていただきたいところ。

⑶ 丸谷才一 他『書きたい、書けない、「書く」の壁』

一九九六年には四万人に増え、年々増加。（七〇頁）

新聞などにはこういう足切り文が頻出するけれども、日本語の権威の論文には、雑記調は避けて欲しいと思う。

↓……年々増加した（している）。

⑷ 石黒 圭『よくわかる文章表現の技術（新版）Ⅱ 文章構成編』

子供八人を含む一〇人が死亡。約一四〇人が重軽傷を負った。（八七頁。引用文）

足切りをしても、大して文字数の節約にはならないし、何より文が分断され読みにくい。

↓子供八人を含む一〇人が死亡し、約一四〇人が重軽傷を負った。

⑸ 中山秀樹『ほんとうは大学生のために書いた　日本語表現練習帳』

しばらくして念願の商品企画部に異動。A君は、ヒット企画を生み出しました。（一八一頁）

模範的な「報告文」として示されている。報告分は雑記帳ではないのだから、ちゃんと左記のように動詞を完結させて欲しい。

↓……商品企画部に異動し、A君は、……

⑹中村明『語感トレーニング――日本語のセンスをみがく55題』

……音入れならぬ「おトイレ」まで**誕生**。（六九頁）

おどけてわざとこのように記したのだろうけれど、原則論からすれば、「誕生した」と最後まで書いて欲しかったところ。

⑺村田喜代子『縦横無尽の文章レッスン』

カニ雑炊とアサリの味噌汁を**注文**。（四五頁）

「**注文する**」と最後まで記していただきたかった。

三－二　文の中途

「する」「した」を抹消して「後」などに続ける用法で、次の文節、状況とどのような関係にあるのかが読み取れない場合が多々ある。

当老骨は、

(i) 一つの文の中にサ行変格活用が一回現れる場合「し」あるいは「して」のいずれかにする。「して」は、その前後に因果関係が認められる場合が多い。

(ii) 二回現れる場合、一つを「し」、他方を「して」とする。

(iii) 三回以上現れる場合は「基幹語のみ」「し」「して」を併用すれば文章が整う。

(iv) これらは、「連用形」「連用形＋て」「基幹語のみ」として、サ行変格活用に限らず動詞全般について適用できる。

という説を提唱したい。左記の朝日新聞の記事からそれを例証したい。

・捜査一課によると、郭容疑者は二〇〇一年八月十六日未明、四人と共謀して新宿歌舞伎町二丁目の「クラブヴィーナス」に刃物を持って侵入。伊藤さんを刺して殺害して売上金など約二百五十万円を奪った疑いがある。（二〇一七年九月十四日朝刊）

「侵入。」は典型的な足切り文。「刺して殺害して」は間延びした趣がある。次のようにすればずっと文が引き締まってスッキリすると思うが、いかがだろうか。

↓捜査一課によると、郭容疑者は二〇〇一年八月十六日未明、四人と共謀して新宿歌舞伎町二丁目の「クラブヴィーナス」に刃物を持って侵入伊藤さんを刺して殺害し売上金など約二百五十万円を奪った疑いがある。

・歴史的沿革を正しく評価し、境界を確定すべきだ。（二〇一七年十月三十日朝刊）

↓歴史的沿革を正しく評価して境界を確定すべきだ。

これだと、「評価し」と「確定す」とは同格で「すべきだ」に掛かる。つまり「評価すべきだし確定もすべきだ」の意味になる。しかし、左記のようにすれば、「評価に基づいて確定すべきだ」の意味になる。

・もう一人は衆院選で立憲民主党を結成し代表に就き野党でただひとつ躍進、今もリベラルの牙城を守る。（二〇一八年一月七日朝刊）

「結成し……就き」はいかにもカサカサした感じで、左記の方が滑らかな文章になる。

↓もう一人は衆院選で立憲民主党を結成して代表に就き野党でただひとつ躍進、今もリベラルの牙城を守る。

⑴ 共同通信社『記者ハンドブック』

……○○などとするが、特殊な事情を考慮、「族」を使う場合もある。（五一八頁）

「考慮」が次とどのような関係にあるのか分らない。崖を降りる途中、足場がなくなった感がある。左記のようにすれば、すんなりつながるのではなかろうか。「て」を付けた方が、因果関係がより明確になる。

↓……特殊な事情を考慮し（て）、「族」を使う場合もある。

⑵ 梅田卓夫 他編『高校生のための文章読本』

一九四八年に『追憶に君住む限り』を発表後、児童文学や青春小説を中心に書き続けた。

（一三〇頁）

「……を」は、きちんと用言で受けた方が適切と思う。

↓一九四八年に『追憶に君住む限り』を発表した後、

あるいは、逆に「発表」を体言扱いにして、

↓一九四八年の『追憶に君住む限り』発表後、

(3) 町田守弘『新聞で鍛える国語力』

菅直人首相は六日午前、平和記念式に**出席後**、広島市内で記者会見し、……と述べた。

（二三四頁。朝日新聞の記事）

新聞にあふれる記述だけれど、厳密にいえば、「平和記念式に」をしっかり受け止める語がない。

↓平和記念式出席後、

とするか、

平和記念式に出席した後、

とすれば、違和感は解消するように思われる。

四　文語？　口語？

(1) 中村真一郎『文章読本』

恐らく当時の若い知識人たちは、日頃、読んでいる西洋の文章と同質のものが、日本語で表現せられるのを見て、奇跡に接するような思いをしたに違いありません。（一三二頁）

なぜここに突然文語もどきの「せられる」が現れるのだろうか。文語なら「表現せらるる」ではないだろうか。また、直下に続くため切るべきでない「日頃」が「、」で切られてしまっている。

↓恐らく当時の若い知識人たちは、日頃読んでいる西洋の文章と同質のものが日本語で表現されるのを見て、奇跡に接するような思いをしたに違いありません。

第三章　なじまない「的」

「的」について『広辞苑』は「名詞に添えて、その性質を帯びる、その状態をなす意を表す」とし、例として「私的」「一般的」を挙げている。前者は、今の若者ならほとんどが「ワタシテキ」と読むだろうなぁ、と思った。『広辞苑』はどのような「名詞」につくかについては触れていないし、そのような基準も定めにくいとは思うが、何にでもつけていいものではない。以下は、馴染まない「的」の例である。

(1) 三島由紀夫『文章読本』

織田作之助氏が、小説のなかでは、金銭の額にしろ、……すべて**事実的**な数字を用いるようにに勧めているのは、小説家のリアリズムの要求の現れであります。（二一六頁）

「事実的」と言うのは、とってつけたような、何とも生硬《せいこう》な言い回しだ。

↓事実に基づくような　あるいは、
↓事実を映し出すような　あるいは、
↓事実に根差すような　としたらどうだろうか。

(2) **梅田卓夫 他編『高校生のための文章読本』**

自由なる反語家は柔軟に屈伸し、しかも抵抗的に頑として自らを持ち耐える。(九一頁。林達夫「反語的精神」)

「抵抗的」はいかんとも耳障りに思える。「**抗いつつ**」あたりの方が日本語になじむように思えるが、いかがだろうか。

(3) **梅田卓夫 他編『高校生のための文章読本』別冊『表現への扉』**

意志的な語法(五五頁)

意志的に問われる(五六頁)

意志的に見つめ返してみる(九六頁)

意志的に選び取られている(九七頁)

「意志的」はどうにもなじめない。「**意図的**」あたりの方が適切なのではなかろうか。あるいは「意志をもって(もった)」はどうだろうか。五六頁は単に「意志が問われる」の方がほっとする。

(4) 倉田 稔『学生と社会人のための文章読本』

事件は、原則として**時間的進み**の順序で書く。（三八頁）

「時間的」は「時間的・空間的に」といった具合にしばしば使われるけれど、「時間的進み」は何とも座り心地が悪く、稚拙に見える。左記はどうだろうか。

↓事件は、原則として時間的進捗の順序で書く。

「時間的経過」の方が、もっと座りがよさそうだ。

(5) 中条省平『文章読本　文豪に学ぶテクニック講座』

おそろしいほど**説得的**に示していると思います。（一九一頁）

「説得的」とか「納得的」とかいう言葉は、どうもなじめない。少なくとも、「文章読本」で展開する模範的日本語ではないと思う。

「**説得力を以って**」とでもして欲しかった。

(6) 本多勝一『新装版　日本語の作文技術』

図表で　事実的　と　文学的　を対比。（一八頁）

「『事実的』のかわりに『実用的』とすることもできる」とも述べているが、なじみのない言葉なので言い換える、という意図を示したものではない。

「現実的」あるいは「実際的」なども、誰も違和感は覚えないのではなかろうか。

(7) 吉行淳之介・選『文章読本』

……すべて事実的な数字を用いるように勧めているのは、……（一一六頁。三島由紀夫「質疑応答」）

(8) 石黒　圭『よくわかる文章表現の技術（新版）Ⅰ 表現・表記編』

(a1) その意味で、この「放置されたさま」を表すという表現選択は〔、〕**文脈的**な整合性から考えて、もっとも合理的な表現選択と見なすことができるでしょう。（八九頁）（〔、〕は当老骨が補足）

(a2) 筆者の「個性」は、原則として**文脈的**な「整合性」のなかで発揮されるもので、その「整合性」を越えた「個性」は読者に不自然な印象を与えてしまいます。（九五頁）

「文脈上の」とでもした方が読者は「不自然な印象」を持たないと思うが、いかがだろうか。

(b) 必要に応じて、その場面にふさわしい文体的な硬さに調整することができるわけです。（一一三頁）

平易に「文体の」として何の問題もないように思えるけれど。

(c) まだ起こっていない事態にたいする話し手の主観的判断は、その事態がどのくらいの見込みで実現するかを問題にする真偽的判断と、その事態を話し手や聞き手が実現させるかどうかを問題にする態度的判断があるわけです。（一二九頁）

一二八－一七二頁で「真偽的判断」と「態度的判断」を対比し、ここに「真偽的」と「態度的」とが頻出する。著者の造語なのか専門家の間では遍く知られる言葉なのか、当老骨には分らないけれども、しっくりこない言葉と思えてならない。「真偽に関わる判断」「態度に関わる判断」とでもしてもらった方が、ずっと心が和む。

(d) この場合、連続する二文の意味的な距離というものが問題になります。（二四四頁）

（連続する三行中に、「意味的な」が三回使われている。）

これも、「**意味上の**」あたりにした方が安心できるように思う。

(e)他にも、文法的（九、四五頁）、総称的（六二頁）、言語的（一〇八、一〇九頁）、話し言葉的（一一三頁）など、つながり方がしっくりこない「的」がいくつか使われている。

(9)石黒 圭『よくわかる文章表現の技術（新版）II 文章構成編』

(a)三つのルートを紹介している点が**特徴的**です。（一五〇頁）

「特徴的」にもどうもなじめない。「紹介している点に**特徴があります**」とあればホッとするのだけれど。

(b)より**説得的**です。（一九四頁）

「説得的」は無理に貼り合わせた言葉に思える。「**説得力があります**」としてもらえば心穏やかになる。

⑽町田守弘『新聞で鍛える国語力』

これが実に興味深く示唆的な文章であった。（二二七頁）

「示唆的」も、どうもなじまない。「示唆に富む」、とでもした方が、目にも耳にも受入れやすいのではなかろうか。

⑾水谷静夫『曲り角の日本語』

言語の問題を反省的にとらえる場合には、やはり文法は無用の長物ではありません。（九九頁）

「反省的」という言い方も、どうもなじめない。「反省を込めて」あるいは「反省しつつ」あたりにした方が、座り心地がいいのではなかろうか。

第四章　助詞、接続詞などについて

一　助詞「は」と「が」

「は」の効力は後段の文節まで続くが、「が」は受ける語が文節を越えて複数回現れることはない、という原則があるように思うが、それに反した記述がかなりある。

二〇一七年八月二十九日にＮＨＫの災害情報を聞いていて、「は」と「が」の違いを示す典型的な例に出会った。放送は、次のような内容だった。

新しい情報は、入り次第お伝えします。

「情報は」は文末の「お伝えします」に掛かる。

「は」を「が」にして、

新しい情報が入り次第、お伝えします。

となれば、「情報が」は直下の「入り次第」に掛かって「お伝えします」とは関係ない。「は」の効力が後段に及ぶことを鮮やかに示しているように思う。打つべき「、」の位置も自ずから違ってくるのだが、その点については「第九章　読点の位置」の項を参照されたい。

もう二例挙げる。朝日新聞二〇一七年十一月十二日のロヒンギャについての記事。

少年は家を焼かれて逃げ、「人が殺されるのを見た」と話したという。

「少年は」は「逃げ」「話した」に掛かるが、これが「少年が」なら受けるのは「焼かれて逃げ」までで、「話した」のは誰か分らない。「人が」は「殺される」に掛かり、「見た」のは少年である。「人は」なら「人は……見た」という構造になる。

朝日新聞二〇一七年十二月五日夕刊。

日本は国際社会に約束した通り、強制労役の犠牲者を記憶にとどめるための措置を、誠実に速やかに履行することを求める。

韓国外務省報道官の言葉だが、「日本は……求める」という構造だから、日本側の要求と読めてしまう。「日本は」だから文末の「求める」に掛かってしまうのである。「日本が」なら「履行する」に掛かる構造になる。

→日本が国際社会に約束した通り、強制労役の犠牲者を記憶にとどめるための措置を、誠実に速やかに履行することを求める。

「は」と「が」のもう一つの大きな違いが看過されていることは、次のような例からも見てとることができる。二〇〇八年に当老骨が南山大学の『アカデミア 文学・語学編』第84号に書いた文章を再録する。(二〇七－二〇八頁)

第四章　助詞、接続詞などについて

一　助詞「は」と「が」

「試合は、＊対#でヤンキースが敗れました」

(あるいは、「試合は、ヤンキースが＊対#で敗れました」)。

NHKのスポーツニュースでは、日本人選手の所属する大リーグ球団の試合結果は、ほぼ決まってこういう形で放送される。もちろん逆に「が勝ちました」となることもある。

……「が敗れました」という、格助詞「が」を用いた表現は、敗れた者(主語)はどちらか、誰か、を示すものである。敗れた側を探し出して指摘する意味を持つ。どちらが勝ったかを示す「が勝ちました」はともかくとして、わざわざ負けた方を探す「が敗れました」は、何とも「場違い」「的はずれ」である。

ニュースで言いたいのは、日本人選手の所属する球団が勝ったか負けたか、であろう。それなら、

↓試合で、ヤンキースは、＊対＃で敗れました。

とすべきであろう。助詞「は」は、その前の語（主格？）がどうなったかを示す意味を持つからである。（ここまで『アカデミア』再録）

このような「は」と「が」の機能を正確に弁別していない文章が、左記のように『文章読本』にも散見される。

(1) **川端康成『新文章読本』**

(a) 彼女は娘を降ろすと、背中の下がべつとりと濡れてゐて、それだけ色濃い端片を継ぎたしたやうに見えてゐた。（五五頁。横光利一「芋と指環」）

「彼女は」を受ける言葉がない。ここは、「彼女が」とすべきところだろう。

(b) ただ私はここでコクトオの言葉を引用した理由は、スティルは決して忽せにしてはならないと同時に、また反面決してスティルのためのスティルということに走ってはならぬと言いたいからである。（六五－六六頁）

「私は……引用した理由は、」は文を成さない。
「ただ私はここでコクトオの言葉を引用した。それは、……」なら文を成すのだが。元の文を生かすとすれば、

↓ただ私がここでコクトオの言葉を引用した理由は、……
とすべきではなかろうか。

(c) 里見氏は次から次へとすばしっこく慧しく変転して、分解し、一物からその周囲、周囲から一物、と眺めている間に、志賀氏は一中心を凝視し、それに透徹してから、稍々静かに次へ移って行く。（七〇‐七一頁）

「里見氏は」を受ける語がない。「里見氏が」なら、「変転して、分解し、……眺めている」で受け切っている。ここは左記にようにすべきだろう。

↓里見氏が次から次へ……

(2) 梅田卓夫 他編『高校生のための文章読本』

(a) その夜私は夜ふけて一人伊東静雄の詩を読んでいたら、あたかもその星について、彼はすでに書いているのであった。（一四五頁。永瀬　清子「『揺れさだまる星』」）

「私は」を受ける語がない。「**私が**」なら「読んでいたら」で受け切るから、文になる。

↓その夜私が夜ふけて一人伊東静雄の詩を読んでいたら、あたかもその星について、彼はすでに書いているのであった。

あるいは、左記なら、「私は……読んでいたら、……出会った」で、「出会った」が「私は」を受け切っている。

↓その夜私は夜ふけて一人伊東静雄の詩を読んでいたら、あたかもその星について、彼がすでに書いているのに出会った。

(b) お父さんはそこで、息子と並んで、とぼとぼ、とぼとぼ歩いて行くところで終わりますね。
（一九五頁。淀川長治「ネオ・リアリズムの傑作『自転車泥棒』」）

「は」の効用で、「お父さんは……終わります」になってしまう。「お父さんが」なら「歩いていくところ」にまでしか掛からない。

↓お父さんがそこで、息子と並んで、とぼとぼ、とぼとぼ歩いて行くところで┐終わりますね。

(3) 倉田稔『学生と社会人のための文章読本』

日本人が自分の考えをまとめて有効に表現する訓練を受けてこなかった。（一二頁。沢田昭夫氏の文の引用）

あまたある民族の中で「日本人が……訓練を受けてこなかった」との意味になるが、言わんとしたところは「日本人」の特性だろうから、左記の方が適切。

↓(1) 日本人は自分の考えをまとめて有効に表現する訓練を受けてこなかった。

あるいは、

↓(2) 日本人が自分の考えをまとめて有効に表現する訓練を受けてこなかったことは、否定できない。

なぜ⑴では「は」が妥当で⑵では「が」が妥当かを説明した「文章読本」は、寡聞にして知らない。

「日本が美しい国だ」と言えば、あまたある国の中で「美しい国」として「日本」が選ばれたことを示す。しかし、**「私は日本が美しい国だとは思わない」**とか**「安倍首相は日本が美しいと信じ込んでいる」**と言った場合の「が」は、「は」とほぼ同義である。単なる事実としての記述でなく、特定の視点から見た判断として示される、いわば間接話法の文節の場合にそうなる、といえるかも知れない。

⑷金田一春彦『ホンモノの日本語を話していますか？』

私は東京の自宅に帰ってみたら、秘書が私の留守の間に来て、私の家内に向かい、「……」と言ったと言う。（二〇五頁）

「私は」を受ける言葉がない。「私が」なら、「帰ってみたら」で受け切っている。左記のようにして欲しい。

↓私が東京の自宅に帰ってみたら、秘書が私の留守の間に来て、私の家内に向かい、「……」

と言ったと言う。

⑸ 吉行淳之介・選『文章読本』

(a) 矢田はまじめらしく何か言はうとした時、女中が障子の外から、「もうお目覚めですか。お風呂がわきました。」（九四頁。永井荷風「つゆのあとさき」）

「矢田は」を受ける言葉がない。

「矢田が」とすれば「言はうとした」で受け切っているのだが、「矢田は」では宙に浮いてしまうのである。

(b) ・きんはさう言つて、禿の周囲の毛を引張ると、次々に容易に抜けてくるではないか。

・彼は抜けた毛を電燈に向けて見ると、普通の抜毛のごとき毛根の白い附着物がなく……、さきともとの判別のむづかしい状態であつた。（九五頁。ともに高見順「故旧忘れ得べき」）

「きんは……引張ると」「彼は……見ると」を受ける言葉がない。

「きんが」「彼が」とすれば、問題は解決する。

⑥**石黒 圭『よくわかる文章表現の技術（新版）Ⅰ 表現・表記編』**

くめ子は、一つだけ捻ってある電燈の下を見廻すと、大鉢に蓋がしてある。（一〇四頁。岡本かの子「家霊」）

著者は何も指摘していないが、「くめ子は」を受ける語がない。ここは左記のように、「は」でなく「が」を付けるべきだろう。

↓くめ子が一つだけ捻ってある電燈の下を見廻すと、大鉢に蓋がしてある。

(7)**加藤道理『字源　ちょっと深い漢字の話』**

有若はこの質問に対して「税金を一割に下げられてはいかがですか」と答えると、哀公は「二割の税でも足りないのに一割になどできるものか」と言う。（一九四頁）

「有若は……答えると」に続く語が見当たらない。左記のいずれかにすれば治まると思うのだが。

↓有若がこの質問に対して「税金を一割に下げられてはいかがですか」と答えると、哀公は「二割の税でも足りないのに一割になどできるものか」と言う。

あるいは、

↓有若はこの質問に対して「税金を一割に下げられてはいかがですか」と答えたが、哀公は「二割の税でも足りないのに一割になどできるものか」と言う。

二　「を」「に」「で」

二―一　格助詞「を」「に」「で」

新聞では、「胸を触る」「女性を暴行する」「に警戒する」といった「を」や「に」が正しい助詞とされているらしく、この三語の「を」と「に」を逆にした記述にはほとんどお目にかからない。「文章読本」には次のような文面がある。

(1)三島由紀夫『文章読本』

三十一文字、和歌の集には、……女性も負けずに、――負けずどころか、代表的地位を占めて活躍しました。(一五頁)

「集には……占めて活躍」はかなり無理な言い回しではなかろうか。「集では」とした方が座りがいいように思える。

(2)**梅田卓夫 他編『高校生のための文章読本』**

箸は、決して食べものを暴行しない。(六八頁。R・バルト/宗左近 訳『箸』)

正しくは左記のように「に」ではないだろうか。

↓箸は、決して食べものに、暴行しない。

(3)**大野 晋『日本語の教室』**

中学生の頃から浄瑠璃を、「書かれた文学」として親しんできた。

(二二一頁。湯川秀樹「浄瑠璃の不思議さ」)

「……を親しむ」と言うだろうか。左記が正調ではなかろうか。

↓……浄瑠璃に、……親しんできた。

(4)**加藤重広、吉田朋彦『日本語を知るための51題』**

(a)当初は、┃関東中心にのみ使われていた俗語だった「タメ」が全国に広まったのは、テレビでタレントが使ったことが大きいと考えられています。(二頁)

「タメ」とは、老骨は一度も耳にしたことがなかったのだけれど、「同年齢」を指す隠語なのだという。

まず、「当初は」は直下の「関東中心にのみ使われていた俗語だった」にのみ掛かるから、この「、」は要らない。「、」があるとどこに掛かるか探してしまうからである。

「……にのみ使われていた」、端的には「……に使う」という言い方は正しいのだろうか。厳密にいえば、「関東を中心とする地域においてのみ」、あるいは「関東中心でのみ」とした方がいいのではなかろうか。左記の方が分りやすいと思える。

↓当初は関東を中心とする地域においてのみ使われていた俗語だった「タメ」が全国に広まったのは、テレビでタレントが使ったことが大きいと考えられています。

(b) 格助詞「を」には、対象を示すほかに、場所を示す用法があり、〔後者には〕経路を示す場合と、起点を示す場合がある。（六五―六八頁。要旨）

異論でなく、質問です。

① 「空港を飛び立つ」はこの「起点」にあたります。では、いつも当然のように使われている「空港を発着する」の「を」はどう解釈すればいいのでしょうか。「着」にあわせて「空港

に発着する」もおかしい。「空港で発着」あたりにするのが無難なのでしょうか。

② 格助詞「に」について。ＮＨＫなどの「気象情報」では、必ずと言っていいほど、「余震に警戒して下さい」「大雨に警戒して下さい」「強風に警戒して下さい」といった言い回しが出てきます。「……に注意して」なら分るのですが、「警戒」なら「……を警戒して下さい」が妥当なのではないでしょうか。

二―二　文字「を」について

(1) 金田一春彦『ホンモノの日本語を話していますか?』

格助詞ということでなく、「を」という文字そのもの、発音について、金田一先生は次のように記しておられる。

「ファックス」「ウオーター」などの外来語の流入で「Ｆａ」「Ｗｏ」といった「アイウエオ」の五〇音にはない子音が普通に発音されるようになっている。（二一二頁）

「Wo」の音だから、「ウォーター」と記して欲しかった。

ところで、Woにあたる文字は「を」「ヲ」（発音は「ウォ」）がちゃんとある。戦前は「ヲーター」と綴ることがよくあったように思う。どうして戦後これが禁じられたのかも教えていただきたかった。

ついでながら、「ヱビスビール」のビン・缶には、大きくローマ字で「YEBISU」（WEBISUではない）と書かれている。これはなぜなのだろうか。

サッポロビール社に問い合わせたところ、次のような回答をいただいた。（二〇一六年三月二十八日付）

江戸末期から明治中期にかけて、日本語の外国人向け表示には「エ」を「YE」と表示したものが多くございました。

例えば江戸 Yedo、円 Yen などでございます。

これは日本語を初めてローマ字表記したポルトガルの宣教師が、当時（十六世紀）の日本人の発音を聞いて「YE」と表記したものです。

しかし、日本語の「エ」の発音は、その後変化して江戸時代の間に「E」となりましたが、外国人は十六世紀の日本語表示のまま、「E」とするところを「YE」と書いていました。

このため、日本人は「エ」は「YE」と書くものだと思ったようでございます。

ヱビスビールも明治二十三年（一八九〇年）に発売以来、商標のローマ字は「YEBISU」であり、今日でもこれを踏襲しております。

なお、発売当時の日本語表記は、漢字を使用した「恵比寿ビール」となっておりました。「恵比寿ビール」の日本語表記はその後、片仮名となりましたが、その際、「恵」の草体（＝草書体）である「ゑ」の片仮名「ヱ」を採用し、「ヱビスビール」となりました。

⑵ **本多勝一『新装版　日本語の作文技術』**

watch をカナ書きにするには「**ウオッチ**」より「ワッチ」の方が実際に近い上に単純でわかりやすい（二〇六頁。要旨）、と述べているが、「**ウォッチ**」はどうなのだろか。

三　逆接の接続詞、接続助詞の使い方

「しかし……が」とか「しかし……けれど」と言った言い回しがしばしば出て来るけれど、二重否定のようで解釈に戸惑うことが多い。左記はいかがだろうか。

(1) 谷崎潤一郎『文章読本』

(a) 口語体の文章が今日の時勢に適していると申しましたが、それなら文章体の文章は全然参考にならないかと云うのに、決してそうではありません。（二九－三〇頁）

「云うのに」より、「云うに」の方がいいのではないだろうか。同じ「云うのに」という表現が三二、九六頁にもある。

「思うに」を「思うのに」、「畢竟するに」を「畢竟するのに」といったら、どこかおかしい。

(b) こう云う間違いは、作者が聞くとあまり好い気持ちはしないものでありますが、しかもわれ〲の口語文においては常に頻々と起るのであります。（一六一頁）

「が、しかも」とくれば、「しかも……でありますが」となるのが普通だろう。ここは、「が、**意想外にも**……」とか「が、**あろうことか**……」とかにした方が分りやすいのではなかろうか。

(2) 丸谷才一『文章読本』

これはむしろ常識的な話だ。しかしこの心得にはあまり異論がないと思ふけれど、このさきはすこし感じが悪いかもしれない。（三五四頁）

「しかし……けれど（あるいは、しかし……が）」は、あちらも否定しこちらも否定しで、文章がどちらを向いていいか定まらなくなってしまうように思う。右記の「しかし」は、なくても前の意見に条件を付けていることはよく分ると思う。

(3) 本多勝一『新装版　日本語の作文技術』

ナカテン（・）が可能なときは私はテンを避けることにしている。しかし列挙（並列）でも修飾語がついたりすればまずいが、これは当然であろう。（一二四頁）

「しかし、……が、」は、文がどちらを向くのかを混迷させるから、出来るだけ避けたい。ここの「しかし」はなくても著者の言わんとするところを損ねないだろうから、削ってもらいたいところ。

(4) 村田喜代子『縦横無尽の文章レッスン』

そういう究極の真面目なナンセンスがどんどん生まれる。しかしナンセンスだけれど、筋道が通っている。（一一九頁）

「だけれど」は話し言葉だろう。「だが」あたりに変えた方がいいのではなかろうか。「しかし……だけれど」という二重否定も気になる。読む者は、どちらを向いていいか分らなくなるからである。この文も、文脈から考えて、「しかし」を取った方がいいのではなかろうか。

四　何が疑問か分らなくなる　疑問の副助詞「か」の重複

何か……どうか、どこか……どうか、と言った言い回しを指す。日頃よく見かけ、たとえば朝日新聞二〇一六年九月八日には次のような記事があった。

　今後は鮮度をどのくらい保てるかどうかが商売のカギになりそうだ。……

「どのくらい……かどうか」は、疑問の焦点が拡散してつかみどころがなく、何を問題にしているのかが分らない。ふたも底もない容器のようなものだ。左記のいずれかにすべきだと思う。

→今後は鮮度をどのくらい保てるかが……　あるいは、
　今後は鮮度を保てるかどうかが……

(1) 大倉徹也『超文章読本』

自分にとって都合の悪い「事実」を、どこまで書いてあるかどうかで決まるということはあるだろう。（一四六頁）

「どこまで……かどうか」という日本語は成り立たない。また、ここにもなくもがなの「という」がある。左記のようにして欲しいところ。

↓……「事実」をどこまで書いてあるかで決まることはあるだろう。　あるいは、

……「事実」を書いてあるかどうかで決まることはあるだろう。

(2) 石黒 圭『よくわかる文章表現の技術（新版）II 文章構成編』

何が有標になるかどうかは、広い意味での文脈によって異なってくるわけです。（一三〇頁）

「何……かどうか」は日本語として成り立たない。

↓「何が有標になるかは」あるいは「ある事柄が有標になるかどうかは」とすべきではなかろうか。

五　馴染まない連体修飾語

(1) 川端康成『新文章読本』

表現的というのは、より多くの主観的というほどの意味である。（九〇頁）

『大辞林』によれば、「的」は「名詞およびそれに準ずる語に付いて、形容動詞の語幹をつくる」。つまり右記の文章は、「多くの」という連体修飾語を形容動詞で受けていることになる。こういう言い回しは正調日本語と言えるのだろうか。

「より多くの主観が現れている」、とか、「より多く主観的」とかにした方がいいのではなかろうか。

六　代名詞の適格性

(1) **村田喜代子『縦横無尽の文章レッスン』**

(a) 目の前で広がり変化し続けている時間は無制限である。**それを**「時計」という発明は、時間を縛り、あり得ないはずの不可視の限界を世界に作り出してしまった。（八四頁。著者が称賛している学生の文章の結語部分）

「それを」が何を指すのかが分らない。「それなのに」という意味だろうか。そうであれば、「それなのに」は話し言葉なので、「**然るに**」とか「**ところが**」とかがふさわしいのではなかろうか。

(b) 年寄りの天使が雨の朝、ある家の庭に落ちてきた。**それが**見世物にされたり、鶏同然に小屋に押し込まれたり、もう散々な目に遭って、やっと元の天へ飛び立って行く。天使という観念世界の生きものが……（一四七頁）

「それが」は「とは言い条＝ところが」の意味だろうか、それとも「その天使が」の意味だろうか。後者とすれば、次の文では「天使という」と説き始めているのだから、ここでも「天使」を使った方が分りやすいのではなかろうか。いずれにしても、「それが」は文末の「飛び立って行く」に掛かり、「見世物にされたり」は中途の「散々な目に遭って」に掛かる。左記のようにした方が分りやすいと思うが、いかがだろうか。

↓……この天使が、「見世物にされたり、鶏同然に小屋に押し込まれたり、もう散々な目に遭って、やっと元の天へ飛び立って行く。

七　助動詞「です」

『大辞林』は「です」についての説明の末尾で、「形容詞の終止形に付く『楽しいです』『おもしろいです』は……、多少ぎこちなさも感じられる」と述べている。このような「です」が、いくつかの文章読本で大手を振って用いられている。

(1) 加藤重広、吉田朋彦『日本語を知るための51題』

「白いです」について。

「白いです」を否定形にすると「白くありません」になりますが、これを夕形にしたのが「白くありませんでした」です。……「白くなかったです」……は、形容詞の部分で否定と夕形を付加したあとに「です」をつけているために、体言につくという「です」の本来の特性には合致しておらず、「です」の制約の弱さに頼ってくっついているので、やや舌足らずで熟さない言い方に聞こえるでしょう。（八九－九二頁）

「白くなかったです」のみならず、白いです、黒いです、赤いです、黄色いです、茶色いです、は、いずれも「舌足らず」と思えるけれども、どうだろうか。いずれも、言われるように、「い」を取って名詞につければすっきりする。

「です」を過去形の「でした」にすれば、もっとはっきりする。「白いでした」以下、いずれも日本語として成り立たないと思う。

⑵阿部紘久『文章力の基本』

外国語をあそこまで話せる日本人は少ないですから、……。（五七頁）

「少ないです」という言い回しも、どうもしっくりこない。「少ない」は、「です」で受けるのにふさわしくない言葉の一つではなかろうか。「から」がなければ「少ないのです」あたりでよさそうだが、「少ないのですから」もおかしい。

↓外国語をあそこまで話せる日本人は少ないものですから、　あるいは、
外国語をあそこまで話せる日本人は多くありませんから、　あるいは、
外国語をあそこまで話せる日本人は少ないでしょうから、

あたりで言い換えるのが妥当のように思われる。

七　助動詞「です」

(3) 石黒 圭『よくわかる文章表現の技術（新版）Ⅰ 表現・表記編』

(a) 原文どおりの「上って」は意外に少ないです。（五〇頁）

「少ないです」はやはり書き言葉にはなじまない。一つは少し冗長になるけれども、左記の方が座りがいい。

↓意外に少ないのです。　あるいは、
　意外に少なくなっています。

(b) 人数としては少ないですが、……（五二頁）

同じく、　少ないのですが、

(c) ……「てくれる」で恩恵を表す場合も、主語が聞き手の省略になることが多いです。（六四頁）

「多いです」も、書き言葉にはなじまない。「多いのです」あたりにして欲しい。

(d) 少し長いですが、引用します。（二三九頁）

「長いですが」も書き言葉にはなじまない。「少し長くなりますが」あたりにして欲しいところ。

(4) 石黒 圭『よくわかる文章表現の技術（新版）Ⅱ 文章構成編』

(a) 可能性が高いですし、……（四、一二〇頁）

(b) 惜しいです。（四四頁）

(c) 難しいですが、……（九四頁）

(d) 「ただ介在しておればよい、というものではない」ですから、……（二一二頁）

「高いです」「惜しいです」「難しいです」「ないです」いずれも、文章語としては違和感を払拭できない。「高いでした」など過去形にすれば、それはさらに歴然とする。高いものですし、惜しいのです、難しいのです、ないのです、あたりにすればすんなり読めると思うのだけれど。

(5) 中山秀樹『ほんとうは大学生のために書いた　日本語表現練習帳』

(a) 簡潔に書いた方がいいです。（一三頁）　その他、随所に「いいです」。

中学生の作文ならともかく、指南書の表現としては抵抗感がある。「いいでしょう」とか「いいのです」とかの方が、はるかに座り心地がいい。

(b) 作家の文章で、〔「である」と「です・ます」を〕混在させているものが、なくはないです。（五四頁）

「なくはないです」も、格調高いとは言いかねる表現ではなかろうか。「なくはありません」あるいは「ないわけではありません」とした方がすんなり読めるのではなかろうか。

(c) 相手の言うことすべてに同意しなくてもよいです。（九三頁）

「いいです」と同様、座り心地が悪い。「よいのです」あるいは「よいでしょう」の方が、すんなり読める。

(d) 前例を真似て成功するのは、むずかしいです。
これは、無難ではあるかもしれませんが、いい結果は生まないです。（一〇七頁）

↓むずかしいでしょう。　あるいは、　むずかしいのです。

生みません。

(e) まさに「前略」の形式で書かれるケースが多いです。（一三二頁）

このような書き方が多いです。（一三六頁）

「いいです」「よいです」などと同様、稚拙な表現と思われてならない。

「多いのです」あたりにして欲しい。

(f) そうおかしくはないです。（一三四頁）

同様な理由で、「そうおかしくはありません」。

(g) 若いひとが、肩肘を張ってもよくないです。（一九三頁）

「よくありません」、あるいはいっそのこと「いけません」。

八　準体助詞「の」

『大辞林』は「準体助詞」を、「『のもの』など、名詞に準ずる意味に用いられる」と定義しているが、『広辞苑』は格助詞に含め、「下の体言が省略されたもの。……口語では頻用され、準体助詞として別扱いする説もある」と規定している。つまり話し言葉であって、文章読本には向かない表現だと思う。

(1) 谷崎潤一郎『文章読本』

……作者の気質を大別しますと、源氏物語派即ち流麗派、非源氏物語派即ち簡潔派となるのでありまして、……要するにこの二つのを出でないと思います。（一四〇頁）

「二つの」は「二つの派」の意味だろうけれど、付けることにどんな意義があるのだろうか。「二つを出でない」の方がよほど格調が高く見える。

(2) 岡崎洋三『日本語とテンの打ち方』

そしてテンをどう打つかというのは「むすび」でふれたように、確かにあまり本質的な問

題ではない。(一八五頁)

「打つかというのは」は文末の「問題ではない」に掛かり、「ふれたように」は直下の「確かに」と同格である。従って、左記の方が理解しやすい。ちなみに、「というのは」は指南書の日本語としてはいかがなものだろうか。

→そしてテンをどう打つかは、「むすび」でふれたように、確かにあまり本質的な問題ではない。

(3) 大倉徹也『超文章読本』

「というの」が繰り返し現れる。

「それというのも……」とか「というのは……だからである」とか「……というのは……のことである」のような場合はすんなり受入れられるのだが、左記のような「(という)の」の諸例はいささか趣を異にしており、文章にはあまりなじまない話し言葉と思われる。また、「という」を省いても文意を損ねるわけではない場合もある。この「というのは」は、極論すれば、格調、もしくは品格・風格を問われかねない表現のように思える。

以下、余りに数が多いので、文末にページだけ付す。

コラムというのがある。（五五頁）

↓　コラムというものがある。

長年のライター暮らしで得たことのひとつに、……というのがある。（七五頁）

↓　……ということがある。

社長というのが元大通信社の記者だったとかで、……（九七頁）

↓　社長という人物が……

５Ｗ１Ｈの条件を満たす必要があるというのは知っておいていいことだろう。（九八頁）

↓　……ということは……

この場合、「という」をわざわざつけなくとも、「……を満たす必要があることは……」で立派に文は成り立つ。どうやら「という」は著者の口癖で、〝筆癖〟でもあるようだ。

……戦争の時代に……「大本営発表」というのがあったからだ。（一〇二頁）

↓　……というものが……

ある政治目的を持った情報が「客観報道」を装って流されるというのは、……（一〇二頁）

↓　……流される〔という〕ことは、……。

※〔　〕内は削除も可。以下、同様。

「大本営」というのは当時の天皇に直属していた最高の統帥部で……（一〇二頁）

↓ 「大本営」とは当時の天皇に直属していた最高の統帥部で……

放送には「放送禁止用語」というのがあるというのは、あなたも聞いたことが……（一〇四頁）

↓ 「放送禁止用語」というものがある〔という〕ことは、

これでも、「という」が鬱陶しい。「放送禁止用語」とわざわざ「」を付けているのだから、左記の方がすっきりすると思うが、いかがだろうか。

↓ 「放送禁止用語」があることは、……

「差し控えたい用語」というのもあって、……（一〇四頁）

↓ というものもあって……。

フォト・ストーリーというのを書いたことがあった。最初からグラビアにするのを目的で……（一一四頁）

↓ フォト・ストーリーというものを書いたことがあった。最初からグラビアにすることを目的で……

どういう文章であれ、書く目的というのがあるはずだ。（一八八頁）

↓ ……書く目的〔というもの〕があるはずだ。

口頭で補足説明しなければならない文章というのは、それだけで失敗なのである。（一九三頁）

↓　……文章〔というもの〕は、……

どういう語感の言葉を選ぶかというのが、なかなか大切だということ……（一九五頁）

↓　……どういう語感の言葉を選ぶか〔ということ〕が、……

そのことがこの文章を書く気になった理由だというのを、まず伝えるつもりだった。（一九六頁）

↓　……理由だということを、……

文章というのは、あれこれいじり始めるとキリのないところがある。（一九八頁）

↓　文章〔というもの〕には、あれこれいじり始めるとキリのないところがある。

「フリーライター教室」というのを行っていて、……（二二〇頁）

↓　「フリーライター教室」〔というもの〕を行っていて、……

「有名になりたい」というのを、わたしは不純な動機と思わない。「有名になれる」というのは、それはそれでひとつの才能……（二二一頁）

↓　「有名になりたい」という考えを、わたしは不純な動機と思わない。「有名になれる」のは、それはそれでひとつの才能……

(4) 金田一春彦『ホンモノの日本語を話していますか？』

(a) きちんとわかりやすい順序で並んでいるというのは、日本語のすばらしい点である。（三〇頁）

↓並んでいるのは、……

(b)これは日本人は他人から貰ったのを有難いことだと感謝している、そういうやさしい気持ちを反映しているように解釈したい。(一三五頁)

↓これは「日本人は他人から貰ったことを有難いことだと感謝している、……

(c)お天気に関する言葉というのは、古くから京都を基準にしているものが多いということらしい。(一五七－一五八頁)

↓言葉は、……

このような「という(の)」が散見されるけれど、文章を冗長にしないためにはない方がいいのではなかろうか。

(5)丸谷才一他『書きたい、書けない、「書く」の壁』

(a)どう言えば相手が動いてくれるのかというのを考えるのが論理的思考なのだから。(四九頁)

(b) 人の質問に答えるというのはコミュニケーションであるし、ＳＨＯＷ＆ＴＥＬＬは大事な言語教育なのだ。（五一頁）

(c) 朝起きてから学校へ行くまでに何をしたかというのを順に思い出させて、書かせる。（五二頁）

(d) ……読む技術も身に付くのであるから、文章を読むだけでは知識というのは増えない。（一四五頁）

「というのを」は、いかにもたしなみをなくした言い回しに思える。

「**ということを**」とした方が安心して読めるが、ここはむしろ「という（の）」をばっさり削った方がすっきりする。それによって意味がおかしくなることは全くなかろう。

↓どういえば相手が動いてくれるのかを考える……

人の質問に答えるのは……

何をしたかを順に思い出させて……

……知識は増えない。

(6) 石黒　圭『よくわかる文章表現の技術（新版）Ⅰ表現・表記編』

(a) レポートや論文というのは、読んでいる人に自分の意見を納得してもらうために書くもの

です。……意見というのは、第七講で主張と呼んでいたものですが、主張はかならず判断になります。(一四九頁)

(b) そうした解釈が成り立つというのは理解できます。(一六二頁)

(c) 接続詞の使い方というのは簡単そうで、じつはとても難しいものです。(一九四頁)

「というのは」は書き言葉にはなじまないように思える。著者は「買うのに」の「のに」について、「話し言葉的な感じはありますが、『ために』『には』を使うと文法的にややおかしくなる気がします」として、是認している(一一二、一一三頁)。また一一六頁では、「『買わせるという』というのも四十九名と比較的多くの人が直しています」と、「というのも」を当然のように使っている。

一五七頁では、「ここで一つ気をつけたいのは、伝聞の情報源を不明と判断した人が二三四名もいることです」と記している。この「のは」は、「……の理由は」あるいは「……の意味は」という意味の「の」であって、違和感はない。「それというのも……だからだ」と言ったときに使う「の」だからである。

これに対して、右記の四例の「の」は、「ということ」(一六二頁)あるいは「というもの」(他の三例)と言い換えることができる。こうした「の」は、書き言葉にはなじまないと思われるのである。ここは左記のようにしたらいかがだろうか。

↓レポート、論文（のたぐい）は、……　意見とは、……　成り立つことは……

ついでながら、「使い方というのは」は文末の「ものです」に掛かり、「簡単そうで」は中途の「難しい」に掛かるから、この切り方は不適切と思われる。総て勘案して、左記のようにして欲しいところ。

↓接続詞の使い方は｜簡単そうで、じつは大変難しいものです。

(7) 石黒 圭『よくわかる文章表現の技術（新版）II 文章構成編』

(a) いわゆる文法として考えるかどうかというのは研究者の立場によって異なってきます。
（六六頁）

「……ということは」とする方がよさそうだし、むしろ「というの」をとって「考えるかどうかは」とした方がさらに風格があるのではなかろうか。

(b) そういう世界で長らく言われてきたのに「編集者＝黒子論」というのがある。（二〇四頁。規範として引用された文）

↓そういう世界で長らく言われてきた言葉に「編集者＝黒子論」というもの（あるいは「という譬え」）がある。

(c) なぜ編集者が出てきたのかというのは、それまでの文脈との関係で気になるところであり、……（二一二頁）

↓……出てきたのかということは、……　あるいはいっそ、　……出てきたのかは、……

(8) 村田喜代子『縦横無尽の文章レッスン』

人の意見と自分のを較べてみる。（六七頁）

↓自分の意見を……　あるいは
自分のそれを

九　格助詞「より」

起点・経由を示す「より」は、文語の響きがあり、時として「である」と同じく無用に格式ばって用いられることがある。「から」とした方が全体になじむ。

(1) **梅田卓夫 他編『高校生のための文章読本』**

(a) 御室川上流の鳴滝川谷沿いの山中**より**採石される良質の砥石。（一七二頁）

(b) 一九六五年**より**テレビの「日曜洋画劇場」の解説者として親しまれた。（一九二頁）

↓御室川上流の鳴滝川谷沿いの山中**から**採石される良質の砥石。

一九六五年**から**テレビの「日曜洋画劇場」の解説者として親しまれた。

十　副詞「こう」

(1) 倉田 稔『学生と社会人のための文章読本』

彼はこう言った、「はい、そう思います」。（六三頁）

当老骨は、「こう」はその前に記された事態を指す言葉として使うのが本来の姿だと思っているのだが、下に来る事態を指す言葉として使われる例が非常に多いことは承知している。いずれにしても、この「こう」はなくても、むしろない方が、分りやすいのではなかろうか。

↓彼は言った、「はい、そう思います」。

第五章　その他の記述方法

一　用言と体言の同格扱い

用言と体言を同格扱いにする記述は、巷にあふれている。たとえば朝日新聞には一昨年次のような記事が載った。

(a)　ただ水源の枯渇や排水施設が損壊して断水が長期化しそうな自治体も少なくなく、……。
（二〇一六年四月二十六日夕刊）

「水源の枯渇」と「排水施設」とが「損壊」したという構造である。「枯渇」という体言と「損壊して」という用言とを同格として「長期化しそう」につなげようとしたためである。左記のように用言か体言かに一本化して欲しいところ。

↓ただ水源の枯渇や排水施設の損壊で断水が長期化しそうな自治体も少なくなく、……。

あるいは、

↓ただ水源が枯渇したり排水施設が損壊して断水が長期化しそうな自治体も少なくなく、……。

(b)水野邦夫裁判長は、三三〇万円の支払いと記事四本をウェブサイトから削除するよう命じた一審・東京地裁判決を変更。（二〇一六年六月二日）

「支払いと記事四本を……削除する」とは何事か、と思ってしまう。左記のいずれかなら誤解される恐れはない。

↓……三三〇万円の支払いと記事四本のウェブサイトからの削除とを命じた一審・東京地裁判決を┐変更（した）。

あるいは、

↓……三三〇万円を支払い記事四本をウェブサイトから削除するよう命じた一審・東京地裁判決を┐変更（した）。

このような記述方法が、文章読本にもいくつか現れる。

(1) 梅田卓夫 他編『高校生のための文章読本』

剃られながら、私より年若い彼女は、自分が病気をしたこと、三十歳をすぎて、親類の娘たちより婚期がおくれてしまったこと、今度縁あって神奈川県の農家へ行く、というようなことを話してくれた。（五七頁。石垣りん「花嫁」）

「病気をしたこと」「おくれてしまったこと」という体言と「行く」という用言が同格扱いされている。左記のように、どちらかに統一した方がいい。

↓……自分は（この場合には「が」でなく「は」が妥当だろう）病気をした、三十歳をすぎて親類の娘たちより婚期がおくれてしまった、今度縁あって神奈川県の農家へ行く、というようなことを話してくれた。

あるいは、

↓……自分が病気をしたこと、三十歳をすぎて、親類の娘たちより婚期がおくれてしまったこと、今度縁あって神奈川県の農家へ行くこと、などを話してくれた。

⑵岡崎洋三『日本語とテンの打ち方』

そして、読点とは分かち書きが発展したものであり、そして詩における改行効果との関連などということも考慮しなければならないと思う。（二四頁）

まず、「そして」のどちらかは誤って残ったものと思われる。

「ものであり」（用言）と「関連などということ」（体言）とが同格扱いされて、「考慮しなければ」に掛かる構造になっている。左記のように、用言、体言のどちらかに統一して欲しい。また、この文の大きな分岐点は「ことも」だと思う。

↓そして、読点とは分かち書きが発展したものであり詩における改行効果と関連するなどということも┐考慮しなければならないと思う。

↓読点とは分かち書きが発展したものであること、そして詩における改行効果との関連などということも┐考慮しなければならないと思う。

また、左記のような文章の方が著者の意をより厳密に体しているかも知れない。

↓そして、読点とは分かち書きが発展したものであって、詩における改行効果と関連するものだ、などということも考慮しなければならないと思う。（この場合には「ことも」は主要分岐点にはならない。）

⑶ 中山秀樹『ほんとうは大学生のために書いた　日本語表現練習帳』

同じ理由〔文字が空間を埋め過ぎると読みにくくなる〕で、漢字を使い過ぎる、逆にひらがなが多すぎても、読みにくくなります。（五六頁）

「使い過ぎる」という体言（連体修飾語）と、「多すぎて」という用言が同格扱いされている。左記のように、いずれかに統一すべきだろう。

↓漢字を使い過ぎても、逆にひらがなが多すぎても、……
　漢字を使い過ぎることでも、逆にひらがなが多すぎることでも、……

二　無用あるいは場違いと思われる受身

水谷静夫先生は、司馬遼太郎『坂の上の雲』の「日本でいう黄海海戦のことを、世界では鴨緑江海戦と称されていた」を取り上げて、「『称される』という受身は、私は『称せられる』であって、『称される』は使いません。この場合『世界では称していた』と言うべきでしょう。受身にする必要は何もないんです」と諭している。（水谷静夫『曲り角の日本語』一九頁）

共同通信社『記者ハンドブック』も、「用語について」の項で「空疎な美文調や未熟な直訳調は避け、**受身**や二重否定、カタカナ語を乱用しない」と教示している。（五一〇頁）

我が意を得たりである。では文章読本には無用な受身はないだろうか。

(1) 三島由紀夫『文章読本』

文学がそのどちらに重点が置かれるかというと、……（一五頁）

水谷先生が言われる、無用の受身形ではなかろうか。主語が二重になるのは日本語につきものとは言うけれど、これはいかにも分りにくい。次の方がすっきりするのではないか。

↓文学がそのどちらに重点を置くかというと、……

(2) 中村真一郎『文章読本』

恐らく当時の若い知識人たちは、日頃、|読んでいる西洋の文章と同質のものが、|日本語で表現せられるのを見て、奇跡に接するような思いをしたに違いありません。（一三二頁）

まず、直下に続くため切るべきでない「日頃」が「、」で切られてしまっているため、意味が捕まえにくい。また、なぜここに突然文語もどきの「せられる」が現れるのだろうか。受身は受身でも、左記のようにして欲しい。

↓恐らく当時の若い知識人たちは、日頃読んでいる西洋の文章と同質のものが日本語で表現されるのを見て、奇跡に接するような思いをしたに違いありません。

(3) 梅田卓夫 他編『高校生のための文章読本』別冊『表現への扉』

伝統的な名文観は改められなければならない。（五七頁）

編者は同じ項（五五－五六頁）で「戦争がはじまる」と「戦争をはじめる」とを比較し、後者を「筆者の意志的な語法を感じさせる」と高く評価している。「改められなければ」はいささか衒学《げんがく》的な言い廻しで、「筆者の意志」もかすんでしまうように思えるのだが。

↓伝統的な名文観は改めなければならない。

(4) 岡崎洋三『日本語とテンの打ち方』

(a) 気分や口調で安易にテンを打つことは**控えられ**ねばならない。（三五頁）

不必要な受身はなるべく控えて、ここは左記のようにして欲しい。

↓気分や口調で安易にテンを打つことは控えねばならない。

(b) ……「内容」についても考慮**され**なければならない。（六〇頁）

これも、受身でなければならない理由がない。左記の方が、苦労せずに読める。

↓……考慮しなければならない。

三　「ら」抜きことば

「若い世代の特徴」と言われて久しいが、文章読本も聖域ではないようだ。

⑴ **梅田卓夫 他編『高校生のための文章読本』**
ほかのだれよりも速く、五マイルをまわってこ**れ**るんだ。（一三二頁。A・シリトー／河野一郎訳『長距離走者の孤独』）

厳密には、「こ**られ**るんだ」として欲しいところ。

⑵ **大倉徹也『超文章読本』**
（私は）ライターとして生きてこ**れ**た。
……書き手として生きてこ**れ**た……。（二一頁）

↓生きてこ**られ**た。　　　　が適切なのではなかろうか。

四　定型表現あるいは本来の意味・用法からの逸脱

四―一　意外と

『大辞林』には「意外と」は「意外に」のくだけた言い方、『日本国語大辞典』には「意外と」は形容動詞「意外」の副詞的「俗用」とある。文章読本では本来の「意外に」という「くだけ」ない正調表現が求められていると思う。

⑴ **本多勝一『新装版　日本語の作文技術』**

……と書いて平気な人は**意外と**多いだろう。（一二五頁）

⑵ **阿部紘久『文章力の基本』**

意外と涙もろいね。（二ヵ所）（一一四頁）

一方で著者は、「『自然と』は『自然に』と書くように」と説いている（八〇頁）。「意外と」も同様ではなかろうか。因みに『広辞苑』は「自然」を名詞として「ひとりで（に）の意で副詞的にも用いる」と規定しているが、『大辞林』『日本国語大辞典』ともに「自然」を形容動詞に分類している。形容動詞であれば、連用形は「自然に」である。「副詞的」という位置付けが「自然と」という「副詞的」用法をも許容しているのだろうか。

「意外」も形容動詞である。

(3)石黒 圭『よくわかる文章表現の技術（新版）Ⅱ 文章構成編』

(a)**意外と**難しいのではないか……（一頁。引用文）

(b)**意外と**利用客の多い……（一三四頁。引用文）

(c)通りの名前は、初めての人にとって**意外と**わかりにくいものだからです。（一五三頁）

四―二　自然と

(1)石黒 圭『よくわかる文章表現の技術（新版）Ⅰ 表現・表記編』

(a)**自然と**鳴った感じが出ます。（九二頁）

(b)**自然と**その考えにたどり着く……（一三一頁）

やはり「**自然に**」の方が落ち着く。

四―三　次々と

『大辞林』『日本国語大辞典』は「次々」について、「多く『』『に』『と』を伴う副詞」として、「次々」だけでも認めている。他方『広辞苑』には「次々に」（副詞）しか記載されていない。当老骨には、ここは『広辞苑』に従いたい、「次々に」が教則本に記すべき正嫡日本語ではないか、という思いがある。

(1) **梅田卓夫 他編『高校生のための文章読本』別冊『表現への扉』**
「私」の思い込みや断定が**次々と**海によってあっけなく崩され、……。（三九頁）

(2) **阿部紘久『文章力の基本』**
(a) 書きながら思いついたことを**次々**加えていくと、全体として何が言いたいのかが分からなくなってしまいます。（九八頁）
(b) **次々と**言葉を積み重ねていきます。（九九頁）

いずれも、「次々に」の方が響きがいい。

四―四　不思議と　　むやみと

⑴ 梅田卓夫 他編『高校生のための文章読本』別冊『表現への扉』

不思議と詩人で翻訳をする人は多く、しかも名訳者が多いのだ。（六五頁）

「不思議と」はうわずった感じがする。「不思議に」も落ち着かない。じっくり「不思議なことに」とすれば安心して次に移れる。

⑵ 本多勝一『新装版　日本語の作文技術』

むやみと漢字を使うのが「良い」ことだとは思わないので、……（一九九頁）

「むやみに」の方が正調日本語ではなかろうか。

四―五　……にも関わらず

「晴雨にかかわらず（関係なく）」の場合は「関わらず」、「雨にもかかわらず（なのに）」の場合は「拘らず」が正しい用法だと思う。

⑴　丸谷才一他『書きたい、書けない、「書く」の壁』

それにも関わらず、ＪＩＳの字種および字体の選定にかならずしも納得のいくような基準のみられないのも事実である。（八九頁）

⑵　石黒　圭『よくわかる文章表現の技術（新版）Ⅱ　文章構成編』

文化そのものにも関わらずにここでは無視されている方言による川柳の方が時代を的確に反映しており、……（二八二頁）

いずれも「拘らず」が正嫡だと思う。なお、「文化そのものであるにも拘らず」とした方が安心して読めるように思う。

四―六　対策

『大辞林』は、「対策」を「相手の出方、事件の様子などに応じて立てる処理の手段」と規定している。『日本国語大辞典』にも、「相手の態度や事件の状況に応じて、とる方法や手段」とある。「応じて」とは、それに対処、対応して克服しようとする意味で、それを実現する、もしくは定着させるための手段、という意味ではなかろう。「防災対策」「節税対策」などよく使われるけれど、それぞれ「災害対策」「防災策」、「税金対策」「節税策」が正しい用法ではなかろうか。

⑴中村明『悪文　裏返し文章読本』

それが駅前の**放置自転車防止対策**であることが示されなければ、……（六一頁）

「放置自転車防止策」、あるいは「放置自転車対策」が妥当だと思う。

四―七　「したり、……したり」、「でないし、……でもない」の一方の省略

⑴本多勝一『新装版　日本語の作文技術』

朝日新聞の次のような記事の添削（二四二―二四三頁）については、第一章一で触れた。

運輸省の話では、シンガポール海峡は、東京湾、瀬戸内のように巨大船の航路が決められ、対向船が違うルートを運行するよう航路が分離されていない。

著者は、左記の是正文を提示した。

運輸省の話では、シンガポール海峡は、東京湾、瀬戸内のように**は**、〔太字・傍点は本多氏〕巨大船の航路が決められ、対向船が違うルートを運行するよう航路が**分離されていない**。

是正後の文も、「でないし、……でもない」の原則からそれているので、理解しにくい。

↓運輸省の話では、シンガポール海峡は、東京湾、瀬戸内のようには巨大船の航路が決められていないし、対向船が違うルートを運行するよう航路が分離されてもいない。

⑵阿部紘久『文章力の基本』

私は物事を客観的に見て「なるべく主観に偏らずに考えたり判断しようと常に努めています。（一七三頁）

第一章一参照。読点の位置、「たり……たり」からの逸脱という二つの問題点をあわせて、左記のようにしたらいいかがだろうか。第一章一とやや異なるが、これもあり得る。

↓私は、┐物事を客観的に見てなるべく主観に偏らずに考え判断しようと、┐常に努めています。

(3) 中山秀樹『ほんとうは大学生のために書いた　日本語表現練習帳』

若い社員編集者に、記事を書いたり原稿を手直しする技術を教え、貴重な戦力に育てなければなりませんから、こちらも懸命です。（六頁）

第一章一参照。文章指南書としては、「したり」と記したあとは次の同格文節にも「したり」を付けて欲しい。

↓若い社員編集者に、記事を書いたり原稿を手直ししたりする技術を教え、彼らを貴重な戦力に育てなければなりませんから、……

四―八　もう一つの足切り

サ行変格活用の送り仮名とは別に、「ではないか」とすべきところを「では」で切ってしまう「足切り」用法が世上盛んに用いられるが、規範本は、きちんと最後まで記して閉じて欲しい。

⑴ **金田一春彦『ホンモノの日本語を話していますか？』**

……別に華やかなという意味もあるのでは、ということが最近言われ始めている。（一八八頁）

↓……意味もあるのでは、ないか、ということが……

として欲しい。

⑵ **阿部紘久『文章力の基本』**

最初から「長い話を聞かされるのでは」という警戒心を持たれてしまう可能性があります。

（一八一頁）

⑶ **石黒 圭『よくわかる文章表現の技術（新版）Ⅱ 文章構成編』**

筆者の意見が次の文で述べられるのでは、と感じさせる文……（二六〇頁）

(4) 町田守弘『新聞で鍛える国語力』

(a) このコラムは猫のエピソードを受けて、シラク仏大統領（当時）のもとには猫がいないのでは、という話題で収束している。（九九頁）

(b) この核軍縮の機運がさらに広がるのでは、という期待も込められた表現になっている。（二三九頁）

↓猫がいないのではないか、広がるのではないか、

と最後まで記してきちんと閉じて欲しい。

四—九　結果、……　これは「頭斬り」と言えようか。

(1) 中山秀樹『ほんとうは大学生のために書いた　日本語表現練習帳』

結果、マラソンを速く走ることができるようになるわけです。（一〇四頁）

「結果、……」という言い回しは、節度、たしなみを欠くように思えて仕方がない。「その結果、……」とすれば、わずか二字で、ずっと格調高く感じられる。

四―一〇　その他の、しっくりこない表現

(1) 川端康成『新文章読本』

(a) どこへでもよつて、外で何か喰べてかへるのを、どんなことででもあるやうに清一は喜びました。（一一一頁。久保田万太郎「寂しければ」）

「どんなことででもある」とは、どんな意味なのだろうか。

(b) 人間は、言葉でほか、自分の心が表せない。（一五七頁）

「言葉でのほか」か、あるいはむしろ「言葉でしか」として欲しいところ。

(2) 中村真一郎『文章読本』

(a) ……恋という全然、個人的主観的感情的なことを、相手に判らせるという仕事です。（一〇頁）

「全然」を否定形で受けない誤用が広まっている、と言われて久しいのだが、「文章読本」に大手を振って現れると、いささか驚きを覚える。

↓……全くの個人的主観的感情的なことを、……

(b) 彼女が起き上がらない先に、……（二〇〇頁。武田泰淳『森と湖のまつり』）

このような表現はおかしいとの指摘はずいぶん前から上がっている。やはり、左記のいずれかの方が妥当と思う。

↓起き上がらないうちに、　　　または、
起き上がる先に、

(c) 「読み書き」という二種類の行為のかけがえのない密接を知らせるのも、……（二一八頁。
大江健三郎『状況へ』）

通常は「密接さ」を　と表現すると思う。

(3) 阿部紘久『文章力の基本』

周囲の人に本当に気を使っている人は、周りにそれを気がつかれない。（一八七頁）

「気がつく」とは言うけれど、「気がつかれない」という言い方はあるのだろうか。普通は、

↓周りにそれを気づかれない。

ではなかろうか。

五　規格外の送り仮名

送り仮名は時代と共に変化し、今でも「生まれる」「生れる」、「現われる」「現れる」など複数が併存している例があるから一概には言えないけれど、左記はほぼ定着した送り仮名に背いているように思われる。

(1) 川端康成『新文章読本』

新らしきものの氾濫……。新しき硯友社時代……。（二七頁。横光利一「文芸時評」）

今は通常「新しき」だろうけれど、ともかく統一していただきたい。

(2) 井上ひさし『自家製　文章読本』

(a1)……もう繰り返えさないが、……（六三頁）
(a2)……五回も繰り返えされているのだ。（八二頁）
(a3)……くどくどは繰り返えさないが、……（二五〇頁）

「繰り返す」はよくあるが、こういう、一般に受入れられているのと異なる送り仮名は、「文章読本」では避けて欲しいし、ましてや「繰り返し」て欲しくない。著者というより、編集者の責任ではないかと思う。

(b)むしろ「……た」の連続は読む者の心の裡に快よいリズムを響かせる。（一四六頁）

一般に受入れらている送り仮名は、「快い」。

(3)石黒 圭『よくわかる文章表現の技術（新版）Ⅱ 文章構成編』

仮りにこれらの作業が全てうまくいったとしても、……（二〇三頁）

「仮りに」は、現今「仮に」が普通と思われる。

十年程前までは、「すべて」の項に漢字として「全」のある辞書も、「全」の読み方に「すべ(て)」とある漢和辞典もなかった。なぜか次第に世を席捲し、今では目にするほとんどの本、新聞他がこの字になってしまった。当老骨はひるまず「総て」と記し、ＰＣにもそう覚え込ませている。

六　連体修飾過多

一つの言葉（体言）に夥しい数の連体修飾語が覆いかぶさる文をしばしば見かける。一つの文章にまとめたいという意識が先に立っての結果と思われる。文章読本にもそれが影を落としている。

(1)　三島由紀夫『文章読本』

……能うかぎり日本語で再現しようとする、良心的な語学者と文学の鑑賞力を豊富に深く**もった語学者との結合した才能をもつ人が試みる**翻訳であります。（一二〇頁）

この文にはさらに前段があるのだが、ここでの論点には直接は関わらないので、省いた。わずか六〇字ばかりの一つの文章に、九つの連体修飾語（太字）、とりわけ「良心的」以下の五〇字足らずのなかに七つもの連体修飾がある。何がどこに掛かるのかを判断するのに、大変な難儀をする。以下のように簡略化したらどうだろうか。

↓……、良心と豊富で深い文学鑑賞力とを結合した才能をもつ語学者が試みる……

(2) **梅田卓夫 他編『高校生のための文章読本』**

港のこちら側からすぐ向こうに見渡せる対岸までかよっている小さな連絡船の艫の手すりに腰かけていた私は、無謀ないたずら好きのため大人たちのあいだで手のつけられぬ不良少年として扱われていた年長の友人に正面から胸元をつかれて、仰向けにのけぞったまま海へ落ちたことがあった。……
鏡の内部へはいりこんだような浮遊物も見当たらぬ透明な水中で平らな水面へ向かって垂直に仰向けになった私の視界いっぱいに映ったのは、……光の均質なのであった。(七七－七八頁。埴谷雄高『神の白い顔』)

前段の文の「私」には七つ、「友人」には七つ、後段の文の「(映った) の」には九つの連体修飾語 (**太字**) が掛かっている。埴谷氏の文章は難解で知られ、それが「深遠な思索」(欄外の、編者による作者紹介) に一層磨きをかけているようだ。しかし、当老骨のような愚か者にとっては、これは典型的な悪文に思える。前段は、たとえば次のようにならないものだろうか。

↓港のこちら側からすぐ向こうに見渡せる対岸まで、小さな連絡船がかよっていた。その船の艫の手すりに腰かけていた私は、年長の友人に正面から胸元をつかれて、仰向けにのけぞったまま海へ落ちたことがあった。彼は、無謀ないたずら好きのため大人たちのあいだで手のつけられぬ不良少年として扱われていた。

最後のところはまだ五つが残るものの、はるかに読みやすく理解しやすくなると思うが、いかがだろうか。

後段は、左記のようにすれば当老骨にも理解できる。

↓私は、平らな水面へ向かって垂直に仰向けになった。水中は透明で、鏡の内部へはいりこんだように浮遊物も見当たらなかった。私の視界いっぱいに映ったのは、……

⑶ **岡崎洋三『日本語とテンの打ち方』**

例文を二通り挙げ、先例（a1、b1）の「、」を「特徴のある」、後例（a2、b2）を「よくみかける」使い方としている。（六三－六五頁）（箇条書き番号は、分りやすいように当老骨が書き換えた）

(a1) 覚せい剤取締法違反で有罪判決を受け謹慎していた尾崎豊が、復帰する。

(a2) 覚せい剤取締法違反で有罪判決を受け、謹慎していた尾崎豊が復帰する。

(b1) ひねこびた屈折した感情を底に抱きながら何やらもっともらしく論じようとする傾きがあ

る私の同世代とそれ以上の人たちといっしょにいるより、楽しいのだ。

(b2) ひねこびた屈折した感情を底に抱きながら、何やらもっともらしく論じようとする傾きがある、私の同世代とそれ以上の人たちといっしょにいるより楽しいのだ。

著者は、先例(a1)、(b1)のテンを「強調のため」のもの、後例(a2)、(b2)のテンを「テンのない部分が続くと読者が読みにくいだろうというぐらいの、特にどうということのない」もの、とも規定している。

当方の基準からすれば、先例(a1)、(b1)は分岐点に打たれており、その点で適切だと思う。後例の(a2)は、「有罪判決を受け……復帰する」と読んでしまう。このテンは、あった方が読みにくい。(b1)、(b2)は、どこにテンを打っても一向に意味がつかめない。何がどこに掛かるか考え込んでしまうからである。なぜそうなるのか。連体修飾語が多すぎるからである。左記の太字六ヵ所が連体修飾語である。

ひねこびた屈折した感情を底に抱きながら何やらもっともらしく論じようとする傾きがある私の同世代とそれ以上の人たちといっしょにいるより、楽しいのだ。

左記のようにすれば大分読みやすく理解しやすくなると思うが、いかがだろうか。これなら連体修飾語は三ヵ所に半減する。

↓
私の同世代やそれ以上の人たちは、ひねこびた屈折した感情を底に抱きながら何やらもっともらしく論じようとする傾きがあるから、別の世代といっしょにいた方が楽しいのだ。

七　文字通り

「文字通り」は『広辞苑』には「文字に記されたそのとおり」とあるが、「文字」が具体的・具象的な意味を体現している場合に初めて意味を成すもので、抽象的・象徴的な意味しかない「文字」に用いるのは本来の意味から外れていると思う。例えば、「文字通り額に汗して」は本当に額に汗を流していることと分るけれど、「文字通り疲れた」とか「文字通りうまい」では「文字」が何のことやら分らない。春先に三日寒い日が続いたあと四日暖かい日が続いたとすれば、「文字通り三寒四温」というのがふさわしいと思える。不適切な箇所に「、」をつけて文を切ってしまうのが、「文字通り不適切」である。

(1) **梅田卓夫 他編『高校生のための文章読本』**

UFOの目撃や解釈はすでに文字通りの伝説を作り上げるに至った。（九八頁。C・G・ユング／松代洋一訳『噂としてのUFO』）

「文字通り」でない「伝説」というものがあることになる。「**遍く語り継がれる伝説**」「**正真正銘の伝説**」あたりの方がよく分るのではなかろうか。

(2) 中条省平『文章読本　文豪に学ぶテクニック講座』

文字どおり真剣に受けとめられるべきヒロインの本音なのです。（七四頁）

「文字どおり」真剣なら本当の剣の話のはずだけれども、ここはそうでない。抽象的、あるいは象徴的な真剣さを論じるには、「文字どおり」という語はふさわしくないと思う。「まさに」「まさしく」「紛うかたなく」「紛れもなく」あたりがふさわしいのではなかろうか。

(3) 石黒圭『よくわかる文章表現の技術（新版）Ⅱ 文章構成編』

日本の住宅に縁側がなくなっていることについて、左記のように嘆じている。

仏教では、「縁なき衆生は度し難し」というが、現代の庶民のすまいが、文字どおり縁なき衆生になるのでは、こまったことである。（八四頁）

近年「文字どおり」が「文字」の具体的な意味から離れて乱用される例が多い中で、これは胸のすくような「文字どおり」である。なお、「、」は二つ取った方が理解しやすい。

↓仏教では「縁なき衆生は度し難し」というが、現代の庶民のすまいが文字どおり縁なき衆生になるのでは、こまったことである。

八　誤植　あるいは誤字　あるいは誤用

(1)　中村真一郎『文章読本』

始めて、何かを見る気になって、……（二〇三頁。島尾敏雄『月暈』）

目くじら立てるほどのところではないけれど、　初めて、……

(2)　梅田卓夫 他編『高校生のための文章読本』

だが全く垂涎《すいえん》の光景である。（二九頁。森 茉莉「猛獣が飼いたい」）

編集者のつけたフリガナと思われる。「すいえん」は誤用転じた慣用読みだろうから、高校生のためにわざわざフリガナをつけるなら本来の「すいぜん」として欲しい。

(3)　梅田卓夫 他編『高校生のための文章読本』別冊『表現への扉』

これがいうなれば主人公の体験の記述の原型なのである。（一九頁）

いうなればその「正しさ」は、……。（七〇頁）

「いうなれば」はこの本の随所に頻出しているけれど、「いうならば」が正調日本語ではなかろうか。

(4) 加藤重広、吉田朋彦『日本語を知るための51題』

(a) 会議・選挙に行われている場に現れ、……（一一〇頁）

これは、単なる「会議・選挙の」か「会議・選挙が」の誤植と思うけれども。

(b) たとえば、「父」と「母」は、「一世代上」、きょうだいは「同世代」、「息子」「娘」には「一世代下」です。（一五三頁）

「息子」「娘」には　は、「息子」「娘」は、　の単なる誤植だろう。

「、」の位置については、第九章⒃参照。

(5) 石黒 圭『よくわかる文章表現の技術（新版）II 文章構成編』

〔坂本〕龍一氏はツアー先の欧州で味合うことになった。（二〇四頁。筑紫哲也「戦後日本文学の偉大なる黒子」）

八　誤植　あるいは誤字　あるいは誤用

「味合う」という言葉を寡聞にして知らない。辞書にも見当たらない。
「味わう」の勘違いだろうか。

九　近年の造成語（？）

(1) **井上ひさし『自家製　文章読本』**

(a) ……「麺皇」のコピーを見て、……。……コピーはこうである。（一八八頁）

(b) これは名コピーといってよいだろう。（一九〇頁）

著者のような尊敬する大作家に、このような和製英語を使っていただきたくない。

(2) **中条省平『文章読本　文豪に学ぶテクニック講座』**

(a) 人間感情の表出であることが分かるでしょう。（一九頁）

(b) 精神風土がここには表出されています。（八一頁）

「表出」という言葉は、他にも何人もの著者が使っているが、「注力」などと同様、どうも違和感を覚える。

「表現」「提示」「発露」「露呈」といった穏やかな言葉に代えられないものだろうか。

(3) **阿部紘久『文章力の基本』**

中小規模の書店の売上は、雑誌が大きな割合を占めるので、コンビニとの差別化が重要になっている。(一二五頁)

「差別化」という言葉は、近年現れて世を席巻するようになったのではないかと思う。『広辞苑』には載っていない。「差別する」という本来の意味とはいささか異なっていることもあって、正調日本語とは思えない。

「違いが重要に……」、あるいは意味をはっきり伝えるには、「**違いを前面に押し出すことが……**」とでもすれば、すんなり受入れられるのだが。一般的には、「差別化」は「**独自性**(を発揮する)」で置き換えられるように見える。

(4) **石黒 圭『よくわかる文章表現の技術(新版)Ⅰ 表現・表記編』**

省略せずに**表出**する……。

省略されたものを**表出**する……。

「彼女は」ではなく「彼女」の形で**表出**され……。(六九頁)

ほか、随所に頻出する。石黒 圭『よくわかる文章表現の技術(新版)Ⅱ 文章構成編』も同様。

中条省平『文章読本　文豪に学ぶテクニック講座』の項を参照されたい。

⑸石黒 圭『よくわかる文章表現の技術（新版）Ⅱ 文章構成編』

平等は僕らの多くにとって、もはや当たり前のもので、スルーしがちだ。（五五頁。引用文）

「スルー」とはどういう意味だろう。看過といった意味なのだろうか。解説が欲しいところに思える。

第六章　語順、同語反復

一　語順

本多は「修飾の順序」について、節を先にし、句（著者は「フレーズ」と置き換えているが、「単語（＋助詞）」とでもしてもらった方が分りやすい）をあとにする、長い修飾語は前に、短い修飾語は後に、大状況から小状況へ、重大なものから重大でないものへ、（言葉の間の）親和度の強弱による配置転換、という「原則」を提示している（『新装版　日本語の作文技術』七〇－九九頁）。では、本多氏自身の本も含めて、文章読本の規範文の語順は万全だろうか。

(1) 三島由紀夫『文章読本』

(a) 先ごろある外人のパーティに**私**は行って、一人の小説家にこう尋ねたことがあります。

（二八頁）

著者は、「小石をいろいろに置きかえて、流れのリズムを面白くすることに注意を払います」と記している（一九二頁）。これもそれにあたるのだろうか。日本語の流れからすれば、

↓私は先ごろある外人のパーティに行って、一人の小説家にこう尋ねたことがあります。

の方がすんなり読めるのだが、これではリズムが「面白くない」のだろうか。

「先ごろ」は「行って」にしか掛からないが、「私は」は「行って」だけでなく文末の「尋ねたことがあります」にまで掛かる。従って、それが分るように冒頭に置かなければいけないのだと思う。

(b) それは**最も文学の原始的な職能**である言い伝え、語り伝えという記録的な機能から発しています。（一七〇頁）

これも、「リズムを面白くするために小石を置き換えた」文章だろうか。そのような効果は感じられず、むしろ何を言わんとしているか分らず戸惑ってしまうのは、当老骨だけだろうか。左記の正統法の方が「リズム」もいいように思えるのだが。

「最も」は「文学の」でなく「原始的な」に掛かるのだから、それがはっきり分るように記すべきだと思う。


↓それは┐文学の最も原始的な職能……

(c) それはただたんに近代以前に漢文から提供されていた抽象的観念が┐西欧語の翻訳に所を

変えたというだけのことではない。（二三五頁。解説）

「それは」は文末の「というだけのことではない」に掛かり、「抽象的観念が」は直下の「西欧語の翻訳に所を変えた」に掛かる。また、「ただたんに」は「提供されていた」でなく後段の「所を変えた」に掛かるのだろう。併せて左記の方が理解しやすい。

↓それは、┐近代以前に漢文から提供されていた抽象的観念がただたんに西欧語の翻訳に所を変えた┘というだけのことではない。

⑵梅田卓夫 他編『高校生のための文章読本』

この当たり前のことを、**けれども**納得するのはそう簡単なことではない。（一一八頁）

この「けれども」は居場所を間違えているのではなかろうか。左記ならすんなり読める。

↓けれども、この当たり前のことを納得するのは、そう簡単なことではない。

⑶梅田卓夫 他編『高校生のための文章読本』別冊『表現への扉』

エピソードへの入り方も自然だが、次第に語っていくうちに別の話題へ移っていく方法も

自然である。(七九頁)

「次第に語っていく」(いささか不自然)でなく「次第に……移っていく」と言おうとしたのだろうと思われる。そうであれば、左記の語順にして欲しい。

↓エピソードへの入り方も自然だが、語っていくうちに次第に別の話題へ移っていく方法も自然である。

(4)岡崎洋三『日本語とテンの打ち方』

俺とお前があのとき草の影〔ママ〕で震えていたのを拾って食べかけのヨーグルトを与えたやつだ。

(九七-一〇〇頁)

この例文は誤読の恐れがあるから「論理のテン」で「言葉のかかり受けを明確にする」として、次のように書き直している。

①あのとき草の影で震えていたのを、俺とお前が拾って食べかけのヨーグルトを与えたやつだ。

②俺とお前が拾って食べかけのヨーグルトを与えた、あのとき草の影で震えていたやつだ。

①は「の」と「やつ」が重複している。そのために著者はわざわざ②を用意したのだろうが、②は進行順が逆になるので余り望ましくないように思う。

左記のようにすれば重複が解消し、すんなり読めると思うが、いかがだろうか。この「、」で、「俺とお前が」が「拾って」と「与えた」に掛かること、「拾って」と「与えた」が同格で「やつ」に掛かること、が分る。また節の長短よりも進行順が基準になることも示されていると思う。

↓俺とお前が┐あのとき草の影で震えているところを拾って食べかけのヨーグルトを与えたやつだ。

⑸金田一春彦『ホンモノの日本語を話していますか?』

そこで┐K氏へのお土産は**秘書に翌日**┐午前中に下田まで持ってこいと言いつけ、私は自分の勉強の道具だけを持って、日曜に下田へ出かけた。（二〇四頁）

「秘書に翌日、……言いつけ」と読んでしまう。次のようにすれば前後関係がすんなり読み取れる。

↓そこで秘書に┐K氏へのお土産は翌日午前中に下田まで持ってこいと言いつけ、……

(6)　本多勝一『新装版　日本語の作文技術』

(a)「長い修飾語は前に、短い修飾語は後に」との語順の「第二の原則」に則って、次の例文の可否を論じている。（八三-八四頁）

A　明日はたぶん大雨になるのではないかと私は思った。
B　私は明日はたぶん大雨になるのではないかと思った。
ⓐ　明日は雨だとこの地方の自然に長くなじんできた私は直感した。
ⓑ　この地方の自然に長くなじんできた私は明日は雨だと直感した。

「第二の原則」に基づいて、ABのなかでA、ⓐⓑのなかでⓑが分りやすいとされている。しかし、次のように「、」を打てば、分りやすさの優劣はつかないのではないか。

↓A　明日はたぶん大雨になるのではないかと、┐私は思った。
B　私は、┐明日はたぶん大雨になるのではないかと思った。
ⓐ　明日は雨だと、┐この地方の自然に長くなじんできた私は直感した。
ⓑ　この地方の自然に長くなじんできた私は、┐明日は雨だと直感した。

B、ⓐに付した「、」は「語順が逆順の場合にテンをうつ」という著者の読点についての「第二の原則」（一三四頁）を具現したものに過ぎないかも知れないが、双方に「、」を付せば、理解しやすさに優劣はつけがたい。「長い修飾語が先に来れば読点は要らない」と著者は力説するが、右記のA、ⓑでも「、」があった方が理解しやすい。

(b)「一女子学生」の拙文、「X氏」の是正文、著者の是正文を提示している。（一〇八－一一六頁）

①私は、女性は結婚して、家庭にどっぷりとつかり、なまぬるい生活を送るのがよいと、考えているのでは、けっしてない。（一女子学生）

②女性は結婚して、家庭にどっぷりとつかり、なまぬるい生活を送るのがよいと、私は、けっして考えていない。（X氏）

③女性は結婚して家庭にどっぷりとつかり、なまぬるい生活を送るのがよいと考えているのでは私はけっしてない。（著者）

X氏は、著者と全く逆に、「短い修飾句を前に、長い修飾句を後に」の原理を主張しているという。この例文は、X氏の所論を論駁した個所にある。著者以外の例文は批評の対象外として、著者の是正文を考えてみたい。

著者は、自らの校正文の「私は」と「けっして」は、ともに「ない」に掛かるが、「同じくらいの長さだから、『大状況の順』として『私は』を先にする」とし、「私は」は「考えているのでは……」にかかるのではない、と解説している（一一四頁）。これは当方には理解しがたい。当方の鈍い頭では、「私は……考えているのではない」という構造にしか見えないからである。また、「私が」を冒頭に持って来てなぜいけないのかも理解できない。「一女子学生」の文が読み取りにくいのは、順序の不適切よりも、「、」の過多による。そして何よりも、著者の是正文は理解しにくいこと甚だしい。左記が拙案である。「私は」も「けっして」も、共に文末の「考えているのではない」に掛かる。「女性は……がよい」はひとくくりにした方が分りやすい一つの考え方である。

↓私はけっして、女性は結婚して家庭にどっぷりとつかりなまぬるい生活を送るのがよい」と考えているのではない。（「送るのがよいと」考えて」でもよい）

(c)「渡辺刑事は血まみれになって逃げ出した賊を追いかけた」という、「、」のない例文への講評。（一一八頁）

第六章　語順、同語反復

一　語順

ところが、もし賊が血まみれになっているとき┐次のようにテンをうったらどうなるか。

「もし……なっている」は、文を成さないと言えば言いすぎかも知れないが、いかにも座りが悪い。「もし」が「うったら」に掛かるのであれば、左記のようにすれば、はるかにすんなり理解できる。

↓ところが、もし賊が血まみれになっているとき次のようにテンをうったら┐どうなるか。

その、「どうなるか」の例文は次の通り。

渡辺刑事は血まみれになって、逃げ出した賊を追いかけた。

著者は、左記の二つの是正案を示している。後者は「長い方を先」「節を先、句を後」の原則に従ったもので、「渡辺刑事は」は文末の「追いかけた」に掛かり、「血まみれになって」は直下の「逃げだした」に掛かる、という認識はない。

渡辺刑事は、血まみれになって逃げ出した賊を追いかけた。
血まみれになって逃げ出した賊を渡辺刑事は追いかけた。

(d)不必要なテンのある文章として三例文を挙げていて、語順も俎上に載せている。最初が左記の文である。（二四〇－二四一頁）

A　私をつかまえて来て、拷問にかけたときの連中の一人である、特高警察のミンが、大声でいった。

著者は、「三例に共通する特徴は、テンの前が終止形と同じ語尾の連体形であること、つまりここでマルとなっても語尾に変りはないことだ。だからこそ、マルと誤解されないためにも決してうってはならない」と述べている。しかしこの文については、連体形の後でない二ヵ所のテンも「不要」と断じられている。

著者はここに、「修飾の順序」に従えばテンは不要だとして図解を載せている。添削の結果は左記のような文になる。

A1　私をつかまえて来て拷問にかけたときの連中の一人である〔ここまでが長い一つの節〕特高警察の〔短い句〕ミンが大声でいった。

これを逆にして短い句を先にもってきた時初めてテンが要るとして、次の文を示している。

A2 特高警察の、私をつかまえて来て拷問にかけたときの連中の一人であるミンが大声でいった。

最初に示された例文が、「、」が多すぎて読みにくいのは確かだ。しかし添削後の文章は、逆に「、」を削りすぎて読みにくくなっている。左記のように文の分岐点の後に「、」を付せば、更に読みやすくなると思うがいかがだろうか。

↓私をつかまえて来て拷問にかけたときの連中の一人である特高警察のミンが、大声でいった。

長短逆にした文では、

↓特高警察の、私をつかまえて来て拷問にかけたときの連中の一人であるミンが、大声でいった。

(e)前述の第三例は次の文章である。（一四〇－一四三頁）

C　本当の裁判所で裁判を一度も受けたこともないのに一五年もあるいはそれ以上も投獄されているという、年配の男の人や女の人に何人もあうことができた。

著者は、ここにある「、」も「テンの前が終止形と同じ語尾の連体形で……マルと誤解されないためにも決して打ってはならない」テンとし、「受けたこともないのに、」なら、長短は逆転しているが次もかなり長い節なので辛うじて許容できるとしている。これに従えば、次のようになる。

C1　本当の裁判所で裁判を一度も受けたこともないのに、一五年もあるいはそれ以上も投獄されているという年配の男の人や女の人に何人もあうことができた。

添削後の文を虚心坦懐に読めば、

「受けたこともないのに、……あうことができた」となってしまう。著者が最善とするテンなし文にすれば、理解しにくいこと甚だしい。ここでは、「、」は文章の最大の分岐点である「男の人や女の人に」の後につけるのが最も合理的だと思う。左記のようになる。これはむしろ「、」の位置に関する事柄なので、関連項目で改めて触れたい。

第六章　語順、同語反復

一　語順

↓本当の裁判所で裁判を一度も受けたこともないのに一五年もあるいはそれ以上も投獄されているという年配の男の人や女の人に、何人もあうことができた。

総じて本多理論は、語順や「、」の位置はどの語（節、句）がどこに掛かるかを勘案してそれがはっきりわかるように配置する必要があることを、ないがしろにしていると思えてならない。

二　同語反復　あるいは　重複記述　あるいは　蛇足

(1) **三島由紀夫『文章読本』**

もちろんサルトルと大江氏の文章は発想においても資質においてもちがっていることはもちろんであります。（三九頁）

著者がこの規範本を書くにあたってあまり推敲を重ねなかったことが見て取れる。ここは、編集者の責任がより重いかも知れない。

(2) **岡崎洋三『日本語とテンの打ち方』**

(a) そして、読点とは分かち書きが発展したものであり、そして詩における改行効果との関連などということも考慮しなければならないと思う。（二四頁）

「そして」のどちらかは誤って残ったものと思われる。（第五章一参照）

(b) それは誰であろうか。それは赤川次郎氏である。（八一頁）

「それは……それは」と続くのはどうも座りがよくない。左記の方が簡潔ですっきりしている。

↓それは誰あろう、赤川次郎氏である。

(3) **大倉徹也『超文章読本』**

いまは「情報社会」ということがいわれているので、それで「情報」という言葉を使っているが、……（九六頁）

ここには、二重の「繰返し」がある。「いうことがいわれている」と、「……ので、それで」である。この本にはなくていい「という」がかなりあり、この「ということ」もその一つと思う。敢えて「ので、それで」と強調する意味は、当方には分らない。左記のようにすればすっきりすると思うがいかがだろうか。

↓いまは「情報社会」といわれているので「情報」という言葉を使っているが、……

(4) **丸谷才一他『書きたい、書けない、「書く」の壁』**

現在の少年少女たちのをもつ手の危なっかしいペンの持ち方から、直線的で「サクサク」

としたひっかかりの多い殺伐としたイラスト風シャープ文字が氾濫しはじめた。（七七頁）

「のを」の「を」は単なる誤植だろうと思う。それにしても、「もつ手の……持ち方」はいささか同語反復の気配があるので、左記が著者の意図したところだろうか。

↓現在の少年少女たちの危なっかしいペンの持ち方から、……

(5)本多勝一『新装版　日本語の作文技術』

アルプスに登った太郎は山頂の国境で万歳を叫び、ヨットでのりだした花子は洋上の国境で逆立ちしてから（**それぞれ**〔著者の補足〕）帰途についた。（一四六頁）

「それぞれ」は「より良く」するための付加物にすぎない、と記しているから、なくてもいいのであろう。

「それぞれ」がなければ、はっきりと、「太郎は……叫び、……花子は……帰途についた」と読める。「それぞれ」をつければ、「花子は……それぞれ」と読んでしまうから、戸惑う。左記のようにしてもらえれば、はるかにすんなり理解できる。

↓アルプスに登った太郎は山頂の国境で万歳を叫んで**から**、ヨットでのりだした花子は洋上の国境で逆立ちしてから、帰途についた。

こうすれば、「それぞれ」を付加する必要もない。

(6) 阿部紘久『文章力の基本』

朝会では、諸連絡が行われ、**配布物も配られます**。（三四頁）

「配布物も配られる」は同語反復ではなかろうか。

↓配布物も渡さ、い、い、ま、す。

あたりの方が妥当ではなかろうか。

(7) 石黒 圭『よくわかる文章表現の技術（新版）Ⅰ表現・表記編』

このように、**読点を**、どのくらい打たれるかという頻度によって**読点を四通りに分けて考えると**、わかりやすいのではないかと思います。（二〇頁）

単純な二重記載だと思う。どちらを削除してもいいようだ。

(8)　村田喜代子『縦横無尽の文章レッスン』

中でも時間という見えない不可視を、具体的な可視とした「時計」……（八三頁）

「見えない不可視」は無用な繰返しに等しいのではないか。後段との関連で「抽象的な不可視」とでもすればいいかがだろうか。

(9)　加藤道理『字源　ちょっと深い漢字の話』

A　単語の反復

(a)　**この語には、**それぞれの家庭が安らかに治まり、それを遠く国全体に及ぼして平和な世の中を築こうとの願いが、この平成の語には込められており、……。（五六頁）

冒頭の「この語には、」は不要。

(b)　正〔の〕字は一と止から成る字で、……正は国境までまっすぐに進み行くことで、**正**はもとは相手の国を伐ちただすことである。（一八一頁）

最後の「正は」はない方がいいのではなかろうか。

B　助動詞「で」の反復

……で、……で、という言い回しが随所に現れる。例えば左記のような文である。勿論間違っているわけではないが、日本語としては気になる。

(a)　これに対して考は耂と音符の丂とから成る形声文字で、丂は上部がつかえてぐねっと曲がる意味で、考も腰の曲がった老人のことで、老と考とはともに老人のことをいう。（一六頁）

↓これに対して考は耂と音符の丂とから成る形声文字で、丂は上部がつかえてぐねっと曲がる意味をもち、考も腰の曲がった老人を指して、老と考とはともに老人のことをいう。

(b)　尋の字は面白い成り立ちの字で、左（→→左）と右（→→右）とから成る字で、人が両手をまっすぐ横に伸ばした形で、その長さは手尺で測ればぴったり八つ分あり、尋は八尺のことである。（三八－三九頁）

↓尋の字は面白い成り立ちの字で、左と右とから成り、人が両手をまっすぐ横に伸ばした形、をして、その長さは手尺で測ればぴったり八つ分あり、尋は八尺のことである。

(c) 非は鳥が羽を両側に大きく開いた形を象〔かたど〕る象形文字で、飛の字の下の部分（）と同じ形で、音も同じ「ヒ」であり、鳥が飛び立とうとして羽を開げる形で、悱とは「まさに飛び立とうとする心」であると思う。（一二八－一二九頁）

↓ 非は鳥が羽を両側に大きく開いた形を象る象形文字で、飛の字の下の部分（）と同じ形をして、「ヒ」の音を共有し、鳥が飛び立とうとして羽を開げる形になっていて、悱とは「まさに飛び立とうとする心」だと思う。

(d) 量の字の金文はで、この字は豆の形を示すと重（。おもさ）とから成る会意文字で、もとは豆の重さをはかる意味で、そこから分量の意となった字である。（一七四頁）

↓ 量の字の金文は、「豆の形を示すと重（。おもさ）とから成る会意文字ので、もとは豆の重さをはかる意味をもち、そこから分量の意となった字である。

C「……おり、……おり、」の反復

なお図版の第二字の金文は肉が女（）または（母）となっており、頭を下にした子には頭髪が書かれており、母が子を生む点に主眼のある字であるが同じことである。（一二二頁）

↓……肉が女または（母）となっており、頭を下にした子には頭髪が書かれていて、母が子を生む点に主眼のある字であるが、同じことである。

第七章　「だ」「である」と「です・ます」

「だ・である」調と「です・ます」調の混用は避けるべきだというのが文章に関して確立された大原則で、中山も的確に次のように説いている（『ほんとうは大学生のために書いた　日本語表現練習帳』）。


「だ」「である」は書きことばです。レポートや論文は、「である調」＝常体を使うほうがいいでしょう。

「です」「ます」は話しことばです。

……注意すべきは、「である」と「ですます」を混在させないことです。ひとつの文章では、どちらかに統一してください。（五四頁）

他方、通常「だ・である」調として「だ」と「である」とは同一に論じられるが、両者から受ける印象には実のところかなりの違いがある。「である」の方がはるかに硬い、肩肘張った、鹿爪《しかつめ》らしい風格を漂わせているのである。数多くの傾聴すべき卓見、警鐘を歯切れのいい文章で展開された丸谷才一先生は、この「である」について次のように指摘されておられる（『文章読本』）。

いちばん害がはなはだしいのはやはり「である」だらう。「である」「である」とやたらに書きつづけ、はなはだしきに至つては「であるのである」などとやらかす態度はつとに永井荷風の慢罵するところだが、われわれはあの「である」づくめを即刻やめなければならない。（三七一頁）

当老骨は、一般的に、文章の結びは「である」調の方が落ち着き安定する、しかし文の途中では「である」調は重過ぎる、生硬《せいこう》だ、と考えている。

さて文章読本の表現は、「だ・である」「です・ます」のいずれかに統一されているか、より厳密に言えば、若者向けの教則本は「です・ます」を多用しているとしても、一般の読本は「だ・である」で統一されているか、また「害がはなはだしい『である』」を避けているかと言うと、決してそれほど単純でなく千差万別である。項目ごとにまとめるのは困難だから、それぞれの本に添って見ていきたい。

(1) **谷崎潤一郎『文章読本』**

【「です・ます」「だ・である」の混用】

(a) 口語体も文章体も、……根本においては同じであり、精神においても同じであります。……口語体を上手に書くコツは、文章体を上手に書くコツと、変りはない。文章体の精神を無視した口語体は、決して名文とは云われない。……古典文学の文章は、すべていわゆる文章体で書いてありますが、大体において和文調と漢文調とに分けることが出来る。（三〇頁）

ほとんど「です・ます」調で書いているのに、文末がこのように「である」調になっている個所が無数にある。文豪、当然分って書いているのだろうけれど、やはり、変りありません、言われません、出来ます、であります、などと統一してもらった方が、安心して読める。

(b) 我が国の如く形象文字と音標文字とを混用する場合において殊に然りである。……その文章が書かれた目的と合致させるように考慮するのが当然であります。（四〇頁）

「然りです」として欲しかったところ。

(c) 先生の方も、昔のように優長な教え方をしてはいられませんから、何かしら、基準となるべき法則を設け、秩序を立てて教えた方が都合がよい。（七七頁）

このような場合、「よいです」は日本語としていかにもすわりが悪いから、「よいでしょう」とした方が「よい」ように思うけれども、いかがだろうか。

【重い「である」】

現代の世相は複雑であるから到底昔の文章体の粗っぽい云い廻しでは用が足せない……（三二頁）

これこそ、丸谷先生の指弾する「である」ではなかろうか。「複雑だから」としてもらえればよほど気が楽になる。

(2) 川端康成『新文章読本』

【「だ」「である」の混用】

(a) 私はその踊り場が、この市の唯一のダダイストである塑像家M――氏の経営……に係るものだことを、昨日坊さんから聞いてゐたので、その点でもいくらか興味があった。（八一頁。徳田秋声「町の踊り場」）

「私は」は、末尾の「聞いてゐたので」「興味があった」に掛かり、「踊り場が」は中途の「係る」に掛かるから、この切り方は不適切だろう。また、「係るものだこと」は、いかにも座り心地が悪い。「である」と「だ」は大抵の場合互換性があると思うが、ここは「である」だけの出番と思う。この「である」には重さは感じない。

川端のいう「口語の試行錯誤」とはこのあたりを指すのだろうか。以下のようにした方がすんなり読めるのではないか。

↓私は、「その踊り場が、この市の唯一のダダイストである塑像家M——氏の経営……に係るものであることを、……

(b) 斉、梁時代は、詩文の分解、批評が盛んであったので、文章論も発達したのでした。唐代は批評よりも創作の時代だったので、見るべき修辞論はありません。（一四七頁）

「であったので」はかなり息苦しく感じる。後段を「時代だったので」としているのだから、前段も「盛んだったので」とした方がよかったのではないか。その方が一貫性もあるし。

(c) 二学〔言語学、修辞学〕共に要するに言語活動を研究するのであると云えますから、……（一五〇頁）

これも息苦しい。「研究するものと云えます……」であれば、ホッとする。

(d) 文章は思想感情を伝達するものでありますが、その媒介となるものは言葉でありますから、

言葉と云うものを考えなければ何故伝達が可能なのであるか、如何なる状態で伝達されるかを知ることが出来ません。（一五〇頁）

「可能なのであるか」もいかにも息苦しい。

「考えなければ」は文末の「知ることが出来ません」に掛かり、「可能なのであるか」は直下の「伝達されるか」と同格で「を」に掛かる。以下のようにして欲しいところ。

↓文章は思想感情を伝達するものでありますが、その媒介となるものは言葉でありますから、言葉と云うものを考えなければ、何故伝達が可能なのか、如何なる状態で伝達されるかを知ることが出来ません。

(3) 三島由紀夫『文章読本』

【「です」「だ」混用】

リラダンの文学はワグナーの音楽を髣髴させるそうでありますが、私は文章の視覚的な美も大切だが、一種の重厚なリズム感に感動しやすい性質をもっています。（一九二頁）

「です・ます」調のところになぜ浮島のように「大切だが」とあるのか不思議だが、それよりなにより、「私は……大切だが、……性質をもっています」という構造は文を成していない。前段で「美も」としているから、後段にも「も」を付けた方が筋が通る。
左記のようにすればよく分ると思うが、どうだろうか。

↓……私は文章の視覚的な美も大切にしますが、一種の重厚なリズム感にも感動しやすい性質をもっています。

【重い「である」】

A太郎　かういふ態度は花婿にとつては、さだめし不愉快であつたと、誰しもが考へるところだらうな。（二〇一頁）

「文体をもたない、日常の言葉の羅列」として提示した文だが、「日常の言葉」で「であった」と言うだろうか。

↓さだめし不愉快だつたと、……　と言うのではなかろうか。

(4) 中村真一郎『文章読本』

【重い「である」】

文末に限って言えば総て「です・ます」調で貫かれていて、その点では混用はない（この本に限らず、中村氏の評論は総てそうだったように記憶している)。
文の途中に論理展開の必要上「だ・である」調が現れるのは当然だが、ほとんどが「だ」調でなく重い「である」調になっている。これらは、「だ」あるいは場合によっては「な」にした方が心が和む。

以下にいくつかの例を示し、対案をそのうしろに記す。

(a)……専門家であるので、その表現を印象強いものにしようという意志が、そこに自覚的に働くことになります。（一四頁）↓専門家なので、……
「でもあるので」ならそれ以外の選択肢はなさそうだけれど。

(b)全く革命的な実験であったわけです。（三二頁）↓実験だったわけです。
新しい発明であったわけです。（三二頁）↓発明だったわけです。

(c)人工的に作る新しい文体であったからです。（三八頁）↓……文体だったからです。
その地の文が調子のいい文語体であったからだと云われています。（三八頁）
↓……文語体だったからだと……

(d)……最適任者はどういう人たちであるかと考えてみますと、……（五七頁）

→……どういう人たち（なの）かと……

(e)……育ちのいい青年たちであったので、……人生の目的の追求についても、純粋でした。（一二四頁）→……育ちのいい青年たちだったので、……

(f)……長く指導しつづけたのが、横光の盟友であった川端康成であったことは知られています。（一九〇頁）→……横光の盟友だった川端康成だったことは知られています。

あるいはむしろ、

→……横光の盟友の川端康成だったことは知られています。

その他にも、同様な「である」「であった」が随所にある。

(5) 丸谷才一『文章読本』

【混用】

(a) 佐藤春夫『好き友』の評価（三二一‐四〇頁）

この佐藤の文では、「ありました」「感じました」「かくのです」「楽しかったものです」といった「です・ます」調と「といふのであつた」「時間だつた」「感じがあつた」「悩まされた」「畏れられてゐたのである」という「だ・である」調とが大手を振って混在している。これについて著者・丸谷氏は、「言葉の選び方が常に適切」「はじめから終りまで然るべき言葉が然るべき場所に置かれてゐる」と手放しで絶賛し、次のように具体例を挙げる（三八頁）。

「それは私の孤独な人と和しがたい性格から来てゐるのでせう」を、もし「……来てゐる」と改めるならば、また、「どうもさうらしい」を「どうもさうらしいのです」と直すならば、ちようどその分だけ確実に文章の質が落ち、話の方向が乱れるだらう。

「そうらしいです」が座りの悪い言い回しであることは事実で、「そうらしいのです」も確かにあまりしっくりしない。だからこれを「そうらしい」でとどめることは肯ける。しかし、右に引いた五例を「といふのでありました」「時間でした」「感じがありました」「悩まされました」「畏れられてゐました」としても、文章の質は落ちず話の方向も乱れないと思う。むしろ旋律の調和・一貫性によって親しみが増すと思うが、いかがだろうか。

(b) 山口剛『火をくぐりて』の評価（三六六－三七〇頁）

山口の文は、「気がしてなりませんでした」「来ました」「ゐられませんでした」「いつたものです」「形でした」「聳えて居ました」など、基調は「です・ます」調で書いてあるけれど、次のように、ところどころに「だ・である」調が挟まれている。「物凄い音も聞いた」（丸谷氏は「ここで『です』『ます』調から変る」と註釈している）「はづれずに済んだのも見た」（丸谷氏「これはわざと反復の効果を狙ふ」）「不気味な様子も知つている」（丸谷氏「現在形に改めた」）、（次にある「気がしてなりませんでした」について丸谷氏は、「『です』『ます』に戻って、ただし現在形から過去形に変つた」と註釈）「足の踏みどころもない」「親戚の家がある」「見晴すことが出来る」「柱が見える」など。

「です・ます」調から変った「聞いた」にどんな効果があるのかについては述べていない。「見た」を「見たのです」としても「反復の効果」はあると思う。「知つている」を「知つています」もしくは「知つているのです」としても、文意が損なわれることはないように思う。また、「だ・である」調は特定箇所に集中しているのでなく、いわば散在している。計算し尽して敢えて用いた、とは思えない。「一つ家というてもよい」を「よいです」とは書けないけれど、「よいでせう」ならよいのではなかろうか。

ここでも当老骨、旋律の調和・一貫性を尊重したい。

(c) 石川淳『無法書話』（三七七－三七九頁）

「いたづらがきではない」「瀬戸ぎはです」「知れない」「出て来るのです」「こんがらかつて来ました」「控へてゐる」などと、「です・ます」調、「だ・である」調がほとんど交互に出て来る。やはり違和感を禁じ得ない。

【重い「である」】

1　「である」を排撃しておられる丸谷先生ご自身が、次のような表現をしておられる。

(a)　それが最も上手なのはどうやら小説家であつたらしい。（一九頁）

「だつたらしい」として少しも文を壊さないと思う。

(b)　が、かう言へば人はあるいは、ちつとも気取らない名文、普段着の名文、荷風の名調子とまつたく対立する型のしかし模範的な文体であるではないかと反論して、たとへば次のやうな文章を差出すかもしれない。（六五頁）

「であるではないか」は著者自身が例示した「であるのである」に勝るとも劣らない言い回しに思えるが、あるいはこれは「文体もあるではないか」の誤植だろうか。誤植でないとすれば、単に「文体ではないか」として何の差しさわりもないように思える。

(c)　といふことは、英国人が自然を愛する国民であるといふことなのであるが、それが英国の自然であるから、その夏に就て別な詩人が、……（一八一頁）

ここでは、短い文の中に「である」が三回「書きつづけ」（第七章冒頭参照）られている。左記のようにした方が軽やかでいいのではなかろうか。

↓英国人が自然を愛する国民だといふことなのだが、それが英国の自然なのだから、……

(d)……肝要なのは筆者の視野の広さであるといふこと、逆に言へば、狭苦しく限定された枠の中だけでの理屈の整ひが充分な論理的保障とはなり得ないといふことは、ある程度まではこの例で判つてもらへるはずである。（二八〇頁）

「広さだといふこと」の方が心安らかに読めるように思う。

2　引用文

(a)村上〔兵衛〕は私の友人であるので、直接話し合った事柄から察しても、軍隊の中では異端者であったに違いない。（一九六－一九七頁。吉行淳之介『戦中少数派の発言』）

これは、丸谷氏が批判した「である」の繰返しではなかろうか。

↓村上は私の友人なので、直接話し合った事柄から察しても、軍隊の中では異端者だったに違いない。

(b) この家で一ばん馴れなかつたのは、夫妻相談のうえで細君の買つて来たオレンジ色の絨緞であつたさうだ。……手に抱へるのが精いつぱいであつたといふ。(二一七頁。井伏鱒二『中込君の雀』)

→絨緞だつたさうだ。……精いつぱいだつたといふ。

の方が飄々とした雰囲気がより鮮明に現れると思うが、いかがだろうか。もっともこれは論文ではないから、めくじらたてることではないかも知れない。

(6) 梅田卓夫 他編『高校生のための文章読本』

【混用】

(a) 自由を愛する精神にとって、反語ほど魅力のあるものがまたとありましょうか。何が自由だといって、敵対者の演技を演ずること、一つのことを欲しながら、それと正反対のことをなしうるほど自由なことはない。自由なる反語家は柔軟に屈伸し、しかも抵抗的に頑として自らを持ち耐える。真剣さの持つ融通の利かぬ硬直に陥らず、さりとて臆病な順応主義の示す軟弱にも堕さない。

反語家はその本質上誤解されることを**避け得ません**。……（九一頁。林達夫「反語的精神」）

「ありましょうか」「避け得ません」という「です・ます」丁寧調と「自由なことはない」「堕さない」という非丁寧調が混在していることに、どんな意義があるのだろうか（この文章全体がそうである）。当老骨は、左記のように統一した方が安心して読める。

↓自由なことはありません。　あるいは　自由なことはないのです。
　持ち耐えるのです。
　堕しません。
逆に、
↓あろうか。
　避け得ない。

(b) あなたも一度くらいは、そう好きでもない人に好かれたことがあるでしょう。好かれて、口説かれたことが**あるだろう**。（一二五頁。宇野千代「一番良い着物を着て」）

この文章の他の箇所は、いずれも「ではない」「だろう」「である」調なのに、ここだけ「でしょう」としているのはどうしてでしょう。

【重い「である」と珍しい「だ」】

1　作家の文章からの引用

(a) 焼却能力は一日に約二千人であったから、……どこかで別に処理する必要に迫られた。（六頁。開高　健「〝夜と霧〟の爪跡を行く」）

↓約二千人だったから、……

(b) 飛び切り上等の男の子ならともかくであるが、ライオンや豹と比較してみて、それ以上の魅力を持っている男なんて本当の話、ほとんどないといっていいのである。（二九頁。森　茉莉「猛獣が飼いたい」）

「であるが」と「なんて」の併存は何とも奇妙に映ずる。

↓飛び切り上等の男の子ならともかく、ライオンや豹と比較してみて、それ以上の魅力を持っている男など、本当の話、ほとんどないといっていいのである。

(c) 細君の食事は、二人分であるから、遅々として進まない。（五九頁。小林秀雄「人形」）

↓細君の食事は、二人分だから、遅々として進まない。

(d) ところが私は、不幸とか苦しみとかが、どんな**ものだか**、その実、知っていないのだ。おまけに、幸福がどんな**ものだか**、それも知らない。（七四頁。坂口安吾「私は海をだきしめていたい」）

当老骨の郷里の諏訪弁にはこういう「だか」がある。「おめえは行ってきただか」といったたぐいである。坂口はどこかの方言を用いたのだろうか。採録された部分を見渡す限り、そうとも思えない。とはいえ、ここで「どんなものであるか」としてはいかつくなってしまう。単純に左記のようにすれば心安らかに読める。

↓ところが私は、不幸とか苦しみとかが、どんなものか、その実、知っていないのだ。おまけに、幸福がどんなものか、それも知らない。

(e) 真っさかさまになった**のであったが**、……何も目にしなかったのであった。（七七－七八頁。埴谷雄高「神の白い顔」）

↓真っさかさまになったのだったが、……何も目にしなかったのであった。

(f) われわれ日本人も「……すべからず」趣味を脱却しつくすことが肝要であるとつくづく思うのである。(一〇七頁。渡辺一夫「パリの記念」)

↓……肝要だとつくづく思うのである。

2　以下はいずれも、編著者自身の解説文。

(a) あのとき「私」が人形遊びの大好きな女の子であったとしたら……。(五〇頁)

↓女の子だったとしたら……。

(b) 自分という人間の正体がふと怪しくなる瞬間であるが、自分が何者であるのか、それまで思ってもみなかった内面の複雑さ、……。(五四頁)

↓自分という人間の正体がふと怪しくなる瞬間だが、自分が何者なのか、それまで思ってもみなかった内面の複雑さ、……。

(c) はじめは四階層であったが、後にそれが二千以上にも分化したと言われる。（八一頁）

↓はじめは四階層だったが、……

(d) バッハは対位法の大家であったとされる。（一九一頁）

↓バッハは対位法の大家だったとされる。

(e) ……現実とは、ただ眼前に起こるいろいろな出来事の世界であるが、それは……いろいろな見方や不明な部分が生じてきて分からなくなる世界なのである。（二〇五頁）

↓いろいろな出来事の世界だが、……。

(f) 文末の「世界なのである」に違和感はない。文末は「である」の方が落ち着くことが多く、例えば「自分を他人として書いてみるのだ。」（五四頁）は、「自分を他人として書いてみるのである。」とした方がじっくりと腰を据えて説得する趣がある。

(7) 梅田卓夫 他編『高校生のための文章読本』別冊『表現への扉』

【重い「である」】

(a) それはほとんど理屈を越えた、潜在意識に近いものであるから、……感覚的なイメージを追っていけば理解できることである。（一〇頁）

↓ ……潜在意識に近いものだから、……

(b) その文学の到達した表現は、おおむねここまでであったということができる。（二〇頁）

↓ ……おおむねここまでだったということができる。

(c) ……無意識のうちに忘れようとしていたのであるが、……見せつけられて、ハッとした。それは自分自身の発見であったからである。（二四頁）

↓ 無意識のうちに忘れようとしていたのだが、……。それは自分自身の発見だったからである。

(d) この作品が事実をそのままモデルとしているか、フィクションの要素を多く加えて成立し

たもの**であるか**、の問題は別としても、……。（三一頁）

↓

……成立したものなのか、

(e) 従って視覚的な「美」**である**わけだが、……。

……それが自分にとって何**であった**か、なぜ印象に強く残ったかという意味が、……。

……「一番古い記憶」というテーマで書かれた文章**である**が、……。（三三頁）

↓

従って視覚的な「美」のわけだが、……。

……それが自分にとって何だったか、なぜ印象に強く残ったかという意味が、……。

……「一番古い記憶」というテーマで書かれた文章だが、……。

(f) それまで全く無関係**であった**ものを組み合わせる力、それが想像力なのだ。（五九頁）

↓ それまで全く無関係だったものを組み合わせる力、それが想像力なのである。

(g) これは人間に関する普遍的な事実**である**から、……読者はいつのまにか寄り添っていってしまう。（八五頁）

↓これは人間に関する普遍的な事実だから、……

(h)これが最も幸福な表現であると森有生は考えているのだ。（九二頁）

文の座り心地からすると、「である」と「だ」は逆の方がいいように思う。

↓これが最も幸福な表現だと森有生は考えているのである。

(i)……カテリーナ・スフォルツァが歴史の舞台に登場することになったのだ。（九八頁）

こんな文末は、逆に「である」の方が落ち着く。

↓カテリーナ・スフォルツァが歴史の舞台に登場することになったのである。

(8)井上ひさし『自家製　文章読本』

【重い「である」】

(a)……日本人の行ってきた文体の規範を求めるひそかな運動を志賀直哉が一つの形にまとめ

たのであるが、その形をよしとする意外な援軍がヨーロッパから駆けつけてきた。（二六頁）

(b) ……時枝とアランを比較してもほとんど無意味であるが、……アラン説に、時枝説が正面からぶつかっているように見えるのはおもしろい。（二八頁）

(c) するとそれは政界の黒幕でも、また実業界の実力者でもなく、渋沢栄一の妾であったという。（八八頁）

(d) つまり焼死したのは妹の大スターであったのだ。（二一三頁）

この本は軽妙な筆致で貫かれているのだが、右記の「である」「であった」は肩肘張って異質な感じがする。左記の方が周囲と合うように思われるが、いかがだろうか。

↓日本人の行ってきた文体の規範を求めるひそかな運動を志賀直哉が一つの形にまとめたのだが、その形をよしとする意外な援軍がヨーロッパから駆けつけてきた。

時枝とアランを比較してもほとんど無意味だが、……アラン説に、時枝説が正面からぶつかっているように見えるのはおもしろい。

するとそれは政界の黒幕でも、また実業界の実力者でもなく、渋沢栄一の妾だったという。

つまり焼死したのは妹の大スターだったのである。

(9) 岡崎洋三『日本語とテンの打ち方』

【重い「である」】

(a) 使い古された雑巾を見せられたようでウンザリするだけなのであるが、……（一三頁）

……なのだが、……　とした方が、ずっとすんなり読める。

(b) もしこれが話し言葉であるなら……（四九頁）

↓もしこれが話し言葉なら　あるいは

もしこれが話し言葉だとすれば

(10) 倉田稔『学生と社会人のための文章読本』

【重い「である」】

(a) また興味深いのであるが、詩を上手に書ける人が、普通の文章や論文を上手に書けるとはかぎらない。……（七頁）

↓興味深いことに、……

(b) 文章の名人が書いた物であるから、……（七頁）

↓だから……

(c) しかし引用文であるから、……（三〇頁）
↓だから……
(d) 違っているものは違っているのであるから、……（四三頁）
↓のだから……
(e) 前者は神戸大学教授であったらしく、……（五六頁）
↓だったらしく

⑾ 大倉徹也『超文章読本』

【重い「である」】
(a) もっと深刻な問題であったに違いない。（七九頁）
↓もっと深刻な問題だったに違いない。
(b) 引用しているわけなのであるが……（九〇頁）
↓……わけなのだが……
(c) 状況がどんなふうであったかという情報が、……（九九頁）
↓状況がどんなふうだったかという……
(d) イギリスでは伝記・歴史など狭義に用いるようであるが、……（一三六頁）
↓……狭義に用いるようだが、……

⑿ **金田一春彦『ホンモノの日本語を話していますか？』**

【重い「である」】

(a) こういう考え方は日本人の美徳であると私は考える。（八八頁）

↓美徳だと……

(b) 地面から出る草や新しい木の株であったら、「芽ばえる」というのがあって、……（一一三頁）

↓木の株なら、……

(c) 日本人は紫の好きな民族だというのが私の結論であるが、逆に、……（一一六頁）

↓結論だが、……

(d) 山ははげ山、刈れ山が普通であるからだ。（一二〇－一二一頁）

↓……普通だからだ。　あるいは　普通だからである。

(e) ……余りに馬鹿馬鹿しい考えであるが、……（一七一頁）

↓考えだが、……

(f) それは一日の始まりに行うものであったのかもしれない。（一九一頁）

↓……ものだったのかもしれない。

(g) ……一般的であったのである。（一九三頁）

↓一般的だったのである。

⒀ 大野 晋『日本語の教室』

【重い「である」】

(a) 富裕な兵庫県芦屋の成績は東京を超えて最高であったということです。（一六二頁）

(b) 国民は新聞が読めないだろうという実態をはっきりさせるための調査であったのに、日本人の識字率は非常に高いものだったと判明した。（一六三頁）

(c) この会社は四年前までは赤字続きであったが、……研修を毎年つづけた結果、……黒字会社に転換したという。（二一七頁）

「最高だった」「調査だった」「赤字続きだった」でいいのではなかろうか。

⒁ 中条省平『文章読本　文豪に学ぶテクニック講座』

【重い「である」】

私は中学に通う年頃から変節し通しで、はた目には、はがゆい限りであったと見える。（一五〇頁。島尾敏雄『夢の中での日常』）

「はた目には……見える」と読んでしまうが、それなら「見えたろう」とでもしないとおかしい。恐らく「はた目にははがゆい」と言おうとしたのだろうから、ここで切るのが不適切ということになる。また、「であったと見える」も不必要に格式ばった表現と思える。

↓……はた目にははがゆい限りだったと見える。

⒂丸谷才一他『書きたい、書けない、「書く」の壁』

【重い「である」】

「である」を「害がはなはだしい」と断罪しておられる丸谷先生ご自身が左記のように夥しい数の「である」を用いておられるのは、どうしたことだろうか。なお、ここでも数が多いので文末にページだけを記す。

　ごく一部の聖職者だけのものであったのが、……（一一頁）

現代日本人の言語生活がかういふものであるならば、……（二六頁）

↓（……ものなら……）

ホームページに書き込むのも自己表現のひとつであるし、……だが、……情報を受け取ったのがどういう人間であるか、……機械を通してやっているのは非常に危険なことだ。（五一頁）

↓……ひとつだし……どういう人間なのか……

高度ではないものであったことである。（七一頁）
ハイパーテキストであるから『四庫大辞典』による書誌情報も豊富で、……（七二頁）
相当に反発が強かったためであるという。（八八頁）
みんなに覚えさせるというやり方であったのではないか。（九九頁）
書記官は全部渡来人であったんです。（九九頁）
……大変やかましい人であったらしい。それは表記の一部であるから、僕はそれは必要であると思う。（二〇一頁）
おそらくはそのようにして……誕生したのであると私は思う。（二二〇頁）
……読む技術も身に付くのであるから、文章を読むだけでは知識というのは増えない。（一四五頁）

右記のような「である」「であった」は、文章、対談を問わず、これ以外にも頻出している。どうしてこれほど身構えずに「だ」「だった」（二六頁は「ものなら（ば）」、五一頁は「なのか」）として下さらないのだろうか。文の末尾は、「……だ」としては文の重みを損ねる恐れが強いが、文の途中はそれとは無縁だと思う。

⒃ 本多勝一『新装版　日本語の作文技術』

【混用】

「はじめに」（二―一二頁）はほとんど「です・ます」調で貫かれているのだけれど、五、六頁にはなぜか「問題はそのような教育体制にある」「おかげで読書も嫌いになる」「身につけるにいたった」「教えられた」「〝秘伝〟方式だ」という記述がある。なぜ「あります」「なります」「身につけるにいたりました」「教えられました」「〝秘伝〟方式です」として他と調和させないのだろうか。

【重い「である」】

……「一九七四年の暮れ」としてまとめられるものであるから、……（九一頁）

↓……ものだから……

⒄ 吉行淳之介・選『文章読本』

【重い「である」】

(a) もっとも僕等の文学者が書く論文は、……エッセイ風のものであるから、……難解ということはない筈なのだが、それがどうも実際には、難解が多すぎて困るのである。（四七頁。
萩原朔太郎「僕の文章道」）

↓エッセイ風のものだから、……

(b)　先方の出す注文課題が、……自分の書きたいことに触れてる場合は好いのであるが、……たいていはちぐはぐに食いちがってる。（五一頁。同前）

↓　……触れている場合は好いのだが、……食いちがっている。

(c)　これは恐ろしいことであるが、……自分のことを自分で駄目だと思うようになるのではないだろうか。（六八頁。宇野千代「文章を書くコツ」）

↓　恐ろしいことだが、……（この方が、「ないだろうか」という結びとも合うのではないか。）

(d)　何辺も読んだものであるから、私はただ字面をなでるだけであるが。（一六九頁。小島信夫「わが精神の姿勢」）

↓　読んだものだから、私はただ字面をなでるだけだが。

(e)　結局、荷風から何かを学んだとすれば、その戯文『小説作法』の教訓であるかもしれない。（一八〇頁。安岡章太郎）

↓　「教訓かもしれない」あるいは、「教訓なのかもしれない」とした方がすんなり読めるのではなかろうか。

(f) いったい小説とはどんなものであったか、┐皆目わからなくなり、それでも二、三枚は書いて、┐破り捨て、五枚すすんでいやになり、これは雑文の癖が抜けないのか、あるいは、┐雑文に狎れすぎている怯えで、┐ことさらそう感じたのか、おのが文章を、どうも小説とみとめにくい。（二二〇頁。野坂昭如「なじかは知らねど長々し」）（「┐」は不要）

これも、「どんなものだったか、」とした方が滑らかになる。それに、「、」過多で意味がつかみにくい。感覚としては分るが、文章規範としてはいかがなものか。

↓いったい小説とはどんなものだったか皆目わからなくなり、それでも二、三枚は書いて破り捨て、五枚すすんでいやになった。これは雑文の癖が抜けないのか、あるいは雑文に狎れすぎている怯えでことさらそう感じたのか、おのが文章を、どうも小説とみとめにくい。

(g) 〈ほんたうの顔〉の正体が一体何であるのかはさておくとしても、まずこれだけは言っておこう。（二四〇頁。金井美恵子「言葉と《文体》」）

↓何なのかは……。

⒅ 中村明『悪文　裏返し文章読本』

【重い「である」】

(a) 昭和四八年の内閣告示で許容に転落して冷や飯を食わされるという不幸な星のもとに生まれたことばであるという。（一九六頁）

→ことばだという。

(b) 世捨人の生活といふものはわたくしたちが想像してゐるよりも忙しいものであったかも知れない。（二二三－二二四頁）

→ものだったかも知れない。

⒆ 石黒圭『よくわかる文章表現の技術（新版）Ⅰ 表現・表記編』

【重い「である」】

数が多いので、単に列記する。

これはごく常識的な判断であると思います。（六頁）

→判断だと……

その省略はあまりにも頻繁であるため、……（六〇頁）

→頻繁なため、

まだ熟していないことばであるように思えます。（一二一頁）

↓ことばのように……

話しことば的な表現は案外見すごされがちであるということを体感してもらえたらと思います。（一二二頁）

↓案外見すごされがちだということを……

電気代が安くなるという事柄を望ましいものとしてとらえた結果であると思われます。（一五八頁）

↓結果（だ〔これはなくてもいい〕）と思われます。

接続詞が必要であると考えられる文と、あまり必要がない文とでは……（二〇二－二〇三頁）

↓必要（だ〔なくてもいい〕）と考えられる……

⑳石黒 圭『よくわかる文章表現の技術（新版）II 文章構成編』

【重い「である」】

そしてその武器は、それを扱う主体自体が病的な存在であるから、予想以上に当てにならないものだ。（三一頁）

当方の経験では、「である」は文末にもってきた方が文章全体が落ち着く。

↓……病的な存在だから、予想以上に当てにならないものである。

その他頻出するので、単に列記する。

論理的で妥当性が高いもの**である**と思います。（一〇一頁）

↓ものだと……

タイトルは……重要なもの**である**ので、充分に吟味してつける必要がある。（一〇四頁）

↓重要なものなので、……

現代社会でとくに必要とされる文章技術**である**と思います。（一三八頁）

↓……文章技術だと思います。

確立することが急務**である**といえます。（同）

↓急務だと……

計算しつくされた文章**である**と思う。（二〇九頁）

↓文章だと思う。

どんな作品**である**のか、……（二一〇頁）

↓どんな作品なのか、

筆者の目的**である**ように読みとれます。（二一三頁）

↓筆者の目的のように……

可能性が低いことであると考えてよいでしょう。（二四六頁）
↓低いことだと考えて……

筆者の主張が何であるのか、……（二四九頁）
↓筆者の主張が何なのか、

少ないものであったのにたいし、（二七四頁）
↓少ないものだったのにたいし……

個性豊かなものであったという印象……（同）
↓個性豊かなものだったという……

文章であったということもあるでしょう。（同）
↓文章だったということ……

つかみにくい文章であったといえるでしょう。（二七九頁）
↓つかみにくい文章だったと……

価値ある文化の一つであるのだ。（二八二頁。引用文）
↓文化の一つなのだ。　あるいは　……なのである。

画期的な形式であったが、……（同）
↓画期的な形式だったが、……

難しいのが難点であるが、……（二八四頁）
↓難しいのが難点だが、……

⑵1) 町田守弘『新聞で鍛える国語力』

【重い「である」】

(a) この作品が掲載されたのは、『朝日新聞』一九九八年八月二三日付であるが、「でっかい友だち」は、「あ、そうか」というタイトルで掲載された。

……ただ「説明しなさい」という指示であるから、表現の特色を中心に解答をまとめるようにしたい。(一九四頁)

↓この作品が掲載されたのは『朝日新聞』一九九八年八月二三日付だが、……。

……ただ「説明しなさい」という指示だから、……

「掲載されたのは」は直下の「『朝日新聞』一九九八年八月二三日付」のみに掛かるから、「、」はない方が分りやすい。併せて、

(b) 作り話のようであるが、東京で実際にあった話である。(一九八頁)

↓……作り話のようだが、……

⑵⑵ 中山秀樹『ほんとうは大学生のために書いた　日本語表現練習帳』

【混用】

自分の言葉で端的に表現することです。それが要約文になる。（一六六頁）

前後は総て「です・ます」調になっている。この項の冒頭に引用したように、著者は「注意すべきは、『である』と『ですます』を混在させないことです」と述べている。なぜ「それが要約文になります」としないのだろうか。

⑵⑶ 中村 明『語感トレーニング——日本語のセンスをみがく55題』

【重い「である」】

(a) 単に珍しい食べ物をさす外来語であるという以外に、……（四二頁）
↓ 外来語（だ）という以外に……
(b) これが「パイ」の一種であることを伝えようとした説明的な語形であったろう。（同）
↓ 語形だったろう。
(c) もとは何らかの間接表現であったようだ。（六五頁）
↓ 表現だったようだ。
(d) 「……抵抗の気持ち」から出た表現であったという。（一三九頁）
↓ 表現だったという。

(e) これは〈濁音〉のことばが一般に帯びやすい語感であると考えられよう。（一五七頁）

↓　語感だと考えられよう。

(f) 大部分の日本人と共通するはずであるが、……同感できない例も少なくはないと思われる。

（一八六頁）

↓　共通するはずだが、

右記の六例は、「だ」「だった」と言い換えて文章の品格が落ちるわけでなく、心安らかに読めると思うけれども、いかがだろうか。

(24) 村田喜代子『縦横無尽の文章レッスン』

【重い「である」】

文の途中の言い回しは、大抵「である」調になっている。左に、いくつか例を掲げる。これでも数が多いので、単に列記する。

この子の苗字も畑君であるが、土地に多い同姓であるらしい。（二一〇頁）

↓　畑君だが、……同姓らしい。

祖父母だけであるのに、（二一三頁）

↓　だけなのに、

短い文章であるけれど、これは大回答である。（六二頁）
↓短い文章だけれど
読書用眼鏡より画期的であるのだろうか。（六六頁）
↓画期的なのだろうか。
〈人間にある根源的な意志〉であるという。（七三頁）
↓……だという。
因みに、七二頁にある原典には「根源的な意志なので」とある。
抑圧策であった治安維持法に触れて、（一一一頁）
↓抑圧策だった……
受難の時代であったのだ。（同）
↓時代だったのである。
夢であるという。（一二六頁）
↓夢だという。
これは文章講座であるから……（一三〇頁）
↓文章講座なのだから……
構成も単純であるため、（一八九頁）
↓単純なため、
最優先になるのであるが、（二三一頁）

↓最優先になるのだが、

右記の「時代であったのだ」と「時代だったのである」は、文の終りについては逆に「だ」より「である」の方が落ち着きがよく安心できる、という好例のように思う。

⑵⑸加藤道理『字源　ちょっと深い漢字の話』

【重い「である」】

文章途中もほぼ一貫して「である」調で貫かれている。左記は本書中のほんの一部である。

だが木の名は字が出来る前にあるのであるから、……その木の呼び名の発音記号をつけて、杉・柏・柳などの字が造られたのである。（一四頁）

↓……出来る前にあるのだから、……

君主が即位するのは父が死んでからであるので、……。（七二頁）

↓君主が即位するのは父が死んでからなので、……。

当時は食事は長上の者が先ず食べ、家族は後で長上の人の残りを食する習慣であったので「余り云々」の言葉が意味を持つのであるが、……（七五頁）

↓家族は後で長上の人の残りを食する習慣だったので「余り云々」の言葉が意味を持つのだが、……

それは本当の有るべき姿の道（大道）が失われた社会であるからである。（一一四頁）
↓それは本当の有るべき姿の道（大道）が失われた社会だからである。

今日行われている予防的カウンセリングなどはそのよい例であるかもしれない。（一三五頁）
↓……そのよい例かもしれない。

九は数の最高の数であるので、……（一四四頁）
↓九は数の最高の数なので、……

ともに老人のことであるので、……（一六五頁）
↓……ことなので、

どうやらこれが出典であるようだ。（一六八頁）
↓……出典のようだ。

荷の字は植物の「はす（蓮）」のことであるので、字の語源からいえば「にもつ」は任物と書くべき言葉であるかもしれない。（二〇四頁）
↓……のことなので、字の語源からいえば「にもつ」は任物と書くべき言葉かもしれない。

第八章　話し言葉　会話体　通俗表現

「です・ます」調で書くことにこだわった本の「です・ます」に異議を挟むつもりは毛頭ない。問題なのは、そうした文体の中であっても規範本として後世に伝えるにはなじまない砕けた話し言葉、会話体、極言すれば通俗表現、子供言葉が目につくことである。書き言葉、文章体で書かれた本のなかにも、同様に違和感を覚えるような、「軽い」話し言葉、会話体が散見される。以下にその例を記す。

(1) 谷崎潤一郎『文章読本』

英語が一番習うのにむずかしく、独逸語が一番やさしいと云われる。それはなぜかなら、……（七五頁）

こういう「云い廻し」も、範とすべきなのだろうか。やや稚拙といえないだろうか。私なら、「なぜかといえば」と書きたい。「云われる」「云えば」と続くのを避けたのだろうか。「それは」をとって単に「なぜなら」でいいようにも思う。

(2) 三島由紀夫『文章読本』

【でもって】

『日本国語大辞典』には、「でもって」は「『で』を強めた口語的表現」と明記されている。文章体にはそぐわないはずだが、数多くの著者が用いている。

当老骨は大分以前から、「……でもって」という言い回しは格調の高い日本語とは言い難く、いささか野卑に響く、と思っていた。『広辞苑』にも『大辞林』にもそうした視点はなく困惑していたが、右記のように『国語大辞典』に納得のいく説明を見出すことができた。「……をもって」、あるいは単に「……で」がすんなり受入れられる言い回しではなかろうか。

・宗教的概念でもって……感情を殺そうと試みました。（一七頁）
・名文でもって知られて……（三三頁）
・言葉だけでもって……編みます。（六七頁）
・その余地でもって……引っぱって行こうという技巧……（一三三頁）
・あやしい麻薬でもって……背けさせます。（二〇〇頁）

著者は、文章の「格調と気品」を強調している（一八四、一九六頁）。「でもって」が格調高い表現と認識しているのだろうか。

⑶ **中村真一郎『文章読本』**

【でもって】

〔三遊亭〕円朝は高度な完成度をもっていた江戸末期の市民の言葉でもって、複雑な人間心理を人情噺に仕立てあげて、東京の高座で人気を博していました。（三六頁）

【だから】

・だから、私たちの考え方や感じ方そのものも、……彼等によってその道が作られたのだ、と云うこともできます。（四八頁）

・だから、……鏡花の熱烈なファンになりました。（五〇頁）

・だから、……ということになります。（一三二頁）

「ですから」とか「そのため」の方が文章が落ち着くように思えるのだが、いかがだろうか。

⑷ **丸谷才一『文章読本』**

【うんと】

・うんと根本的なところまでさかのぼつて言へば、……（一六一頁）

・用ゐ方をうんと素朴にすれば、（二〇三頁）

・地名のかういふ局面をうんと派手に利用したのが、……（二一〇頁）

・うんと遠慮がちに述べて、……（二六三頁）

・うんと厳密に言へば、……（二八一頁）

・文章をうんと洗練させたから……（三四七頁）

・体言どめや文語体、うんと砕けた口語的な口調の混用だつて、さう馬鹿にしたものではないので、意外にも効果がありさうな気がする。（三七一頁。この認識に基づいて「うんと」などを多用しているのかも知れないけれど、どんな「効果」があるのだろうか。）

「うんと」という副詞は、格調高い日本語とはいいがたいのではないか。

「**大きく**」「**大いに**」「**大幅に**」「**ひどく**」「**実に**」「**極めて**」「**ずっと**」「**はるかに**」とかの方が適正と思うが、いかがだろうか。

【なくたつて／なくちや／たつて／だつて／ちや／ぢや】

・本当に相手に信じさせな**くちや**ならないものは、……（二七五頁）→　なくては

・信じてもらはな**くちや**ならないのは……（同）→　なくては

・差支へなしとしな**くちや**ならない。（二七六頁）→　なくては

・この種の反応を得ることだ**つて**存外むづかしいのだ。（同）→　さえ　あるいは　でも

・これは言はれな**くたつて**判つてゐる……（二八三頁）→　なくても

・型にはめな**くちや**ならぬといふ法はない。（二九七頁）→　なくては

・表記を書き改めたつて……（三一七頁）　↓　でも
・これだつてせいぜい十か二十の言葉……（三一八頁）　↓　にしても
・これは誰だつて普通に持つていて……（同）　↓　でも
・参考になるのぢやなからうか。（同）　↓　では
・……ではまづい、なんてことを言ひたいためではない。（三二二頁）
　↓　などということを　あるいは　などと言ひたい
・うまくゆくはずなんか絶対ない。（三二二頁）　↓　など
・同じ文字づかひをしたりなんかすれば……（同）　↓　など
・体質なんてもので単純に規定……（三三〇頁）　↓　などという
・誰だつてこの調子で……（三三一頁）　↓　でも
・「……腕が出せるからである」なんて口調の、……（三四二頁）　↓　などという
・いくら考えこんだつて……（三五〇頁）　↓　でも
・どの時代の言語だつて変らない。（同）　↓　でも
・たとへ未開野蛮の国の土語だつて……（同）　↓　でも
・「憲法」だつて、……（三五三頁）　↓　さえ　あるいは　でも
・思ひつくなんて、（三七五頁）　↓　とは
・今の程度以上にはゆかないなんて……（同）　↓　とは
・借りて来るなんてものではない。（三七六頁）　↓　などという

・優しい心を充分に披瀝することでも、あるいは、陽気にふざけちらすことだつて、やはり力なのである。……（三七七頁）　↓　さえ（「やっぱり」という俗語は避けている）

【でもって】

それを受けた丸谷氏の言葉は次の通りで、これ**でもって**本書は閉じられている。（三八九頁。大野晋「解説」）

斯界の最高権威の大野先生の言葉だけれど、「でもって」はやはり俗語で、このような規範本の「解説」にはふさわしくないように思えてならない。「**これをもって**」としていただきたかった。

(5)　梅田卓夫 他編『高校生のための文章読本』

【なんて／とても／うんと】

(a)　飛び切り上等の男の子ならともかく**であるが**、ライオンや豹と比較してみて、それ以上の魅力を持っている男**なんて**本当の話、ほとんどないといっていいのである。（二九頁。森茉莉「猛獣が飼いたい」）

「であるが」と「なんて」の併存は何とも奇妙に映ずる。

↓飛び切り上等の男の子ならともかく、ライオンや豹と比較してみて、それ以上の魅力を持っている男など、本当の話、ほとんどないといっていいのである。

(b1) これはとても困難な作業だが、……（一八頁）

(b2) これは「体験を聞く」ということの本質をついた、とても意味の深い言葉だと思う。（一八八頁）

「とても」は、「大変」「極めて」「実に」などとした方が格調が高いと思う

(c) 逆だなと考えてみた方がうんと人間を身近に感じられて、いい気分になる。（四〇頁）

↓逆だなと考えてみた方がはるかに（または「ずっと」）人間を身近に感じられて……

(d) 何を食わせたって鳶は鳶しか生まないし、……。
……昔だって今だって変わりはしない。（一二八頁）

↓何を食わせても（あるいは「食わせたにせよ」）鳶は鳶しか生まないし、……。昔も今も変

わりはしない。

⑹梅田卓夫 他編『高校生のための文章読本』別冊『表現への扉』

【たって／くって】

⒜愚図り通す永遠の子どもがいたっていい。（一四頁）

↓愚図り通す永遠の子どもがいてもいい。

⒝だれも彼も話したくってうずうずしているわけではないし、まして年をとれば口も重くなる。（八六頁）

他の箇所は普通の書き言葉なのに、なぜここだけ〝くだけた〟のだろう。

↓話したくて……。

⑺井上ひさし『自家製　文章読本』

【だって／で以て】

⒜そしてこの二十巻千百十一首が後世にどれだけ深大な影響を与えたかについては、高校生だってよく承知している。（一八四頁）

(b) ……和文と漢文が絡み合い、溶け合ったところに日本語の文章が成り立っているのだから、だれだって漢臭のある文書を書いてしまう。（一九二頁）

「だって」は軽妙な筆致というより、砕けた話し言葉のように思われる。左記の方が文章には向いているように思う。

↓ ……高校生でもよく承知している。

……だれでも（だれにしても）漢臭のある文書を書いてしまう。

(c) 文字でする表現即ち文章と、言葉で以てする日常の談話の表現とに何か本質的な相違があるかのやうに考へるのが……誰でも文章は書き得るものといふ気軽るさと自信とで以て筆を執り紙に向つて、……。（四四頁。佐藤春夫「法無法の説」）

冒頭には「文字でする」と記しているのだが。因みに、今の送り仮名なら「気軽さ」だろう。

↓ ……言葉を以てする日常の談話の表現とに何か本質的な相違があるかのやうに考へるのが……誰でも文章は書き得るものといふ気軽さと自信とを以て筆を執り紙に向つて、……。

⑻岡崎洋三『日本語とテンの打ち方』

【みたい】

(a) 文節と文節の密着度が強ければ強いほど言葉の入れ換えは困難になるみたいなのである。（四〇頁）

(b) ……この文の構造にその理由があるみたいだからだ。（八六頁）

(c) ……「思い入れ」みたいなものが見てとれると思う。（一一三頁）

(d) ……「真実」を使っている人が多いみたいなのであるが。（一三八頁）

「みたい」は話し言葉であって、日本語を考証しようとする論考にはなじまない。左記あたりが妥当ではなかろうか。

↓(a) ……困難になるらしいのである。

(b) ……理由があるようだからだ。

(c) ……のようなものが……

(d) ……多いようだが、

【その他】

(a) 「息の切れ目」なんかでテンを打っている人にお願いしておきたい。（四四頁）

「なんか」も同様に、話し言葉。
↓……などでテンを　あたりにして欲しい。

(b) 村の人はみんな良い人達ばかりだが、そういう物を置いといたばかりにだれかがそれを見て、ヒョンな気を起こさないものでもない。（六〇頁）
↓……置いておいた……

(c) 文字がつまってなくて、……（八一頁）
↓文字がつまっていなくて、……

(d)『ミカドの肖像』は同じ助詞が連続したり、主部や修飾部がやたらと長かったりしてリズムのとりにくい、ひじょうに座りの悪い文章で充満している。（一六〇頁）

まず、「やたらと」は話し言葉であり、書き言葉の指南書にはいかがかと思う。

「『ミカドの肖像』は」は文末の「充満している」に掛かり、「連続したり」は直後の「長かったり」と同格で次の「して」に掛かる。また、一般に「……したり……したりして」は、「……したり、……したりして」よりも「……したり……したりして、」と「、」なしで続ける方が座りがいい。従って、左記の方が理解しやすいと思うが、いかがだろうか。

↓『ミカドの肖像』は、「同じ助詞が連続したり主部や修飾部がむやみに長かったりして、「リズムのとりにくい、ひじょうに座りの悪い文章で充満している。

(9) 倉田 稔『学生と社会人のための文章読本』

(a) 少なくても我々の立場からは正しい。（七頁）
(b) 少なくても義務教育時代ではそうあるべきである。（六九頁）

他方、三七頁には「少なくても二百字から三百字」、四二頁には「少なくとも一九九〇年代初頭の話である」とある。実際に数が少ない場合は「少なくても」がいいだろうが、抽象的に対象を限定する場合には「**少なくとも**」の方が適切なのではなかろうか。

(c) ……の部分が長い時や**とても**長い時に、読み手は難しくなる。（六四頁）
↓……きわめて長い時に

⑽ 大倉徹也『超文章読本』

【もしかしたら】

もしかしたら真理ではあるかもしれないが、……（四〇頁）

↓あるいは真理では……　　あたりが無難ではなかろうか。

【とても】

・とても役立つ……（四六頁）

・学んだことはとても大きい……（六一頁）

・とても役に立つ……（一二九頁）

・とてもややこしい問題だ。（一四三頁）

・とてもよく調べられた本……（一五四頁）

・とても面倒なものである。（一五七頁）

【やたら】

出演者たちがやたらにしゃべるだけの番組……（四七頁）

「勝手に」とか「気ままに」とか「むやみに」とかが妥当ではなかろうか。

【たって／だって】

・ＣＭを自局で流したって意味はない……（五六頁）

↓　単純に「流しても」で意味は損なわれない。

・誰だって「マスコミの寄生虫」ではないか。（七二頁）↓　誰でも、

・当時を知る人だって忘れていた……（同）↓　人さえ……

・……ということだってあり得るわけで、……（九七頁）↓　こともあり得る……

・それだってノンフィクションのタテマエからいえば……（一三八頁）

↓　「それさえ」、あるいは「それも」

・ねじ曲げることだってあり得る。（一四三頁）

↓　「ねじ曲げることも」あるいは「ねじ曲げることすら」

【じゃないか】

・ちょっとふざけすぎじゃないかと思う人も……（七二頁）↓　……ではないか……

【なのに】

・……必要はなかった。なのに、わたしは……（一九〇頁）

↓　「それなのに」、「それでも」、あるいは、「それにも拘らず」

⑾ 金田一春彦『ホンモノの日本語を話していますか?』

【なんか／なんて】

・私なんかよくやったものだ。（一五頁）　↓　私などは……

・木なんてほとんど生えていない。（四八頁）　↓　木などほとんど……

【もしかしたら】

・もしかしたら日本のスギが船の木材として朝鮮に渡り、……（一三七頁）

　↓　あるいは日本の……

・もしかしたら非常に論理的な性格だったのかもしれない。（一九五頁）

　↓　あるいは非常に……

【という】

・むしろ一日お天気に恵まれたということが多いのではないだろうか。（一五七頁）

　↓　お天気に恵まれたことが多い……

・実はこれは関西の方のお天気のことで、東京の秋の空のことではないということを、……（同）↓　東京の秋の空のことではないことを、……

「という」は、一歩距離をおく場合によく使われる言葉だけれど、右記のような場合は、文章を冗長にしないためにはない方がいいのではなかろうか。

【……のでは】

日本語の規範とすべき本なので、「のではないか」と、きちんと最後まで記して欲しいところ。

……別に華やかなという意味もあるのでは、ということが最近言われ始めている。（一八八頁）

「という」はここにも当てはまるように思う。

↓別に華やかなという意味もあるのではないか、と最近言われ始めている。

⑿ 加藤重広、吉田朋彦『日本語を知るための51題』

【抜かして／だって】

(a)「ら抜きことば」とは、「られる」という助動詞の「ら」を抜かして「れる」とした表現のことですが、……（九三頁）

この場合、文章言葉としては「抜いて」とした方が適切に思えるが、いかがだろうか。

(b)正しくないならば、その理由を説明し、どうすれば正しくなるかを述べなさい。（一七七頁）

ここは異論ではありません。

「正しくないなら」「正しくないならば」「正しくなければ」はどのように違うのか、を取り上げていただきたかったのであります。

(c)「茶色」「灰色」だってもともとは「茶」や「灰」の色ということでしょう。（二〇一頁）

↓「茶色」「灰色」にしてももともとは……

⒀ 丸谷才一 他『書きたい、書けない、「書く」の壁』

【わりに／うんと】

(a) これは**わりに**気がつかないことですが、……（一四頁）

「わりに」というのは通俗表現ではなかろうか。「**わりあいに**」とした方が無難だと思うけれど。

(b) 日本語教育の時間数を**うんと**減らした。（二七頁）

↓「**大幅に**」あたりの方が座りがいい。

⒁　本多勝一『新装版　日本語の作文技術』

【だって】

(a)……修飾することだってありうる。（七四頁）

(b)これだって分かち書きのほうが読みやすい。（一九六頁）

「だって」は話し言葉、それも子供の話し言葉で使われる言葉で、書き言葉の規範にはなじまない。なぜ、単純に、

↓修飾することも、ありうる。

↓これも、分かち書きのほうが読みやすい。　と書かなかったのだろうか。

【なんて】

「与えた」なんて言葉を使わない方がいいのではないか……（九三頁）

「なんて」も子供言葉ではなかろうか。「……などという言葉」あたりにして欲しい。

⒂ 吉行淳之介・選『文章読本』

【……てる】

(a) 先方の出す注文課題が、……自分の書きたいことに触れてる場合は好いのであるが、……たいていはちぐはぐに食いちがってる。（五一頁。萩原朔太郎「僕の文章道」）

(b) 文壇的地位を占めてる。（五四頁。同前）

(c) 詩的精神を持ってる人々は、……（五五頁。同前）

間違った表現だなどと言うつもりはないけれど、また、子供向けの詩にはこの方が向いているのだろうけれど、「文章読本」であれば、「触れている」など、「……ている」と書いて欲しいとは思う。萩原氏のこの短文の中には、この「てる」がいくつもでて来る。

【……でもって】

(a) 人をあやしい麻薬でもって現実や理性から背けさせます。（一〇〇頁。三島由紀夫「質疑応答」）

(b) これを言語でもって言い表わし、その事物の存在性をそこに与えるわけである。（一五五頁。野間宏「文章を書くこと」）

(c) 肝心の文章が今ではこちらが頼りにするほど強い必然の筋でもって撥ねかえしてはこない。（二二九頁。古井由吉「緊密で清潔な表現に」）

いずれも「をもって」として欲しいところ。

⒃中村明『悪文　裏返し文章読本』

【うんと】

・おそらくこの点での「悪文」の条件はうんと違ってくるだろう。（三七頁）

・うんと短くしなくてはならない場合は要約的表現を採用する。（一〇八頁）

⒄阿部紘久『文章力の基本』

【でも】

「話し言葉としてはかなり広まっている」が、「書き言葉としては未成熟」な、「文頭に使われる」言葉の例として、

けれど　↓〈書き言葉としては〉けれども　などとともに、

だけど、↓でも　を挙げている。（七五頁）

「でも」は書き言葉だろうか。「だけど」と同程度に話し言葉ではなかろうか。

「**とはいえ**」、あるいは「**しかし**」、ややくだければ「**だが**」あたりの方が妥当ではなかろうか。

【とても】

逆にしっかり構築された文章の説得力はとても大きいものがあります。（九九頁）

「とても」は、この後も何度も（一〇九、一一一頁など）規範文や説明文の中に使われている。

【（接続助詞）だから】

結論が先に書いてあれば、その続きを読むべきか、読まなくていいかを簡単に判断できます。だから、結論から書くべきです。（一四一頁）

前段について。この文の切れ目は、「読むべきか」よりも「いいかを」にあるように思える。「読むべきか、」と切るのであれば、「いいかを、」とする必要性はより大きいのではないか。

また、「だから」も話し言葉であって書き言葉ではなかろう。ここは「ですから」、あるいはややかしこまれば「したがって」「それ故」あたりの方が妥当ではなかろうか。併せて、以下のように願いたい。

→結論が先に書いてあれば、その続きを読むべきか読まなくていいかを、簡単に判断できます。ですから、結論から書くべきです。

⒅ 石黒 圭『よくわかる文章表現の技術（新版）Ｉ表現・表記編』

【とても】

・とても参考になるものです。（一一頁）

・接続詞の使い方というのは簡単そうで、じつはとても難しいものです。（一九四頁）

・とてもよい文章修行の訓練……（二四五頁）

著者は「第六講」で、書き言葉としてふさわしくない表現を書き言葉らしい表現に変えるにはどうすればいいかを、詳細に論じている。ところが、論考自体の中に時折話し言葉が顔をのぞかせる。「とても」も話し言葉と思う。

【その他】

(a) だから、主語の「費用」は省略されることになります。（六五頁）

↓「そのため（に）」、「それゆえ（に）」、「したがって」、あるいは「ですから」

(b) 二八二名の方にやってもらった課題の説明に入ります。（一五二頁）

「やる」という言い回しも、書き言葉にはなじまないように思える。通常は左記のように記すと思う。

↓　二八二名の方に行ってもらった課題……　あるいは　実施してもらった……

(c) もしかしたら、……『厚生白書』か何かに示されているかもしれないのです。(一六五頁)

「もしかしたら」も文章言葉にはなじまない。

↓「あるいは」　あたりにして欲しい。

(d) 他にもきっと接続詞の使用頻度が高い文章があるでしょうが、……(二〇二頁)

↓「必ず」あたりにして欲しいところ。

(e) 水道の使用量はうんと減る筈である。(二三八頁。柳 宗民)

↓「大幅に」とか、せめて「ずっと」あたりが適切ではなかろうか。

(f) ちょっとびっくりするところです。(二五〇頁)

↓「少々」「いささか」あたりにして欲しいところ。

⒆石黒圭『よくわかる文章表現の技術（新版）Ⅱ文章構成編』

【とても】

・これはとても興味深い現象です。（六頁）

・とても忙しい人である。（一一六頁）

・とても大切なことである……。（一八七頁）

【なんて／なんか／これって】

(a) 私の年齢で完璧に敬語をマスターしている人なんて、日本にいないのではないかと思ってしまう。（二九頁）

↓「……人など、」としてもらえれば落ち着く。

(b) これって上手く自分をあらわしている気がするぞ。（三一頁。引用文）

老骨にはついていけない言い回しだ。

(c) なんかもう入ることが決まったみたいな言い方に聞こえてしまう。（一二二頁。引用文）

著者の添削を経ていないようだけれど、文章としては左記が望ましいように思う。

↓いかにも、もう入ることが決まったような、言い方……

【その他】
真ん中らへんだったら左手の階段です。（一三五頁。引用文）
この「ら」はどういう意味なのだろうか。引用者（本の著者）は　添削を控えたのだろうか。
↓「**真ん中あたりでしたら**」ではいかがだろうか。

⒇ **町田守弘『新聞で鍛える国語力』**
【とても】
「とても神経を使い」「とても重要」など、「とても」がしばしば現れる（一七、一九、二〇頁など）。

(21) **中山秀樹『ほんとうは大学生のために書いた　日本語表現練習帳』**
【って／でも／とても】
(a) 話すときに、よく、えー、って言いますよね、これを言わないようにしているのです。自分が出たテレビ番組を見直してみたら、えー、がとてもうるさかったのです。（九六頁。大学教授の言葉の引用）

「と言う」を「って言う」という言い回しがかなりの年配者の間でさえはびこっているが、書き言葉のなかでは避けて欲しい。それは措くとして、「えー」の頻発に警鐘を鳴らしておられる点には共感を覚える。

その他、「ですね」（あるいは「ですねえ」）の頻発も気になって仕方がない。NHKの記者や職員でも、ニュースの朗読を除けば、解説や報告に際して相当な頻発が耳につく。依頼を受けて「講義」する著名人の中には、三語に一つは「ですね」の人さえいる。安倍首相の国会答弁もそれに近い頻度である。

「えー」には、考えてもなかなか言葉が見つからない、という愛嬌が感じられるが、「ですね」には、押しつけ、思い上がりの響きがあるから、余計タチが悪いように見えるが、いかがだろうか。

(b)〈映画が好きだ〉。でも、映画を観に行く時間もおカネも余裕がない私のたのしみは、部屋で映画のDVDを観ることである。（一四八頁）

「でも」も、いかにも稚拙な表現に思える。「とはいえ」あたりが妥当ではないか。

(c)私たち日本人は、戦後の復興の歴史を振り返って見ても、とても勤勉で優秀である。（一五一頁）

⑵2 水谷静夫『曲り角の日本語』

【でもって】

・この事あって、有限個の規則でもって、無限に多い表現を律することができます。（一二四頁）

　↓規則をもって、

⑵3 村田喜代子『縦横無尽の文章レッスン』

【でもって】

・自分の意思でもってこの言葉を選んだのである。（三五頁）

　↓意思をもって　意思で……

・回転焼きのようなテクニックでもって、……（一五八頁）

・言葉という限られたピースでもって表現の地図を埋めて……（一八二頁）

・素晴らしい比喩でもって描き上げた。（一八五頁）

・充分に言葉でもって語っているか……（二〇四―二〇五頁）

・そのくらいの気合でもって……（二一六頁）

【なんて】

・原子爆弾の製造なんて収拾できない大きなもの……（六〇頁）　↓　などという

・七十年余り前に書いた詩だなんて……（九五頁）↓　詩とは
・後ろへ戻る馬なんて……（一〇四頁）↓　馬とは
・鋼鉄の巨体が守れるものかな、なんて思ったりする。（一七〇頁）↓　などと

冷静な書き言葉であれば右のようにしてもらいたいところだけれど、いかがだろうか。

【って】（四六、四七、二〇五頁など）

意見展開の文章の中でなく、著者を含む先生方の会話に登場する言葉。

　船ってこんなに……　船ってどんなに　船って何だか
　あのメスネズミって、……

当老骨より決定的に若いわけではない、そして日本語に関する最高の知識人であられる方々が、会話の中でこのような言い回しをされることは、大変な驚きで、また深い悲しみでありました。

【その他】

・ちっぽけな椅子と階段みたいな具体的物体……（六六頁）↓　階段のような

・影絵みたいな貨車の長いシルエット上に船の煙がたなびいて、……（二二九頁）
・それがテーマであると言ったっていい。（二二二頁）→……言ってもいい。
・……と私は思っている。ならば注意を受けてあらためることができるように……（二一八頁）
→「**そうであれば**」あたりにして欲しいところ。

第九章　読点「、」の位置

「、」の位置の原則

読点（、）をどのようなところに打てばいいかについては、特に項目を設けて論じている本もそうでない本もあるが、文章中の実際の「、」の位置については、総ての本について疑問を感ぜざるを得ない例が数多くある。

読点論を開陳している本については、各書の冒頭にその要点を記した。

当老骨がこれまでの経験から得た「、」の位置の原則は、取り敢えず次のようにまとめることができる。この原則に沿って検証してみたい。

A　「甲乙丙丁」から成る文章で、甲が丁に掛かり、乙が丙に掛かる（あるいは乙が丙と同格の）場合は、「甲、乙」が大原則であり、「甲乙、」としてはならない。乙が直下の丙のみに掛かる場合は「乙、丙」と切ってはならない。

B　冒頭の語が短くても、その語が間の文節をおいて後段に掛かる場合は「、」が必要。

C　「、」を最も必要とするのは、その文章の分岐点（節目）の後である。

D　「、」が多すぎれば、理解を妨げる。ある語句が直下の語句（節）のみに掛かる場合には、通常「、」は不要である。二つの語句「甲乙」がともに直後の「丙」に掛かる場合、「甲乙」の間に「、」は要らない。「……したり……したり」といった文節は、それぞれが短ければ間を「、」で切る必要はない。

E　「、」が少なすぎても、理解を妨げる。

F　同格の語（節）の後には、最後の同格語（節）の後を除いて等しく「、」を付すか、あるいはいずれにも「、」を付さない。

G　「、」を付すと、次の語は前段の限定から離れて普遍的な意味を持つ。

H　一つの考えや発言は、あまり長くなければ、「、」を付さずにひとまとめにする。

「、」の位置の原則

Ｉ　基本的に、冒頭にある主語と「、」の直前の句を連ねれば、文章を成す。
Ｊ　対応文の一方に「、」を付せば、他方にも「、」を付す。付さなければ他方にも付さない。

Ｃの「分岐点」についてはもう少し説明しておきたい。

当老骨はＣで、『、』を最も必要とするのは、その文章の分岐点（節目）の後である」と規定している。

中村明は、「、」の位置についての「慣用的なルール」を十七挙げている（『悪文　裏返し文章読本』二〇八－二一〇頁）が、その第二「『読者は途中で本を投げだし、両腕を伸ばしながら大きなあくびをした』のように、文の中止するところ」、第四「『もし財布を拾ったら』とか『泥酔した折に』とか『すっからかんになったので』とかいうように、条件や理由などを説明して意味を限定することばのあと」は、ほぼそれに該当するように思う。その他にも、長い節で構成された主語（主格）や目的語の後も分岐点を成す。

中山は、その他に、「前提」と「結論」のあいだ、「状況の説明」と「だからどうだ」のあいだ、を挙げている（『ほんとうは大学生のために書いた　日本語表現練習帳』三六－三七頁）。両者は類似していて「理由」に一括できるかも知れない。いずれにしても、これらを「分岐点」とみなせばいいと思う。

(1) 谷崎潤一郎『文章読本』

【A】

(a) 「仕舞つた」「然し」等の字面を、……「しまつた」「しかし」と云う風に書きかえたとしたならば、もうそれだけであの文章のカッキリとした、印象の鮮明な感じが減殺されるでありましょう。(四八頁)

「それだけで」は文末の「減殺される」に、「カッキリとした」は直後の「印象の鮮明な」と同格で「感じ」に掛かるから、この切り方はよくない。「それだけで、あの文章のカッキリとした印象の鮮明な……」とした方がすんなり読める。

(b) 全体われ〳〵は声を挙げて叫んだり、押し附けがましい調子で物を尋ねたりするのを、品のよいことと思わない国民でありますから、……(一八九頁)

「われ〳〵は」は末尾の「国民でありますから」に掛かり、「声を挙げて叫んだり」は次節の「物を尋ねたり」と同格で「する」に掛かるから、ここで切るのは適切でない。

↓全体われ〳〵は┐声を挙げて叫んだり押し附けがましい調子で物を尋ねたりするのを、……

【B】

(a) ところで私はあの文体の大まかな云い廻しが、やはり口語文を作るのに参考になると思うのであります。（五〇頁）

「私は……云い廻しが」と読んでしまうから、意味をとらえるのに苦労する。

「私は」は文末の「思うのであります」に、「云い廻しが」はその前の「参考になる」に掛かるから、この切り方はよくない。左記のようにして欲しい。

↓ところで私は┐あの文体の大まかな云い廻しが、やはり口語文を作るのに参考になると思うのであります。

(b) 私は皆さんが、今少し市井の町人や職人などの言語を覚えて、それを文章に取り入れることを、おすゝめしたいのであります。（一二四頁）

「私は」は末尾の「おすゝめしたいのであります」に、「皆さんが」はその前の「覚えて、……

取り入れる」に掛かるから、このような切り方は望ましくない。

↓私は、「皆さんが、……
(c) それは藪鶯の雛を、まだ尾の生えぬ時に生け捕って来て、別な師匠の鶯に附けて稽古させるのである。(二八七－一八八頁)
「それは」は文末の「稽古させるのである」に、「雛を」は直下の文節の「生け捕って来て」に掛かる。

↓それは、「藪鶯の雛を、……
(d) それは西洋流の思想や物の考え方が輸入され、われ〳〵の道徳観が一大変化を来たしたためでありまして、(二九五頁)
「それは……輸入され」と読めてしまう。「それは」は末尾の「ためでありまして」に掛かり、「輸入され」は直下の「来たした」と同格だから、この切り方はよくない。

↓それは、「西洋流の……
(e) これはその方が舞台の上の効果が多く、見物の胸に訴える力が強いからでありまして、

（一一三頁）

「これは、……多く」と読めてしまう。「これは」は末尾の「からでありまして」に掛かり、「多く」は直下の「強い」と同格である。

↓これは、┐その方が……

【C】

(a) 或る時私が口腔科の医師の処へ行きましたら年の若いお医者さんが診察してくれながら、話の中に「ダコ」と云う言葉を使います。（一一八－一一九頁）

「行きましたら……くれながら」と読んでしまう。この文の最大の節目（分岐点）は「行きましたら」だろう。

↓……行きましたら、┐年の若いお医者さんが……

(b) そうかと云って都を遠く離れるのも、┐心細いような気がするなどときまりが悪いほどいろ〳〵にお迷いになる。（一一九頁。源氏物語の谷崎訳）

「離れるのも」がどこに掛かるか分らないし、「などときまりが悪い」も分りにくい。

前者は直下の「心細い」に、「などと」は文末の「お迷いになる」に掛かるべき言葉なのだろう。それに、分岐点は「などと」だ。

↓都を遠く離れるのも心細いような気がするなどと、きまりが悪いほどいろいろにお迷いになる。

⑵ 川端康成『新文章読本』

【A】

(a) その作品に表現されなかったことをいくら、立派な理論で書いたところで無関係である。
（一一頁）

「表現されなかったことを」は後段の「書いたところで」に掛かり、「いくら」は直下の「立派な」に掛かる。分岐点は「ところで」だろう。

↓その作品に表現されなかったことを、いくら立派な理論で書いたところで（、）〔なくてもいい〕無関係である。

(b) しかしこれが小説の文章として完成したのは自然主義文学を通って、漸く志賀直哉氏、武者小路実篤氏の文学においてであったといえるのである。（二五頁）

「完成したのは……通って」と読んでしまう。「完成したのは」は後段の「であった」に掛かり、「自然主義文学を通って」は中途の「志賀直哉氏、武者小路実篤氏の文学において」に掛かるから、この切り方は不適切だろう。

↓しかしこれが小説の文章として完成したのは、「自然主義文学を通って、……

(c) 反面また人は文章の修業を、己の血肉を刻んで修得する他に方法なしとも思われる。(六二頁)

「反面……修業を」と読んでしまうから、意味が分りにくい。

「反面また」は文末の「思われる」に掛かり、「修業を」は中途の「修得する」に掛かる。

↓反面また、「人は文章の修業を、己の血肉を刻んで修得する他に方法なしとも思われる。

(d) たとえば宇野浩二氏の文章は「文語」の型を大胆に破って、一種の新しい「口語」を発見したという点だけでも永久に残るものであろう。(六九頁)

「宇野浩二氏の文章は」は文末の「永久に残るもの」に掛かり、「破って」は中途の「発見した」に掛かる。

↓たとえば宇野浩二氏の文章は、｜「文語」の型を大胆に破って、……

(e) 到頭私はソシアル・ダンスと紅い文字が出てゐる、横に長い電燈を見つけることが出来た。（八一頁。徳田秋声「町の踊り場」）

↓到頭私は、｜ソシアル・ダンスと紅い文字が出てゐる、横に長い電燈を見つけることが出来た。

「私は……出てゐる」と読んでしまう。「到頭私は」は文末の「見つけることが出来た」に掛かり、「出てゐる」は、直下の「横に長い」と同格で「電燈」に掛かる。

(f) 同時に一歩あやまれば救いがたい、饒舌文、美文の危険を持つのである。（八五頁）

「あやまれば」は文末の「持つ」に掛かり、「救いがたい」は直下の「饒舌文」に掛かるか、あるいは「饒舌文」「美文」と同格で中途の「危険」に掛かる。

↓同時に一歩あやまれば、｜救いがたい、……

【B】

(a) その作者がこれは、いつ、いかなる芸術的意図をもって着手され、いかなる新しい手法によって何を表現したかを、くわしく説明したところで、……説明はあくまで、作品に表現されたことだけの説明でしかあり得ない。(一一頁)

「その作者が」は後段の「くわしく説明」に掛かり、「これは」は中途の「着手され、……表現した」に掛かるから、この切り方はよくない。これでは、「作者がこれは」と読んでしまうから、理解を妨げるのである。

↓その作者が、これは、いつ、いかなる芸術的意図をもって……

(b) 私は戦後作家と自称する、一群の若い作家の文章を否定するものではない。(三四頁)

「私は……自称する」と読んでしまう。「私は」は文末の「否定するものではない」に掛かり、「自称する」は直下の「一群の若い」と同格で「作家」に掛かる。また、分岐点は「文章を」だろう。

⑵ 川端康成『新文章読本』

↓私は、┐戦後作家と自称する一群の若い作家の文章を、┐否定するものではない。

(c) そこは賑やかな広小路の通から、┐少し裏へ入った或路次のなかの小さい平家で、つい其向前には男の知合の家があつた。（四二頁。徳田秋声「爛」）

↓そこは、┐賑やかな広小路の通から少し裏へ入った或路次のなかの小さい平家で、……

「そこは」は後段の「平家で」に掛かり、「通から」は中途の「入った」に掛かる。

(d) これは氏が、一つの言葉の下に何とか対象をねじ伏せ得ての一つの終点を示すものに他ならなかった。（五九頁）

↓これは、┐氏が、一つの言葉……

「これは」は末尾の「示すもの」に掛かり、「氏が」は中途の「ねじ伏せ得て」に掛かる。

(e) 私はその踊り場が、この市の唯一のダダイストである塑像家M――氏の経営　……に係るものだことを、昨日坊さんから聞いてゐたので、その点もいくらか興味があった。（八一頁。

徳田秋声「町の踊り場」）

「私は」は、末尾の「聞いてゐたので」「興味があった」に掛かり、「踊り場が」は中途の「係る」に掛かるから、この切り方は不適切だろう。

↓私は、┐その踊り場が、この市の唯一のダダイストである塑像家Ｍ——氏の経営　……に係るものであることを、……

(f) 上総やは是が非でもマリを、今夜のうちに港ホテルへつれて行かなければならないと言ひ張つた。（九三頁。佐藤春夫「売笑婦マリ」）

「上総やは」文末の「言ひ張つた」に掛かり、「マリを」は中途の「つれて行かなければ」にかかるから、

↓上総やは、┐是が非でもマリを、今夜のうちに……

(g) 彼は師匠の魂が虚夢の生死を超越して、┐常住涅槃の宝土に還つたのを喜んでもゐるのであらうか。（九六頁。芥川龍之介「枯野抄」）

「彼は……超越して」と読んでしまう。「彼は」は文末の「喜んでもゐる」に掛かり、「超越して」は中途の「還つた」のみに掛かる。

↓彼は、｜師匠の魂が虚夢の生死を超越して常住涅槃の宝土に還つたのを喜んでもゐるのであらうか。

(h) 彼は当時非常に詭弁が盛んであって、真理を誣い道徳を紊していた風潮を嘆き、弁舌により真理を明かにする正しい修辞学を起そうとしたのでした。(一四〇頁)

「彼は……盛んであって」と読んでしまう。「彼は」は「嘆き」「起そうとした」に掛かり、「盛んであって」は直下の「真理を誣い道徳を紊していた」と同格で「風潮」に掛かる。

↓彼は、｜当時非常に詭弁が盛んであって、……

(i) 川端康成は実際に作品を読んでごらんなさい、そうすればそういう無責任な言い方はできないはずだと、言い続けた。(二〇二頁。解説)

「川端康成は……読んでごらんなさい」と読んでしまう。

「川端康成は」は文末の「言い続けた」に掛かり、「ごらんなさい」は中途の「できないはずだ」と同格で、「と」に掛かる。

↓川端康成は、実際に作品を読んでごらんなさい、……。


【C】

(a) かつて新感覚派が、新しい文章創立へとはげしく叫んだよりも更にはげしい風が今日吹く。（二八頁）
この文の主語は「新感覚派が」ではなく「風が」で、文章の節目もここにあるから、
↓かつて新感覚派が新しい文章創立へとはげしく叫んだよりも更にはげしい風が、今日吹く。

(b) 文語体は、もはや今日の死後〔ママ。死語？〕であろうとも、そこに芽ばえ、そこに大成した、音感的効果と視覚的効果はやはり今日も一つの問題を生む。（三一頁）
この文の節目は「視覚的効果は」だから、ここに「、」が欲しい。逆に「文語体は」は直後の

「死語？」のみに掛かるから、「、」はなくていい。

↓文語体はもはや今日の死語、であろうとも、そこに芽ばえ、そこに大成した、音感的効果と視覚的効果は、┐やはり今日も一つの問題を生む。

【D】

この本は、全般的に、無用な、理解を妨げる「、」が極めて多い。

⒜ 個々の文章については、┐後章に述べるが、こうした意味からも、昔の美文は、第一歩に於て、┐生命を失い、一種の装飾化しているといえよう。（一一三頁）

「文章については」は直下の「後章に述べる」のみに掛かり、以後の文節には及んでいない。「第一歩に於て」も同様である。従って、これらの「、」は、文章理解を妨げる役割しか果たさない。

↓個々の文章については後章に述べるが、こうした意味からも、昔の美文は、第一歩に於て生命を失い、一種の装飾化しているといえよう。

⒝ 志賀氏の文章を、┐理性の詩とすれば、情緒の詩は久保田万太郎氏の文章であろう。（七〇頁）

「志賀氏の文章を」は直下の「理性の詩とすれば」のみに掛かり、後段には及ばない。しかも、後半は「情緒の詩は久保田万太郎氏の文章」と切れ目なく綴っている。一方に「、」を付し一方に「、」を付さないのは、均衡を欠く文であろう（これは原則Ｆにも関わる）。

↓志賀氏の文章を理性の詩とすれば、……

(c)永井荷風氏に較べると、時々言葉が┒咽にひっかかるけれども、それだけにまた切情を写している。（九一頁）

「言葉が」は直下の「咽にひっかかる」のみに掛かるのだが、ここに「、」があると、どこに掛かるのかを最後まで探さなければならない。

↓永井荷風氏に較べると、時々言葉が咽にひっかかるけれども、……

(d)するとこの時、去来の後の席に、┒黙然と頭を垂れてゐた丈艸は、あの老実な禅客の丈艸は、……安らかな心もちとが、徐に心の中へ流れこんで来るのを感じ出した。（九六頁。芥川龍之介「枯野抄」）

「後の席に」は直下の「頭を垂れてゐた」のみに掛かるのに、この「、」のためにどこまで掛かるかを探すことになる。

↓去来の後の席に黙然と……

(e) 彼はこの恍惚たる悲しい喜びの中に、菩提樹の念珠をつまぐりながら、周囲にすすり泣く門弟たちも、┓眼底を払つて去つた如く、唇頭にかすかな笑を浮べて、恭しく臨終の芭蕉に礼拝した。（九六－九七頁。芥川）

「門弟たちも……礼拝した」と読んでしまう。よくよく目を凝らして繰り返し読むと、「門弟たちも……去った」「彼は……礼拝した」という続き具合なのだろうと思い至る。そうであれば、

↓……周囲にすすり泣く門弟たちも眼底を払つて去つた如く、

(f) 同じく、┓頗る漢語にたよることの多い文章でありながら、菊池寛氏のそれが、┓あくまで平明、新鮮、柔軟で、┓具象的であるのと対比して好個の対称であろう。（九七頁）

「同じく」「菊池寛氏のそれが」がそれぞれどこに掛かるのか、考え込んでしまう。また、この文の節目は「対比して」だろう。とすれば、次のようにして欲しい。

↓同じく頗る漢語にたよることの多い文章でありながら、菊池寛氏のそれがあくまで平明、新鮮、柔軟で具象的であるのと対比して┐好個の対称であろう。

(g)そのくせ二階の自分の部屋に上るのがいやなので、下で妻や┐喜久子を相手に遊んでゐるが、しかし仕事が気になつた。（一〇四頁。武者小路実篤「或る男」）

「妻や」がどこに掛かるか、探してしまう。直下の「喜久子」のみに掛かるようだから、この「、」はない方がいい。

↓……下で妻や喜久子を相手に遊んでゐるが、しかし……

(h)大別すれば、短いセンテンスによる┐省略法的な文章は┐短編小説に適するようで、志賀直哉氏、久保田万太郎氏らの文章文体がそれである。（一一八頁）

これも、直下にしか続かない文節に「、」を付すと理解しにくくなる例のように思える。

↓大別すれば、短いセンテンスによる省略法的な文章は短編小説に適するようで、……

(i) 傑れた作家は、⌉独自の文章と独自の文体を持つとは、前にしばしばのべて来たところであるが、また一人の作家の生涯を通じても似たことがいえそうである。（一二五頁）

「傑れた作家は」はどこまで掛かるのか探してしまうが、直下の文節の「文体を持つ」のみに掛かるようだ。とすれば、左記のように「、」はとる方がいい。

↓傑れた作家は独自の文章と独自の文体を持つとは、……

(j) 十一谷氏は最近明かに、日常生活的のものから、⌉超越しようと努めている。（一六二頁）

この、後の「、」もなくもがな。

↓……日常生活的のものから超越しようと努めている。

(k) 江戸文学の伝統のいちじるしい作家たちほど、文章のことで、⌉反俗の精神に立っているの

は、伝統と文章との関係を示すものであろうか。(一七四頁)

「文章のことで」がどこに掛かるか、探してしまう。直後の「立っている」のみに掛かるから、「、」はとって欲しい。

↓江戸文学の伝統のいちじるしい作家たちほど、文章のことで反俗の精神に立っているのは、伝統と文章との関係を示すものであろうか。

【E】

(a) 意識しての「手品」はまだ悲劇の要素は少ないかも知れぬ。がより大きな悲劇は作者自らも自己のものを「ごまかし」とは思わず「本物」と思っている場合なのだ。(六七頁)

この作者にしては不似合と思えるほど「、」を避け、長い文節になっている。二つ目の文章は分岐点で切った方が理解しやすい。

↓がより大きな悲劇は、作者自らも自己のものを……

(b) 或る日私は仕事場で仕事をしてゐると主婦が来て主人が地金を買ひにいくのだから私も一

緒について行つて主人の金銭を絶えず私が持つてゐてくれるやうにと云ふ。それは主人は金銭を持つと殆ど必ず途中で落して了ふので主婦の気遣ひは主人に金銭を渡さぬことが第一であつたのだ。（一〇六頁。横光利一「機械」）

前段の「私は」、後段の「それは」を受けることばがないことについては、別項で論じた。ここでは、「、」が全くないための読みにくさを指摘したい。

↓或る日私が、仕事場で仕事をしてゐると主婦が来て、主人が地金を買ひにいくのだから私も一緒について行つて主人の金銭を絶えず私が持つてゐてくれるやうに、と云ふ。それは、主人は金銭を持つと殆ど必ず途中で落して了ふので、主婦の気遣ひは主人に金銭を渡さぬことが第一だという事情があつたのだ。

【G】

(a) 性急で、無味乾燥な、文章となれば、そこに詩魂も枯れ、空想の翼も折れるであろう。
（一一八頁）

「性急で、無味乾燥な」と「文章」とが切り離されてしまっているから、この「文章」は文章一般かと思ってしまう。「、」が過度に使われると理解を妨げる典型のように思える。

↓性急で無味乾燥な文章となれば、そこに詩魂も枯れ、空想の翼も折れるであろう。

(b) 井伏鱒二氏と堀辰雄氏とは、対照しておもしろい「典型であるかもしれない。丹羽文雄氏の文章も小説の表現として弾力に富む「典型である。大岡昇平氏や三島由紀夫氏の文章も、いずれ新な典型となるにちがいない。（一七一頁）

「典型」は、それぞれ直前の文節で規定された「典型」のはずなのに、このようにその規定と切り離してしまうと、「典型」一般であるかのように読めてしまう。三番目はちゃんと「新たな典型」としているのに、前の二つはなぜ「、」で切ってしまったのだろうか。左記のようにして欲しいところ。

↓井伏鱒二氏と堀辰雄氏とは、対照しておもしろい典型であるかもしれない。丹羽文雄氏の文章も小説の表現として弾力に富む典型である。

⑶ 共同通信社『記者ハンドブック』

【C】

(a) ……差別の観念を表す言葉、言い回しは当事者にとって重大な侮辱、精神的な苦痛、あるいは差別、いじめにつながるので使用しない。（五一六頁）

この文の「主格」は「……言葉、言い回しは」で、ここに文の大きな分岐点があるから、左記のようにここで切った方が分りやすい。

↓差別の観念を表す言葉、言い回しは、当事者にとって重大な侮辱、精神的な苦痛、あるいは差別、いじめにつながるので使用しない。

(b) 法律の規定がある場合や、書かれる人の名誉やプライバシーを傷つける恐れのある場合は例外的に匿名とする。（五六〇頁）

この文章の主要な分岐点は、前段の「場合や」より後段の「場合は」だろう。前段に「、」を打つなら、後段には余計「、」が求められる。
↓法律の規定がある場合や、書かれる人の名誉やプライバシーを傷つける恐れのある場合は、
例外的に匿名とする。
(c)精神障害の疑いがあり、刑事責任能力がないと判断される場合は容疑者について匿名とする。(五六〇－五六一頁)
「疑いがあり」は直下の「能力がない」と同格で次の「と判断される」に掛かるから、ここには「、」はなくてもいい。主要分岐点は「場合は」であろう。

↓精神障害の疑いがあり(、)刑事責任能力がないと判断される場合は、容疑者について匿名とする。
(d)匿名や呼称で問題になりそうな場合や、共同通信の判断を知らせる必要のある場合はできるだけ……理由を説明する。(五六一－五六二頁)
右記二例と同様、主要分岐点は「場合は」だろう。

⑶ 共同通信社『記者ハンドブック』

↓匿名や呼称で問題になりそうな場合や、共同通信の判断を知らせる必要のある場合は、できるだけ……理由を説明する。

(e) 住所と勤務先所在地が紛らわしいときや、住所を最初に書くと都合の悪い場合は「姓名（敬称）―　年齢」の後に「＝」を付けて住所を書く。（五六三頁）

これも同様。

↓……紛らわしいときや、住所を最初に書くと都合の悪い場合は、「姓名…」を付けて住所を書く。

【D】

(a) 平仮名では埋没して読みにくいものや、「イメージが浮かばないものは片仮名書きをしてもよいが、乱用はしない。（五〇八頁）

「平仮名では」は次の文節の「イメージが浮かばないもの」にも掛かるから、この「、」はない方が分りやすい。「、」を打つとすれば、次のように、後者（分岐点でもある）の後だろう。

↓平仮名では埋没して読みにくいものやイメージが浮かばないものは、片仮名書きをしてもよいが、乱用はしない。

【E】

(a)地名を表す場合、「書き方の基本」の人種、身分、職業などの差別観念を表す語の書き換え要領に従って差別観念を与えないように注意する。（五五五－五五六頁）

「書き換え要領に従って差別観念を与え」てしまってはいけない、とも読めてしまう。これを防ぐには、「、」を付して「要領に従って」が「注意する」に掛かるように明示すればよい。

↓……差別観念を表す語の書き換え要領に従って、差別観念を与えないように注意する。

⑷ 三島由紀夫『文章読本』

【A】

(a) しかし依然としてリズールたることと、┐作家たることのあいだには才能というまか不思議な問題があり、……（一一頁）

「依然としてリズールたること」と読んでしまう。「依然として」は末尾の「問題があり」に掛かり、「リズールたること」は直下の「作家たること」と同格で、その直下の「の」に掛かるのだから、左記のようにして欲しい。

↓しかし依然として、┐リズールたることと作家たることのあいだには才能というまか不思議な問題があり、……

(b) そして男性はますます自分の感情を発見することよりも、┐古代の外来文化のもたらした諸概念に身を縛ることの方に、むしろ積極的な喜びを見出しました。（一七頁）

「ますます……発見する」と読めてしまう。「ますます」は文末の「喜びを見出しました」に掛かり、「ことよりも」は直後の文節の「ことの方に」に掛かる。

↓そして男性はますます⌉自分の感情を発見することよりも古代の外来文化のもたらした諸概念に身を縛ることの方に、むしろ積極的な喜びを見出しました。

(c) そこで日本文学には抽象概念の有効な作用である構成力だとか、途上人物の精神的な形成とか、そういうものに対する配慮が長らく見失われていました。（一八頁）

「日本文学には……構成力だとか」と読んでしまう。「日本文学には」は文末の「見失われていました」に掛かり、「構成力だとか」は直下の「途上人物の精神的な形成とか」と同格で、次の「そういうもの」に掛かる。

↓そこで日本文学には⌉抽象概念の有効な作用である構成力だとか、……

(d) 谷崎潤一郎氏が『盲目物語』で試みたような平がなばかりで⌉現代の小説の文体を作るということは、やはり不可能な、単なる復古的な試みにすぎません。（三〇頁）

「試みたような平がなばかり」と読んでしまうから、理解が難しくなる。「試みたような」は後段の「こと」に掛かり、「平がなばかりで」は中途の「作る」に掛かるから、左記の方が理解を助ける。

↓谷崎潤一郎氏が『盲目物語』で試みたような、平がなばかりで現代の小説の文体を作るということは、……

(e) もちろんその後も佐藤春夫氏や、三好達治氏のような古語を自由に駆使する詩人もあらわれたことはあらわれましたが。（三三頁）

「その後も佐藤春夫氏や」という文節がどこに掛かるのか分らない。「その後も」は末尾の「あらわれた」に掛かり、「佐藤春夫氏や」は直下の「三好達治氏」と同格で、次の「のような」に掛かる。

↓もちろんその後も、佐藤春夫氏や三好達治氏のような古語を自由に駆使する詩人……

(f) このみやびやかな雅文調のなかに、読者は十分に日本の風土と、日本の社会環境とはちがった、西洋の事物に対するエキゾチシズムを満足させられたのであります。（三三－三四頁）

まず、「読者は十分に」は後段の「満足させられた」に掛かり、「風土と」は直下の「日本の社会環境」と同格で、次の「とはちがった」に掛かるから、この切り方は不適切だろう。さらに、「……のなかに、……を満足させられた」という言い方はいかがなものだろうか。併せて、左記の方が正調日本語といえるのではなかろうか。

↓このみやびやかな雅文調のなかに、読者は十分に、日本の風土と日本の社会環境とはちがった、西洋の事物に対するエキゾチシズムを見出した（あるいは「満喫した」）のであります。

(g) われわれの言葉に対する考えでも安易な、すぐ建て直せるようなものがどこかにひそんでいます。（三五頁）

「考えでも安易な」と読んでしまう。「考えでも」は文末の「ひそんでいます」に掛かり、「安易な」は直下の「すぐ建て直せるような」と同格で次の「もの」に掛かる。

↓われわれの言葉に対する考えでも、安易な、すぐ建て直せるようなものがどこかにひそんでいます。

(4) 三島由紀夫『文章読本』

(h) 鷗外の文章は非常におしゃれな人が、非常に贅沢な着物をいかにも無造作に着こなして、そのおしゃれを人に見せない、……ような文章でありまして、……。（五二頁）

↓ 鷗外の文章は、⌉非常におしゃれな人が、……

「鷗外の文章は……おしゃれな人」と読んでしまう。「鷗外の文章は」はここに示した部分の文末の「文章でありまして」に掛かり、「おしゃれな人が」は中途の「着こなして」、「見せない」に掛かる。

(i) そうして彼の精神は汲みたての水を入れた鉢という物象を目の前にありありと見、手にとって眺めるような力で見るのでなければ、見る値打がないと感じました。（五四頁）

「彼の精神は……ありありと見」と読んでしまうから、あとどこに続くのか分らなくなってしまう。「彼の精神は」は文末の「感じました」に掛かり、「ありありと見」は中途の「見る」と同格で「のでなければ」に掛かるのだろう。

↓ そうして彼の精神は、⌉汲みたての水を入れた鉢……

(j)日本の読者には後半の法廷シーンにおける┓長い裁判の弁論のごときは小説のなかでの会話的部分として、もっとも耳慣れないものでありましょう。（八七頁）

「日本の読者には」は文末の「耳慣れないもの」に掛かり、「法廷シーンにおける」は直下の「長い裁判の」と同格で次の「弁論」に掛かる。また、この文の最大の節目（分岐点）は「ごときは」だろう。

↓日本の読者には、┓後半の法廷シーンにおける長い裁判の弁論のごときは、┓小説のなかでの会話的部分として、もっとも耳慣れないものでありましょう。

(k)しかし日本の評論家は日本語の非論理的性質と、また対象の貧しさとによって、深い知的孤独を味わわなければなりませんでした。（一一〇頁）

「評論家は」は文末の「味わわなければ」に掛かり、「非論理的性質と」は直下の「対象の貧しさ」と同格でその後の「によって」に掛かる。

↓しかし日本の評論家は、┓日本語の非論理的性質と、……

⑷ 三島由紀夫『文章読本』

⑴　現に日本でも翻訳の初期時代には多少の誤訳があっても、如何にも日本語らしい雅文体や漢文まじりの文章で、┐日本人好みに訳されたものが歓迎されていました。（一一七頁）

「初期時代には誤訳があっても……歓迎された」と読んでしまうが、子細に検討すれば、「初期時代には」は文末の「歓迎されていました」に掛かり、「誤訳があっても」は中途の「日本人好みに訳された」に掛かるらしいことに気付く。また、「ものが」が明らかな分岐点になっている。

↓現に日本でも翻訳の初期時代には、┐多少の誤訳があっても、如何にも日本語らしい雅文体や漢文まじりの文章で日本人好みに訳されたものが、┐歓迎されていました。

⒨　しかしこれは何とも言えないのであって、私は自分の経験からも外国の出版社や読者が、如何に英語としての訳文の美しさを重んずるかを知るに至りました。（一一七－一一八頁）

「経験からも外国の出版社や読者が」を一つの〝かたまり〟と見てしまう。しかし実際には、「経験からも」は文末の「知るに至りました」に掛かり、「出版社や読者が」は中途の「重んずる」に掛かるから、左記が望ましい。

↓……私は自分の経験からも、┐外国の出版社や読者が、……

(n) 外国の秀れた作家たちを自分の不思議な文学癖というよりも、青くさい文学癖、同人雑誌流の嫌味な文学趣味やキザな言葉遣いなどで歪めて汚してしまうのであります。（一二一頁）

「作家たちを……文学癖というよりも」と読めるから、考え込んでしまう。

「作家たちを」は末尾の「歪めて汚してしまう」に掛かり、「文学癖というよりも」は直後の「青くさい文学癖」などと同格で中途の「など」に掛かる。

↓外国の秀れた作家たちを、⌉自分の不思議な文学癖というよりも、青くさい文学癖、……

(o) 堀辰雄氏の『美しい村』は人物が自然の陰に、ちょうど赤い木の実が葉むらの陰に見えかくれするように見えかくれしている不思議な小説でありまして、……。（一五一頁）

「『美しい村』は……陰に」と読んでしまう。

「『美しい村』は」はこの部分の文末の「不思議な小説」に掛かり、「陰に」は中途の「見えかくれするように見えかくれしている」に掛かる。

↓堀辰雄氏の『美しい村』は、⌉人物が自然の陰に、……

(p) 子供の文章は表現の奇抜さと、感覚のどきりとするような生々しさと、一種のデフォーメーションの面白さによって人々の注意をひきます。（二一二頁）

「子供の文章は」は文末の「注意をひきます」に掛かり、「奇抜さと」は中途の「生々しさと」、「面白さ」と同格で、次の「によって」に掛かる。また、「によって」の方が分岐点としては二つの「と」より重要だろう。

↓子供の文章は、表現の奇抜さと、感覚のどきりとするような生々しさと、一種のデフォーメーションの面白さによって、人々の注意をひきます。

(q) 自らの執筆意図はいままで前者〔普通読者〕であった人々を後者〔精読者〕、「ほんとうに小説の世界を実在するものとして生きて行くほど、小説を深く味わう読者」に導くことにあると宣言する。（二三〇頁。解説）

「自らの執筆意図は……後者」と読んでしまうから、目は虚空をさまようことになる。「自らの執筆意図は」はこの部分の末尾の「導くことにある」に掛かり、「後者」は直後の「味わう読者」と同格で「に」に掛かる。

↓自らの執筆意図は、｜いままで前者……

【B】

(a) これがリズールたる素質を持ちながら、｜リズールたることを拒絶する型でありまして、……（一一頁）

「これが……持ちながら」と読めてしまう。「これが」は末尾の「型でありまして」に掛かり、「持ちながら」は中途の「拒絶する」に掛かるから、この切り方が理解を妨げる。

↓これが、｜リズールたる素質を持ちながらリズールたることを拒絶する型でありまして、……

(b) 文章は公共的機能と、｜私的機能との両方の側面を持っておりました。（一六頁）

「文章は」は文末の「持っておりました」に掛かる。「公共的機能と」は直下の「私的機能と」と同格でその後の「の」に掛かるから、「、」は要らない。

↓文章は、┐公共的機能と私的機能との両方の側面を持っておりました。

(c) 私も根本的に言って、日本では散文と韻文とを、それほど区別する必要はないと思っています。（二六頁）

「私も根本的に言う」意味にとれてしまう。「私も」は文末の「思っています」に掛かり、「根本的に言って」は中途の「区別する必要はない」に掛かる。

↓私も、┐根本的に言って、日本では散文と韻文とを、それほど区別する必要はないと思っています。

(d) 私には建物の構造と、歴史的事物の耐久性のなさと大いに関係があると思われます。（三五頁）

「私には」は文末の「思われます」に掛かり、「建物の構造と」は直下の「歴史的事物の耐久性のなさ」と同格でつぎの「と（に）」に掛かる。

↓私には、┐建物の構造と、歴史的事物の耐久性のなさと大いに関係があると思われます。

(e) 皆さんは終戦後のマッカーサー憲法の直訳である、あの不思議な英語の直訳の憲法を覚えておいでになると思います。(三六頁)

「皆さんは……直訳である」と読んでしまう。「皆さんは」は後段の「覚えておいでになる」に掛かり、「直訳である」は直後の「英語の直訳の」と同格で次の「憲法」に掛かる。

↓皆さんは、終戦後のマッカーサー憲法の直訳である、……

(f) 私は大衆に愛好されている、むしろ熱狂されている作家たちの文章のなかに、実に下卑た悪文の数々を見出すことができるのであります。(四六頁)

「私は大衆に愛好されている」と読んでしまう。「私は」は文末の「見出すことができる」に掛かり、「愛好されている」は直下の「愛好されている」と同格で次の「作家たち」に掛かる。「熱狂される」という日本語は、格調高い日本語と言えるのだろうか。「下卑た悪文」の実例を示そうとしたのだろうか。

併せて左記のようにしたらどうだろうか。

↓私は㆑大衆に愛好されている、むしろ熱狂的に迎え入れられている作家たちの文章のなかに、実に下卑た悪文の数々を見出すことができるのであります。

(g) 私はいま北欧の作家ヤコブセンの『モーゲンス』などに見られる、突然落ちかかる雨の描写などに、日本的な自然描写に似たものを感ずるのであります。（一四七頁）

「私は……見られる」と読んでしまう。
「私はいま」は文末の「感ずる」に掛かり、「見られる」は直後の「描写」に掛かる。
↓私はいま㆑北欧の作家ヤコブセンの……

(h) われわれは江戸時代の人情本のように二流文学や、一例が為永春水の小説とか、そういうもののなかにも遊蕩児の心理の研究によって、一つの不変の真理を発見することができます。（一五五頁）

「われわれは……二流文学や」と読んでしまう。「われわれは」は文末の「発見する」に掛かり、「二流文学や」は中途の「そういうもの」に掛かる。

↓われわれは、┐江戸時代の人情本のような二流文学や、……

(i)私は最も迅速なスピードをもった文章は┐ジャン・コクトオの『山師トマ』と『大股びらき』の文章ではないかと思いますが、……（一八八頁）

「私は」はこの部分の文末の「思います」に掛かり、「文章は」は中途の「文章ではないか」に掛かる。

↓私は、┐最も迅速なスピードをもった文章はジャン・コクトオの『山師トマ』と『大股びらき』の文章ではないかと思いますが、……

(j)ですからユーモアには高級なユーモアから┐低級なユーモアまでありますが、人を怒らせることがありません。（二一八頁）

「ですから」は文末の「ありません」に掛かり、「高級なユーモアから」は直下の「低級なユーモアまで」のみに掛かる。また、「ユーモアには」は中途の「あります」に掛かる。従って、「ユーモアから」で切るのは、適切でない。

↓ですから、┐ユーモアには高級なユーモアから低級なユーモアまでありますが、人を怒らせることがありません。

(k) 諷刺とはものを偏見のない目で、そうしてなんら成心なしに眺め直したときに生ずるグロテスクな効果をねらったもので、（二一八頁）

「諷刺とは」はこの部分の文末の「効果をねらったもの」に掛かり、「偏見のない目で」は直後の「成心なしに」と同格でその後の「眺め直した」に掛かる。従って、ここでは「諷刺とは」を切り離して欲しい。二一九頁（三行あと）では、このような構文で「諷刺とは、」と書いている。

↓諷刺とは、┐ものを偏見のない目で、……

【C】

(a) やはり実用的文章と、┐感傷的文章とはどこかでおのずからジャンルが分れているのであります。（九頁）

「やはり」は文末の「分れている」に掛かり、「実用的文章と」は直下の「感傷的文章と」と同格でその後の「は」に掛かるから、このような切り方は理解を妨げる。分岐点は「感傷的文章とは」だろう。

↓やはり、┐実用的文章と感傷的文章とは、┐どこかでおのずからジャンルが分れているのであります

(b)というのは一度翻訳された概念が、当時はまだ高級な哲学的思考に限局されて使われていたものが、┐次第に通俗化してわれわれの生活そのものが輸入概念に従わされるようになってきたからであります。(三八頁)

「というのは」は文末の「からであります」に掛かり、「概念が」は中途の「限局されて使われていた」、「通俗化して」に掛かる。「使われていたものが」は直後の「通俗化して」に掛かる。分岐点は「通俗化して」だろう。

↓というのは、┐一度翻訳された概念が、当時はまだ高級な哲学的思考に限局されて使われていたものが次第に通俗化して、┐われわれの生活そのものが輸入概念に従わされるようになってきたからであります。

(4) 三島由紀夫『文章読本』

(c) この闇が┐リョウマチ性の頭痛に悩んでいるのを治してやると坊主がいう。（五一頁）

「闇が」は文末の「いう」に掛かるように読めるから、理解に苦しむ。

「闇が」は中途の「悩んでいる」に掛かるのだし、この文の切れ目は「やると」だろう。左記の方が理解しやすい。

↓この闇がリョウマチ性の頭痛に悩んでいるのを治してやると、┐坊主がいう。

あるいは、

↓この闇がリョウマチ性の頭痛に悩んでいるのを治してやる、┐と坊主がいう。

(d) もしみなさんがそこらの大衆小説をひもといて┐こういう個所を読めば多くは次のような文章で書かれています。（五三頁）

「ひもといて」は直後の「読めば」のみに続くから、この「、」はなくてもいい。この文の切れ目は、むしろ「読めば」だろう。

↓もしみなさんがそこらの大衆小説をひもといて（、）こういう個所を読めば、┐多くは次のような文章で書かれています。

(e)　もはや日本文学の一つの宝として持ち出しても、不思議でないようなものこそ立派な翻訳文ということが言えるのであります。（一二〇頁）

↓もはや日本文学の一つの宝として持ち出しても不思議でないようなものこそ、立派な翻訳文ということが言えるのであります。

「持ち出しても」がどこに掛かるのか、探してしまう。直下の「不思議でない」に掛かるはずなのだが、それがすぐには分らないのである。また、この文の分岐点は「ものこそ」だろう。

(f)　それは人間の原始的な肉体力の修練の結果であり、昔は社会の目的意識にしたがって、戦争や闘争に使われていたエネルギーを抽象化したものだからであります。（一七二頁）

「したがって」は直後の「使われていた」のみに掛かるのだから、この「、」はむしろ理解を妨げる。「したがって……抽象化したもの」と読んでしまうからである。また、「昔は」以下の文の重要な分岐点は「エネルギーを」だと思われる。

↓……昔は社会の目的意識にしたがって戦争や闘争に使われていたエネルギーを、抽象化したものだからであります。

(g) これについてはロンブローゾーがいろいろな天才の面白い、おかしいくせについて書いていますから引用しましょう。（二一六‐二一七頁）

「面白い」は直下の「おかしい」と同格で次の「くせ」に掛かるから、意味の上では「、」は不要なのだが、「面白いおかしい」ではどこで切ればいいのか見分けにくいから、「、」は止むを得ない。しかし、この文の最大に分岐点である「いますから」の後に「、」がないのは理解を妨げる。

↓これについてはロンブローゾーがいろいろな天才の面白い、おかしいくせについて書いていますから、｜引用しましょう。

【D】

(a) こういう知覚をもたないものが、｜明晰な文体を志すと必ず無味乾燥で、｜味気ないかさかさの文体に陥ります。（五五‐五六頁）

「ものが」は直後の「志す」のみに掛かり、「無味乾燥で」は直下の「味気ない」に掛かる。一方、「志すと」は文末の「陥ります」に掛かる。

また、この文の分岐点は「志すと」だろう。

↓こういう知覚をもたないものが明晰な文体を志すと、必ず無味乾燥で味気ないかさかさの文体に陥ります。

(5) 中村真一郎『文章読本』

【A】

(a) そして彼等は前代の、尾崎紅葉を中心とした、躍る文体の硯友社文学を否定するところから出発したのです。(三九頁)

「そして彼等は」は文末の「出発したのです」に掛かり、「前代の」は直下の「尾崎紅葉を中心とした」「躍る文体の」と同格で次の「硯友社文学」に掛かる。

↓そして彼等は˥前代の、尾崎紅葉を中心とした、躍る文体の硯友社文学を否定するところから出発したのです。

(b) そうして˥それは漱石の言語感覚が自分の持って生まれた˥生きた日常語の上に根差していることが、その原因です。(九〇頁)

「そうして」も「それは」も文末の「原因です」に掛かるから、この間に「、」は要らない。問題は、「それは……持って生まれた」と読めてしまうことである。「それは」が文末に掛かり、「持って生まれた」は直下の「生きた」と同格で「日常語」に掛かる。しかも、「言語感覚が」は後段の「根差している」に掛かるのに、「持って生まれた」はいま述べたように直後に掛かる。二重の意味でこの「、」は不適切なのである。左記のようにすれば誤読は生じない。また、「その」はなくていい。

↓そうしてそれは、漱石の言語感覚が自分の持って生まれた生きた日常語の上に根差していることが、（その）原因です。

(c) あなた方も自分の書く文章は、自分の鏡であることを、忘れずにいて下さい。（一三三頁）

「あなた方も」は文末の「忘れずにいて下さい」に掛かり、「文章は」は直下の「自分の鏡」のみに掛かる。

↓あなた方も、自分の書く文章は自分の鏡であることを、忘れずにいて下さい。

(d) ここでは標準語に比べて、はるかに伝統的な云い廻しの残っている関西方言の話し言葉をそのまま、文字に写してみることで、表現の領域の拡大を試みているわけです。（一四九頁）

「ここでは」文末の「試みている」に掛かり、「比べて」は直下の「はるかに伝統的な」のみに、また「そのまま」も直下の「文字に写してみる」のみに掛かる。

↓ここでは、┐標準語に比べてはるかに伝統的な云い廻しの残っている関西方言の話し言葉をそのまま文字に写してみることで、表現の領域の拡大を試みているわけです。

(e)白秋はそれ自身、┐一篇の詩であるようなこうした内容ばかりでなく、たとえば評論のような文章にも、平然と同様な文体を採用してみせました。（一六五頁）

「白秋はそれ自身」は「白秋自身」の間違いかと思ったが、そうではなく、「それ自身、一篇の詩」と続くはずの文章と分った。左記のようにすれば誤読せずに済む。

↓白秋は、┐それ自身一篇の詩であるようなこうした内容ばかりでなく、……

(f)これは政治経済の領域だけでなく、芸術の分野にも伝統的な古い形式を破壊し、┐新しい表現を確立しようという運動となって、各国に爆発的に現れました。（一七三頁）

「芸術の分野にも……破壊し」と読んでしまう。

↓……芸術の分野にも（でも？）、⌝伝統的な古い形式を破壊し新しい表現を確立しようという運動となって、各国に爆発的に現れました。

(g) これは明らかに前代の、⌝客観的観察による描写と云うものとは異なった、特殊に主観的な表現です。（二七七頁）

「これは」は文末の「表現です」に掛かり、「前代の」は直下の「客観的観察による描写」に掛かる。「明らかに」も文末の「表現です」に掛かるのであれば、

↓これは明らかに、⌝前代の客観的観察による描写と云うものとは異なった、特殊に主観的な表現です。

「明らかに」が中段の「異なった」に掛かるのであれば、（原文ではどちらなのか分からない）

↓これは、⌝明らかに前代の客観的観察による描写というものとは異なった、特殊に主観的な表現です。

【A－2】引用された作家の文章

(a) この小さな抒情小曲集に歌はれた私の十五歳以前のLifeはいかにも幼稚な柔順《おとな》しい、然し飾気のない、時としては淫婦の手を恐るゝ赤い石竹の花のやうに無智であった。（一六五頁。北原白秋「わが生ひたち」）

「Lifeは」は文末の「無智であった」に掛かり、「柔順しい」は次の二つの文節と同格で中途の「赤い石竹の花」に掛かる。さらに厳密にいえば、「柔順しい（連体形）……飾気のない（連体形）……花のやうに（連用形）無智であった」は正しい「受け」になっていない。

左記なら、「柔順しい……飾気のない……無智な」が「もの」に掛かって一貫性のある文になる。

↓この小さな抒情小曲集に歌はれた私の十五歳以前のLifeは⌝いかにも幼稚な柔順しい、然し飾気のない、時としては淫婦の手を恐るゝ赤い石竹の花のやうに無智なものであった。

【B】

(a) ところで考えながら⌝それを口に出して云えば、話すということになります。（八頁）

「ところで」は文末の「ということになります」に掛かり、「考えながら」は直後の「口に出して云えば」に掛かるから、この切り方はむしろ逆で、左記が望ましい。

↓ところで、考えながらそれを口に出して云えば、話すということになります。

(b) それはもとの日本語の考え、またその表現でもある文章が、論理的に構成されているからです。（九頁）

「それは」は文末の「構成されているからです」に掛かり、「日本語の考え」は直後の「その表現でもある文章」と同格で「が」に掛かる。

↓それは、もとの日本語の考え、またその表現でもある文章が、論理的に構成されているからです。

(c) これは自然主義の散文が、あらゆる古典的連想を断ち切ろうとしたのと、正反対の行き方です。（五一頁）

「これは」は文末の「行き方です」に掛かり、「散文が」は直後の「断ち切ろうとした」のみに掛かるから、「、」の位置を逆にした方が理解しやすい。

↓これは、⌉自然主義の散文があらゆる古典的連想を断ち切ろうとしたのと、正反対の行き方です。

(d) 独歩はこうした自然の美は、⌉日本の伝統的文学には見られなかったと記しているわけですが、……（一一二頁）

↓独歩は、⌉こうした自然の美は日本の伝統的文学には見られなかったと記しているわけですが、……

「独歩は」は後段の「記している」に掛かり、「自然の美は」はその前の「見られなかった」に掛かるから、これも「、」の位置が逆である。

(e) それは「矢張り想像は駄目だ」と云って、ただひたすら事実だけを書こうとした花袋の描写万能主義の見本のような文章でした。（一一五頁）

「それは……と云って」と読んでしまう。「それは」は文末の「文章でした」に掛かり、「と云って」は中途の「書こうとした」に掛かる。分岐点は「云って」よりむしろ「万能主義の」だろう。

↓それは、「「矢張り想像は駄目だ」と云って（、）ただひたすら事実だけを書こうとした花袋の描写万能主義の（、）見本のような文章でした。

(f)これは東京の日本家屋のなかの、「坐り机のうえで洋書を読んで、西洋の文章、小説の描写などを研究していた人たちとは、全く異なった出発点です。（一三一頁）

「これは……なかの」と読んでしまう。「これは」は文末の「出発点です」に掛かり、「なかの」は直下の「坐り机」に掛かる。直下のみに掛かる場合は、通常「、」はない方が読みやすい。

↓これは、「東京の日本家屋のなかの坐り机のうえで洋書を読んで、西洋の文章、小説の描写などを研究していた人たちとは、全く異なった出発点です。

(g)その古典が今、目のまえに生れたばかりのように感じさせる新鮮な効果がありました。（一七二頁）

「その古典が今……効果がありました」と読んでしまう。「効果がありました」に続くのは「その古典が」であって「今」は直下の「目のまえに生れた」に掛かる、と考えなければ、意味をなさない。ただ、「今目」と続ければ混乱が生じるから、「今」と「目のまえ」とは離しておく必要がある。分岐点は「感じさせる」。

↓その古典が、┐今、目のまえに生れたばかりのように感じさせる、┐新鮮な効果がありました。

(h) それが普通、文学者のあいだでは暗黙の了解事項として改めて問題にされない文章の基本的な要素そのものを考え直すことになって、かえって幸いでした。（二一四頁）

「それが普通……問題にされない」と読んでしまう。「それが」は文末の「かえって幸い」に掛かり、「普通」は中途の「問題にされない」に掛かる。

↓それが、┐普通、文学者のあいだでは暗黙の了解事項として改めて問題にされない文章の基本的な要素そのものを考え直すことになって、かえって幸いでした。

著者・中村氏は文章劈頭《へきとう》の短い文節には「、」を付さないという原則を持っているのかというと、そうではない。例えば次のような例がある。

①当時、横光〔利一〕の最も典型的な「新感覚派」的な文章として、評判になったのは、『頭ならびに腹』という、表題からして従来の日本語の常識を無視した作品の書き出しでした。（一八二頁）

ここは、「当時」も「文章として」もともに次の「評判になった」に掛かるから、「、」は不要なのだが、なぜか敢えて「当時、」と切っている。

さらにこの文は、「という」の後に「、」があるために、『頭ならびに腹』という表題」でなく、「『頭ならびに腹』という……書き出し」と読んでしまう。それに、「評判になったのは、……書き出しでした」とはっきり分るようにした方がよかろう。

↓当時（、）横光の最も典型的な「新感覚派」的な文章として評判になったのは、『頭ならびに腹』という表題からして従来の日本語の常識を無視した作品の、書き出しでした。

②それは、ある状景を客観的に描写しているというより、そういう描写をしようとしている作者の気分そのものをも、状景に溶け合わせて表現しているので、**それは**文章というものの新しい機能の開拓であると云えるのです。（一八三頁）

冒頭の「それは」は後段の「表現している」に掛かり、文末の「開拓である」にも掛かるから、「、」が要る。それはいいのだが、後段の「それは」は蛇足ではなかろうか。

↓それは、ある状景を客観的に描写しているというより、そういう描写をしようとしている作者の気分そのものをも状景に溶け合わせて表現しているので、文章というものの新しい機能の開拓と云えるのです。

⑸ 中村真一郎『文章読本』

【B－2】引用された作家の文章

(a) 健三は其男の顔が彼の歩調につれて、┃少しづゝ動いて回るのに気が着いた位であつた。

（八七頁。夏目漱石『道草』）

「健三は」は後段の「気が着いた」に掛かり、「歩調につれて」は直下の「少しづゝ動いて」に掛かる。なお、今なら「づゝ」は「ずつ」だろう。

↓健三は、┃其男の顔が彼の歩調につれて少しづゝ動いて回るのに気が着いた位であつた。

(b) そして彼は先刻自分達の通つて来た、レールの縦横に敷かれた石畳の広場を帰って行くお栄と宮本の姿を漠然と想ひ浮べてゐた。（一三六頁。志賀直哉『暗夜行路』）

「そして彼は」は文末の「想ひ浮べてゐた」に掛かり、「通つて来た」は中途の「広場」に掛かる。

↓そして彼は、┐先刻自分達の通つて来た、レールの縦横に敷かれた石畳の広場を帰って行く
お栄と宮本の姿を漠然と想ひ浮べてゐた。

(c) 彼の胸には淋しい、謙遜な澄んだ気持が往来してゐた。(同)

「胸には」は文末の「往来していた」に掛かり、「淋しい」は直下の「謙遜な澄んだ」と同格で
「気持」に掛かる。

↓彼の胸には、┐淋しい、謙遜な澄んだ気持が往来してゐた。

(d) かづは靄のかかつた木の間からさし入る荘厳な日ざしが、径のゆくての緑苔を、┐あらたか
にかがやかすのを見ながら、かういふ確信にうつとりした。(二〇六頁。三島由紀夫「宴のあ
と」)

「かがやかす」に掛かる。

「かづは」は後段と文末の「見ながら」「うつとりした」に掛かり、「日ざしが」は中途の「かがやかす」に掛かる。

↓かづは、⌉靄のかかつた木の間からさし入る荘厳な日ざしが、径のゆくての緑苔をあらたかにかがやかすのを見ながら、かういふ確信にうつとりした。

(e) そして僕はそれらの言葉がみな、……自分はなにをおこなうか、……ということだけを語るのに鮮明な印象を受けたのである。（二一二頁。大江健三郎『状況へ』）
「そして僕は」は文末の「印象を受けた」に掛かり、「言葉がみな」は中途の「語る」に掛かる。

↓そして僕は、⌉それらの言葉がみな、……自分はなにをおこなうか、……ということだけを語るのに鮮明な印象を受けたのである。

【C】引用された作家の文章
色彩も、あると思えば有り無いと思えば、⌉無い。（二〇三頁。島尾敏雄『月暈』）
この文の分岐点は、むしろ「有り」だろう。ただし、「、」はなくてもいい。

↓色彩も、あると思えば有り（、）無いと思えば無い。

【D】

左記Eと逆に、読点が多すぎて理解が妨げられている文章が数多くある。以下にそのいくつかを例示したい。ほとんどが、直下の言葉のみに掛かる言葉の後に「、」が付された例である。

(a) 電話が発達したからといって、手紙を書くことは全然、しなくなったわけではありません。
（七頁）

「全然、……わけではありません」と読んでしまう。「全然」は直下の「しなくなった」に掛かるのだろうから、「、」はなくもがな。

↓電話が発達したからといって、手紙を書くことは全然しなくなったわけではありません。

(b) 先程、述べたように「再整理」をして、判りやすくするわけです。（一八頁）

ここでもわずか二字の冒頭の文節にわざわざ「、」を付しているのだが、この「先程」は直下の「述べた」のみに掛かるから、「、」はなくもがな。「、」のためにどこに掛かるか考え込んでしまう。

↓先程述べたように「再整理」をして、判りやすくするわけです。

(c) 自分自身の心の秘密を、まるで他人のことのように、⌝冷静に描き出すことで、本来、⌝他人である読者に、正確に伝えようとしたのです。（四二頁）

「本来、……伝えようとした」と読んでしまう。

↓自分自身の心の秘密を、まるで他人のことのように冷静に描き出すことで、本来他人である読者に、正確に伝えようとしたのです。

(d) 丁度、昨日よそで聞いた、⌝意味不明の洒落を、今日、⌝説明されても、少しもおかしくないのと、同じです。（四五頁）

↓丁度、昨日よそで聞いた意味不明の洒落を、今日説明されても、少しもおかしくないのと、同じです。

(e) あなた方が恋愛をしたり┐空想をしたりしている時の┐心のときめきは、普段の冷静な時とは全く異なるものでしょう。(四九頁)

↓あなた方が恋愛をしたり空想をしたりしている時の心のときめきは、普段の冷静な時とは全く異なるものでしょう。

(f) これも、「露」と書いて┐単なる「水滴」を表現しようとした┐自然主義的な文章の理想からすれば、驚くべき邪道なので、……(五三頁)

ここでは、文末の「邪道なので」に掛かる「これも」に、ちゃんと「、」が付されている。しかし直後の言葉のみに掛かる言葉の後にも「、」があるので、やはり読みにくい。

↓これも、「露」と書いて単なる「水滴」を表現しようとした自然主義的な文章の理想からすれば、驚くべき邪道なので、……

(g) ……という立場の人々は、特に文壇の作家のなかに┐今日でも見られるので、今から数年前にも、明確な文章を書くことで知られている┐ある中堅作家が、座談会でこうした文章

を、日本語ではない、と云って否定する発言をしておりました。（六七頁）

↓……特に文壇の作家のなかに今日でも見られるので、今から数年前にも、明確な文章を書くことで知られているある中堅作家が、……

(h) この詠嘆的文章は、それなりで一種の感じる文体のなかに、┐考える文体が、つまり描写のなかに説明が滑り入っている、と云えるのではないでしょうか。（一一六頁）

「文体の中に」は直下の「考える文体」に掛かる。しかも次の並行段落では「描写のなかに」の後に「、」はない。この辺は一貫性が求められると思う。

↓……それなりで一種の感じる文体のなかに考える文体が、つまり描写のなかに説明が滑り入っている、と云えるのではないでしょうか。

(i) ところで、白樺派の作家たちにとって、┐兄のような存在であった有島武郎は、三十代になってから、┐雑誌『白樺』の創刊に参加して、文学者としての活動を、┐若い後輩たちに混ってはじめたのですが、彼は二十歳代に長くアメリカで留学生活を送ったことで、文章を書くのに、英語で考える方が日本語で考えるのよりも、┐自由であったらしいのです。（一二八頁）

いくつかの「、」を取った方が理解しやすい。また、二つの「であった」、特に後の方のそれはいかにも硬い。

↓……白樺派の作家たちにとって兄のような存在だった有島武郎は、三十代になってから雑誌『白樺』の創刊に参加して、文学者としての活動を若い後輩たちに混ってはじめたのですが、彼は二十歳代に長くアメリカで留学生活を送ったことで、文章を書くのに、英語で考える方が日本語で考えるのよりも自由だったらしいのです。

(j) 恐らく当時の若い知識人たちは、日頃、読んでいる西洋の文章と同質のものが、日本語で表現せられるのを見て、奇跡に接するような思いをしたに違いありません。（一三一頁）

先に同じ一三一頁について、文頭の「これは」が「、」で切り離されず意味がつかみにくくなった例を挙げた。ここでは逆に、直下に続くため切るべきでない「日頃」が「、」で切られてしまっている。また、なぜここに突然文語もどきの「せられる」が現れるのだろうか。

↓恐らく当時の若い知識人たちは、日頃読んでいる西洋の文章と同質のものが日本語で表現されるのを見て、奇跡に接するような思いをしたに違いありません。

【D－2】引用された作家の文章

(a) 自分達ばかりが、|太陽の寵遇を得るためには、他の何物をも顧慮しては居られなかつた。
（一五九頁。佐藤春夫『田園の憂鬱』）

「自分達ばかりが」は直下の「太陽の寵遇を得る」のみに掛かる。

↓自分達ばかりが太陽の寵遇を得るためには、他の何物をも顧慮しては居られなかつた。

⑹ 丸谷才一『文章読本』

著者は三二七頁で、「自分の呼吸に従つて、それが切れるところで点を打て」という通説に疑問を呈し、「文の構造をあざやかにするために読点を施す」よう説いているが、具体的にどうせよとは教えていない。また三四八頁では「日本語の文章は本来、ぞろぞろと後につづいてゆく構造のもので、そのため句読点がどうもつけにくく」と述べている。本文の読点は巧みに配置されているが、中には疑問に思われる個所がいくつかある。左にそれを示したい。

【A】

(a) しかし、ここで必要なのは彼の説く枝葉末節にこだわり、揚足取りじみた真似をすることではない。(一四三頁)

「必要なのは……こだわり」と読んでしまう。「しかし」も「必要なのは」も文末の「ことではない」に掛かり、「こだわり」は中途の「真似をする」に掛かる。従って、「しかし」と「必要なのは」を切る必要はなく、逆に、「必要なのは」と「こだわり」とは切る必要がある。

↓しかしここで必要なのは、彼の説く枝葉末節にこだはり揚足取りじみた真似をすることではない。

(b)その代り、これならどういふ場合にも当てはまる、正しい心得になつてゐると思ふ。（三二三頁）

「これなら」は後段の「なつてゐる」に掛かり、「当てはまる」は直下の「正しい」と同格で次の「心得に」に掛かる。

↓その代り、これなら、どういふ場合にも当てはまる正しい心得になつてゐると思ふ。

(c)そして折口信夫や谷崎潤一郎がパラグラフを切りながら、しかし最初を一字下げにしてゐないのは、いはば東西の様式の折衷にほかならない。（三二八頁）

「折口信夫や谷崎潤一郎が……切りながら」と読んでしまい、「一字下げにしてゐない」の主語は別にあるのかと戸惑う。次の方が、「折口信夫や谷崎潤一郎が」がむしろ「一字下げにしてゐない」に掛かることが明白で、意味がすんなり理解できる。

↓そして折口信夫や谷崎潤一郎が、〳〵パラグラフを切りながら、しかし最初を一字下げにしてゐないのは、いはば東西の様式の折衷にほかならない。

【Ａ－２】引用された作家の文章

(a) 私はせっせと一所懸命に生きた政治史、わけても共産主義をめぐる国際政局の現勢を扱った文献をたよりに巨大な世界政治の世界に目を皿のように馳せ廻って来たが、……（九〇頁。林達夫『旅順陥落』）

「一所懸命に生きた」と読んでしまう。「一所懸命に」は引用部分文末の「馳せ廻って来た」に掛かり、「生きた政治史」は直下の「わけても……」と同格で「の世界」に掛かる。また、「世界に目を……馳せ廻って」は少しおかしい。

↓私はせっせと一所懸命に、〳〵生きた政治史、わけても共産主義をめぐる国際政局の現勢を扱った文献をたよりに巨大な世界政治の世界に目を皿のように馳せ廻らせて来たが、……

(b) そのとき私を襲ったものは解放感と、〳〵同時に思い詰めた気持の行き場所を失ったような虚脱感であった。（二〇〇頁。吉行淳之介『戦中少数派の発言』）

郵便はがき

料金受取人払

諏訪支店承認

2

差出有効期間
平成31年11月
末日まで有効

392-8790

〔受取人〕

長野県諏訪市四賀229-1

鳥影社編集室

愛読者係　行

ご住所　〒□□□-□□□□	
(フリガナ) お名前	
お電話番号　(　　　)　　　-	
ご職業・勤務先・学校名	
eメールアドレス	
お買い上げになった書店名	

鳥影社愛読者カード

このカードは出版の参考にさせていただきますので、皆様のご意見・ご感想をお聞かせください。

書名	

① 本書を何でお知りになりましたか？

i．書店で
ii．広告で（　　　　　　　　　）
iii．書評で（　　　　　　　　　）
iv．人にすすめられて
v．DMで
vi．その他（　　　　　　　　　）

② 本書・著者へご意見・感想などお聞かせ下さい。

③ 最近読んで、よかったと思う本を教えてください。

④ 現在、どんな作家に興味をおもちですか？

⑤ 現在、ご購読されている新聞・雑誌名

⑥ 今後、どのような本をお読みになりたいですか？

◇購入申込書◇

書名　　　　　　　　　　¥　　　　　（　　）部

書名　　　　　　　　　　¥　　　　　（　　）部

書名　　　　　　　　　　¥　　　　　（　　）部

「同時に思い詰めた気持ち」とは何事だろうと、考え込んでしまった。前後の文脈も併せて何分間か思案した結果、「解放感と」は直下の「同時に」に掛かること、「襲ったものは」は「解放感と同時に……虚脱感であった」という構造らしいこと、が推測できた。そうであれば、左記のようにすればずっと理解しやすい。

↓そのとき私を襲ったものは、┐解放感と同時に、┐思い詰めた気持の行き場所を失ったような虚脱感であった。

(c) そういう音楽を、叔父が誇らし気にベートーヴェンや、モーツアルトや、シューベルトという人が作ったのだと教えてくれた。(三五七頁。小倉朗『自伝　北風と太陽』)

「誇らし気に」は文末の「教えてくれた」に掛かり、「ベートーヴェンや」はそのあとの二人と同格で次の「という人」に掛かる。

↓そういう音楽を、叔父が誇らし気に、┐ベートーヴェンや、モーツアルトや、シューベルトという人が作ったのだと教えてくれた。

【B】

(a) 第二に仮名だけ、あるいはほとんど仮名だけでゆく書き方がある。(一〇二頁)

「第二に」は文末の「書き方がある」に掛かり、「仮名だけ」は直後の「ほとんど仮名だけ」と同格で「で」に掛かる。一〇四頁には、

第三に、仮名のなかに漢字をまぜる、それもふんだんにまぜる手があつて、これはまあ戦記物語からはじまつたと見て差支へない。

とある。一貫性に欠けるように見える。

↓第二に、仮名だけ、あるいはほとんど仮名だけでゆく書き方がある。

(b) これは後者がくつろいだ随筆、浴衣がけの閑談といふ体裁なのに対して、前者が、羽織袴とはゆかないまでも正面切つた評論ふうの語り口であるせいでの、必然の結果だらう。(一二二一一二三頁)

「これは」は文末の「必然の結果だらう」に掛かり、「随筆」は直下の「浴衣がけの閑談」と同

格で「といふ」に掛かる。「後者が」の後に「、」を付さないのであれば、「前者が」の後にも付さない方がいい。

↓これは、┐後者がくつろいだ随筆、浴衣がけの閑談といふ体裁なのに対して、前者が羽織袴とはゆかないまでも正面切つた評論ふうの語り口であるせいでの、必然の結果だらう。

(c) それは大岡が日本語に対して、いはば本能的に警戒してゐる證拠のやうに思はれる。(二七二頁)

「それは」は文末の「證拠のやうに思はれる」に掛かり、「対して」は直後の「警戒してゐる」に掛かる。

↓それは、┐大岡が日本語に対して、いはば本能的に警戒してゐる證拠のやうに思はれる。

(d) それは紐を一本、┐横にまつすぐ置いたやうな、曲のない文章を書かせる危険が大きいからである。(二九〇頁)

「それは」は文末の「危険が大きいからである」に掛かり、「一本」は直下の「横にまつすぐ置いた」に掛かる。

↓それは「紐を一本横にまつすぐ置いたやうな、曲のない文章を書かせる危険が大きいから
　である。

因みに、同じページの数行前には次のような文章があり、「これは」にちゃんと「、」が付されている。

これは、もともとわれわれの思考のパターンにはさういふ傾向があるため、……といふことになりがちなのだ、と考へてもよからう。

(e)それは文章を一本の線としてとらへるのをやめ、一つの平面だと考へることである。(三〇三頁)

「それは」は文末の「ことである」に掛かり、「やめ」は直下の「一つの平面だと」と同格で「考へる」に掛かる。

↓それは「文章を一本の線としてとらへるのをやめ、一つの平面だと考へることである。

(6) 丸谷才一『文章読本』

(f) これは言語がまつたく新しい事態に対応し、そして成熟するための時間としては、あまりにも短いはずである。(三五〇―三五一頁)

「これは」は文末の「短いはずである」に掛かり、「対応し」は直後の「成熟する」に掛かる。

↓これは、言語がまつたく新しい事態に対応し、そして成熟するための時間としては、あまりにも短いはずである。

一ページ跳んで三五三頁では、次のように冒頭の三字の後に「、」が付されている。著者は、「三字では『、』に値しない」と考えているのではなさそうだ。

つまり、裏長屋の婆さんのおしやべりにも、哲学者のおしやべりにも出て来るだらう。

(g) それは空虚な美辞麗句、月並、装飾だくさんな無意味から、鈍重な「そのものずばり」への、まことに急激な移り変りなのである。(三七四頁)

「それは」は文末の「移り変りなのである」に掛かり、「美辞麗句」は直後の二語と同格で「から」に掛かる。

↓それは、「空虚な美辞麗句、月並、装飾だくさんな無意味から、鈍重な「そのものずばり」への、まことに急激な移り変りなのである。

【B－2】引用された作家の文章

(a) それは私の孤独な、人と和しがたい性格から来てゐるのでせう。（三三二頁。佐藤春夫『好き友』）

「それは」は文末の「来てゐる」に掛かり、「孤独な」は直下の「人と和しがたい」と同格で次の「性格」に掛かる。

↓それは、「私の孤独な、人と和しがたい性格から来てゐるのでせう。

(b) それはそのほのじろい紙の反射が、床の間の濃い闇を追ひ払ふには力が足らず、却って闇に弾ね返されながら、明暗の区別のつかぬ昏迷の世界を現じつゝあるからである。（一四一頁。谷崎潤一郎『陰翳礼讃』）

「それは」は文末の「からである」に掛かり、「反射が」は中途の「足らず」「弾ね返されながら」「現じつつある」に掛かる。

↓それは、┐そのほのじろい紙の反射が、床の間の濃い闇を追ひ払ふには力が足らず、却つて闇に弾ね返されながら、明暗の区別のつかぬ昏迷の世界を現じつゝあるからである。

(c) 私はこんな簡単な光学機械すら所有しない、┐職業的宗教の無知を呪ひつつ、再び長椅子に横はった。（二三八頁。大岡昇平『野火』）

「私は……所有しない」と読んでしまう。「私は」は「呪ひつつ」「横はった」に掛かり、「所有しない」は直下の「職業的宗教の無知」に掛かる。

↓私は、┐こんな簡単な光学機械すら所有しない職業的宗教の無知を呪ひつつ、再び長椅子に横はった。

(d) さういふと鳥や蜂が本能で巧みに巣を作るのと、┐変りがないと言はれるかも知れぬ。（三四一頁。柳宗悦『朝鮮の木工品』）

「さうぃふと」は文末の「言はれるかも知れぬ」に掛かり、「作るのと」は直下の「変りがない」に掛かる。また、分岐点はむしろ「変りがない」だろうと思う。

↓さうぃふと┐鳥や蜂が本能で巧みに巣を作るのと変りがない┐と言はれるかも知れぬ。

【C－2】引用された作家の文章

(a) 彼はのちにいわゆる中あんこ（……）ということになるが筋骨逞しいというほうでもなく、また当時はむしろ華奢なくらいの身体つきで、背も低くはないが特に高くもないといった普通の体格だった。（三二六頁。吉田秀和『わが相撲記』）

「なるが筋骨逞しい」と読んでしまうけれど、文意からすればこの文の分岐点は「なるが」ではなかろうか。そしてこの「なるが」は文末の「普通の体格だった」に掛かる。

↓彼はのちにいわゆる中あんこ（……）ということになるが┐筋骨逞しいというほうでもなく、また当時はむしろ華奢なくらいの身体つきで、背も低くはないが特に高くもないといった普通の体格だった。

【D】

(a) そこで人々は小説家に、「文章の心得を求め、小説家たちが文章読本を書く。（三九〇頁。大野晋「解説」）

「小説家に」がどこまで及ぶか探してしまうが、直下の「文章の心得を求め」のみに掛かるのだから、「、」はない方が理解しやすい。また、「小説家に、文章の心得を求め」と「小説家たちが文章読本を書く」とはほぼ同じ長さの対句を成しているから、一方だけに「、」を付すのは望ましくない。

↓そこで人々は小説家に文章の心得を求め、小説家たちが文章読本を書く。

【F】

(a) それは古風な言ひまはしを避け、むづかしい語彙をしりぞけ、装飾的な要素を排したもので、即物的な描写に適してゐた。（六〇頁）

変更はBに該当するけれども、原則はここにも関わるので。

「それは」は「避け」ばかりでなく、「しりぞけ」「排したもので」さらには文末の「適してゐた」にまで掛かる。一方「避け」は「しりぞけ」「排した」と同格で中途の「もの」に掛かる。

従って、「それは」と「避け」は切った方が分りやすい。対照的に、二行おいて

それは、ちょうど大正文明が近代的であると同じ程度に近代的な文体であつた。

との文章がある。「それはちょうど大正文明が、近代的……」とはしていない。

↓それは、古風な言ひまはしを避け、むづかしい語彙をしりぞけ、装飾的な要素を排したもので、即物的な描写に適してゐた。

【H】

(a) こんな具合に言葉が趣味の対象であることと、┐彼らの文才とは、┐密接な関連があると考へるのが正しい。（一三〇頁）

「こんな具合に……対象であること」と読んでしまう。文脈からして、「こんな具合に」は後段の「密接な関連がある」に掛かっているようだ。「対象であることと」は直下の「彼らの文才とは」のみに掛かる。またこの文のより大きな分岐点は「密接な関連がある」ではなかろうか。「言葉が……関連がある」は一つの考えを示す。左記のようにした方が読みやすいと思う。

↓こんな具合に、┐言葉が趣味の対象であることと彼らの文才とは密接な関連がある、┐と考へるのが正しい。

⑺ 梅田卓夫 他編『高校生のための文章読本』

いずれの項目でも、まず著名作家の模範例文について検討し、次いでA-2、B-2などとして編集者の解説文を取り上げた。

【A】

(a) 僕にわかるのは僕がおんみたちの無数の死を目の前に見る前に、既に、その一年前に、一つの死をはっきり見ていたことだ。（九頁。原 民喜「鎮魂歌」）

「わかるのは……見る前に」と読んでしまう。「わかるのは」は文末の「見ていたことだ」に掛かるが、「見る前に」は直下の「既に、その一年前に」と同格である。

因みに次の段落では「僕にはっきりわかるのは、僕がその一つの嘆きにつらぬかれていたことだけだ」と、「わかるのは」のあとに「、」が付されている。

↓僕にわかるのは、⌈僕がおんみたちの無数の死を目の前に見る前に、既に、その一年前に、一つの死をはっきり見ていたことだ。

(b)小生はメモを取らないのがフツウです。これは例外として『暗室』という作品を書きすすめながら、思いついたことをメモしたものです。(八三頁。吉行淳之介の「コメント」)

「例外として……書きすすめ」と読めるが、作者の意図は「例外として……メモしたもの」であろう。そうであれば、

↓これは例外として、『暗室』という作品を書きすすめながら、思いついたことをメモしたものです。

【A－2】

(a)ファーブルは前章でつちすがりがぞうむしの中枢神経に毒針を打ち込み、一刺しで麻痺させるのを観察した。(六〇頁)

「ファーブルは……打ち込み」と読んでしまう。

↓ファーブルは前章で、つちすがりがぞうむしの中枢神経に毒針を打ち込み、一刺しで麻痺させるのを観察した。

【B】

(a) それは彼の長い期間にわたる、┐辛抱づよい教訓の、要約ともいえるものである。（二一頁。モーパッサン／稲田三吉訳『ピエールとジャン』序文）

「それは」は文末の「いえるものである」に掛かり、「わたる」は直下の「辛抱づよい」と同格で「教訓」に掛かる。

↓それは、┐彼の長い期間にわたる辛抱づよい教訓の、要約ともいえるものである。

(b) 私はフランスのジイプという女の小説家の描いた、┐世界一かわいらしい少女に同感している。（二八頁。森 茉莉「猛獣が飼いたい」）

「私は……描いた」と読んでしまう。「私は」は文末の「同感している」に掛かり、「描いた」は直下の「世界一かわいらしい」と同格で次の「少女」に掛かる。

↓私は、┐フランスのジイプという女の小説家の描いた世界一かわいらしい少女に同感している。

(c) しかし私は昨日この瀕死の狂人を見いだした時、すぐ抱いた計画を、なかなか実行に移すことができなかった。(五二頁。大岡昇平「手」)

↓しかし私は、昨日この瀕死の狂人を見いだした時すぐ抱いた計画を、なかなか実行に移すことができなかった。

「私は」文末の「できなかった」に掛かり、「見いだした時」は直下の「すぐ抱いた」に掛かる。

(d) その緑色の皮膚の下には、痩せながらも、軍人らしくよく発達した、筋肉が隠されているらしかった。私は海岸の村で見た十字架上のイエスの、懸垂によって緊張した腕を思い出した。(同)

直下のみに掛かる場合には「、」は不要。「私は」は文末の「思い出した」に掛かる。

↓その緑色の皮膚の下には、痩せながらも、軍人らしくよく発達した筋肉が隠されているらしかった。私は、海岸の村で見た十字架上のイエスの、懸垂によって緊張した腕を思い出した。

(e) それは我々が普段何ら良心の呵責なく、┐採り殺している植物や動物と、変わりもないはずである。（五三頁。同前）

↓それは、┐我々が普段何ら良心の呵責なく採り殺している植物や動物と、変わりもないはずである。

「それは」は文末の「変わりもないはずである」に掛かり、「呵責なく」は直下の「採り殺している」に掛かる。

(f) 私は谷底のような大きな暗緑色のくぼみを深めてわき起こり、一瞬にしぶきの奥に女を隠した水のたわむれの大きさに目を打たれた。（七五頁。坂口安吾「私は海をだきしめていたい」）

「私は……わき起こり」と読んでしまう。「私は」は文末の「目を打たれた」に掛かり、「わき起こり」は直後の「隠した」と同格で「水」に掛かる。また、分岐点はむしろ「大きさに」だろう。

↓私は、┐谷底のような大きな暗緑色のくぼみを深めてわき起こり、一瞬にしぶきの奥に女を隠した水のたわむれの大きさに、┐目を打たれた。

(g)　私は海をだきしめて、┐私の肉欲がみたされてくれればよいと思った。(同)

「私は海をだきしめて、……思った」と読める。つまり、実際に既に抱きしめている、という状況を表しているように読める。しかし現実には、題から見ても、「だきしめ」たい、「みたされ」たいという二つの願望を重ねたものだろう。そうであれば、

↓私は、┐海をだきしめて私の肉欲がみたされてくれればよいと思った。

(h)　これはイスラエルで、┐アイヒマンが語ったといわれることばだが、……。(九六頁。石原吉郎「三つの集約」)

「これは」末尾の「ことばだが」に掛かり、「イスラエルで」は直後の「語った」に掛かる。

↓これは、┐イスラエルでアイヒマンが語ったといわれることばだが、……。

(i)　それは私たちが、┐いまも生きているという事実である。(同)

「それは」は文末の「事実である」に掛かり、「私たちが」は直後の「生きている」に掛かる。

↓それは、┐私たちがいまも生きているという事実である。

(j) つまり理由の十分にさだかでない、したがって意識されない不安から、……二次的で不十分な試みが投影となって現れるのである。（一〇〇頁。C・G・ユング／松代洋一訳「噂としてのUFO」）

「つまり」は「不安から」のみでなく文末の「現れる」にも掛かり、「さだかでない」は直後の「意識されない」と同格で「不安」に掛かる。

↓つまり、┐理由の十分にさだかでない、したがって意識されない不安から、……二次的で不十分な試みが投影となって現れるのである。

(k) 拳固は土のかたまりをくだいたり、┐やわらかにしたりするときの役に立つし、……。（一〇五頁。K・チャペック／小松太郎訳「花つくりのコツ」）

「拳固は」は末尾の「役に立つ」に掛かり、「くだいたり」は直下の「やわらかにしたり」と同格で「する」に掛かる。「……したり、……したり」は、「……」があまり長くない場合は「、」で区切らない方が理解しやすい。

↓拳固は、┃土のかたまりをくだいたりやわらかにしたりするときの役に立つし、……。

(l) ところがわたしたちの、あの子供の悪魔ときたら、心のやさしいひとになりたいと思ったのです。（一〇八頁。P・グリパリ／金川光夫訳「やさしい、子供の悪魔」）

「ところが」は文末の「思った」に掛かり、「わたしたちの」は直下の「あの子供の」と同格でその後の「悪魔」に掛かる。

↓ところが、┃わたしたちの、あの子供の悪魔ときたら、心のやさしいひとになりたいと思ったのです。

(m) その一つは太陽熱を利用して焼却し、灰にしてしまう方法である。（一一三頁。中村 浩「食物連鎖の根本！」）

「その一つは」は文末の「方法である」に掛かり、「焼却し」は直下の「灰にしてしまう」に掛かる。

↓その一つは、⌉太陽熱を利用して焼却し、灰にしてしまう方法である。

(n) わたしはだれかの随筆で、⌉そんな文章を読んだ記憶がある。（一五五頁。大山定一「酒」）

「わたしは」は文末の「記憶がある」に掛かり、「随筆で」は中途の「読んだ」に掛かる。

↓わたしは、⌉だれかの随筆でそんな文章を読んだ記憶がある。

【B－2】

(a) それは近代科学に支えられて物質文明が幕を開けた、思えば幸福な時代の思想であった。（二一頁）

↓それは、⌉近代科学に支えられて物質文明が幕を開けた、思えば幸福な時代の思想であった。

(b) この国には「間」という、その文化の質にまで言及できる絶妙なことばがある。（七六頁）

「この国には」は文末の「ある」に掛かり、『間』という」は「言及できる」「絶妙な」と同格で「ことば」に掛かる。ついでながら、この「言及」はいささか場違いに思える。

↓この国には、「間」という、その文化の質にまで遡及（?）できる絶妙なことばがある。
(c) それらは他者を相手に説得に苦心した経験、逆に他者から見事に納得させられた経験の積み重ねを、いわばあらかじめ想像の中でなぞることによって行われるのだ。（一〇二頁）
「それらは」は文末の「行われる」に掛かり、「経験」は次の「経験」と同格で「の積み重ね」に掛かる。

↓それらは、他者を相手に説得に苦心した経験、逆に他者から見事に納得させられた経験の積み重ねを、いわばあらかじめ想像の中でなぞることによって行われるのだ。
(d) そこには私たちと同じ平凡な、そして小さな人間がいる。（一六八頁）
「そこには」は文末の「いる」に掛かり、「平凡な」は直下の「そして小さな」と同格で「人間」に掛かる。

↓そこには、┐私たちと同じ平凡な、そして小さな人間がいる。

【C】

(a) 街灯は、┐若草緑から、┐疲れた青まゆずみいろにかわって暈をつくっていたガラスの火が、┐ぽっと消えます。（四五頁。金子光晴「日本人の悲劇」）

「青まゆずみいろにかわって暈をつくっていた」とはどういうことか、「若草緑から、……ぽっと消えます」とは何が起こったのか、と考え込んでしまう。じっと目を凝らすと、「若草緑から青まゆずみいろにかわって」と言おうとしているのかも知れないと思い至った。そうであれば、左記のようにして欲しい。

↓街灯は若草緑から疲れた青まゆずみいろにかわって、┐暈をつくっていたガラスの火がぽっと消えます。

【C－2】

(a) こんなふうに文章がある固有の人格を帯び、┐表現を統制することを「文体」という。（二〇六頁）

「帯び、……『文体』という」と読んでしまう。「帯び」は直下の「表現を統制する」に掛かるのだし、文の分岐点はむしろ「統制することを」にあろう。

↓こんなふうに文章がある固有の人格を帯び表現を統制することを、｜「文体」という。

【D】

(a) 四人掛けのテーブルに、｜私は一人で座っていたが、やがて、｜前の空席に、六十格好の、｜上品な夫婦が腰をおろした。

……

異様な会食は、ごく当たり前に、静かに、あえて言えば、｜和やかに終わったのだが、もし、｜だれかが、｜人形について余計な発言でもしたら、どうなったであろうか。(五八－五九頁。小林秀雄「人形」)

いくつかの語句は直下の語句のみに掛かるのに、「、」があるために、その語句がどこに続くのか探してしまう。編者は巻末の「さまざまな技法」に「句読点の多い例」として三編を挙げている(二一〇頁)が、小林のこの作品は入っていない。この作品は他の箇所でも「、」の過多が目につく。

⑺ 梅田卓夫 他編『高校生のための文章読本』

↓四人掛けのテーブルに私は一人で座っていたが、やがて前の空席に、六十格好の上品な夫婦が腰をおろした。

……

異様な会食は、ごく当たり前に、静かに、あえて言えば和やかに終わったのだが、もしだれかが人形について余計な発言でもしたら、どうなったであろうか。

(b)パリを去る日、僕は、なじみになったボーイに、⌉五フランやって、その貼り札をものにしたのである。（一〇六頁。渡辺一夫「パリの記念」）

「ボーイに、」は直下の「五フランやって」のみに掛かるのに、「、」のために後段にも掛かるのかと探してしまう。

↓パリを去る日、僕は、なじみになったボーイに五フランやって、その貼り札をものにしたのである。

(c)田村隆一「プロローグ　めざめ」（一二一－一二三頁）

編者の挙げた前記の「句読点の多い例」にはこの作品も入っていないが、左記のように、かなり多い。

①そのタブーというのは⌉社会的制度と対応していますから、社会的制度、システムによって、タブーもまた対応して変わっていきます。

「タブーというのは」は直下の「社会的制度と対応して」のみに掛かり、後段には掛かっていない。これだと、後段にも及ぶかと探してしまう。

↓そのタブーというのは社会的制度と対応していますから、社会的制度、システムによって、タブーもまた対応して変わっていきます。

②おそらく⌉日本は⌉ほぼ二千年くらいの歴史しかない若い国なのですが、この百十年間における政府の性に対する支配力は、もっとも強く機能していたといえると思います。

「おそらく」も「日本は」もともに直後の「歴史しかない」のみに掛かって後段には及ばないから、この「、」は理解を妨げる。

↓おそらく日本はほぼ二千年くらいの歴史しかない若い国なのですが、この百十年間における政府の性に対する支配力は、もっとも強く機能していたといえると思います。

③ 農耕社会にあって大きな力を、┒ぼくたちにめぐんでくれた神様に対して感謝し、┒祈る心が、とくにアラブのオイルショック以降の日本において動いてきたのではないかと感じられます。

↓ 農耕社会にあって大きな力をぼくたちにめぐんでくれた神様に対して感謝し祈る心が、……

「大きな力を」は直後の「めぐんでくれた」のみに掛かるので、どこに掛かるのか判断に迷わせる「、」は、有害無益といえよう。

(d) 出発前に、┒アイゼンを用意するようにいわれていたので持ってきてはいたものの、付け方がわからない。（一三八頁。加藤保男「穂高に通う」）

「出発前に、……持ってきてはいた」と読んでしまう。「出発前に」は「いわれていた」に掛かるのだろうから、ここに「、」は要らない。

↓出発前にアイゼンを用意するようにいわれていたので持ってきてはいたものの、付け方がわからない

【E】

(a)木原始はこの書斎の中の動かぬ春枝の姿を彼女の真向かいの庭園の芝生に面した南窓の高い窓辺に首を突き出し、見守っていた。(二六頁。野間宏「地獄篇第二十八歌」)

全編「、」が極端に少なく、どの語がどこに続くのか、考え込んでしまう。左記のように一つ「、」を付すだけで、「春枝の姿を」が文末の「見守っていた」に掛かることが分り、随分理解しやすくなると思うのだが。

↓木原始はこの書斎の中の動かぬ春枝の姿を、彼女の真向かいの庭園の芝生に面した南窓の高い窓辺に首を突き出し、見守っていた。

(b)そして彼はその植物の数知れぬ針が彼女の顔を突き抜け彼女の孤独な魂を突き刺し、同時に彼の孤独な魂のところまでとどくのを感じた。(二七頁。同前)

「彼は……突き刺し」と読んでしまう。「彼は」文末の「感じた」に掛かり、「突き刺し」は中

途の「とどく」に掛かるから、「彼は」で切る必要がある。「、」が嫌いにしても、これは必須の「、」である。

↓そして彼は、┐その植物の数知れぬ針が彼女の顔を突き抜け彼女の孤独な魂を突き刺し、同時に彼の孤独な魂のところまでとどくのを感じた。

【F】

(a) 異様な会食は、ごく当たり前に、静かに、あえて言えば、┐和やかに終わったのだが、もし、┐だれかが、┐人形について余計な発言でもしたら、どうなったであろうか。(五九頁。小林秀雄「人形」。前出)

「当たり前に」「静かに」「和やかに」が同格で、前の二語の後に「、」を付し、最後の語の後には付さないのがよい。

↓……ごく当たり前に、静かに、あえて言えば和やかに終わったのだが、……

(8) 梅田卓夫 他編『高校生のための文章読本』別冊『表現への扉』

【A】

(a) (1) から (4) を個々に眺めていても「それ」の意味している⌉本当の中身は見えてこない。（四頁）

「眺めていても……意味している」と読んでしまう。「眺めていても」は文末の「見えてこない」に掛かり、「意味している」は直下の「本当の中身」に掛かる。

↓ (1) から (4) を個々に眺めていても⌉「それ」の意味している本当の中身は見えてこない。

(b) これによって「僕」の見た「日本人」はぼんやり見ていたら見えない、時には見過ごしていた「日本人」であることがわかる。（二四頁）

「これによって」がどこに掛かるか分らないし、「『日本人』はぼんやり見ていたら見えない」とも読んでしまう。「これによって」は文末の「わかる」に掛かり、「『日本人』は」は「『日本人』

であること」に掛かる。「見えない」は直後の「見過ごしていた」と同格で次の「日本人」に掛かる。左記で大分読みやすくなると思う。

↓これによって、「僕」の見た「日本人」は、ぼんやり見ていたら見えない、時には見過ごしていた「日本人」であることがわかる。

(c) ロンドンでの経験からこの軽妙を装った語り口へ到達するまでには単なる文章技法を超えた、複雑で困難を極めた、憤りと絶望の人生経験があったことが想像される。（二五頁）

「到達するまでには」は末尾に近い「あった」に掛かり、「越えた」は直後の「極めた」「憤りと絶望の」と同格で「人生経験」に掛かる。

↓ロンドンでの経験からこの軽妙を装った語り口へ到達するまでには、単なる文章技法を超えた、複雑で困難を極めた、憤りと絶望の人生経験があったことが想像される。

(d) それは何やら現代の先進技術に囲まれた生活の中で、人と自然との絆が失われてゆくことと関連しているのかもしれない。（六一頁）

「それは何やら……生活の中で」と読めるが、著者の意図は「それは何やら……関連している」ということにあるのではなかろうか。「生活の中で」は中途の「失われ」に掛かる。

↓それは何やら、現代の先進技術に囲まれた生活の中で、人と自然との絆が失われてゆくことと関連しているのかもしれない。

(e)ゆえに表現はありのまま、見たままを、ひとまずことばで書きとめておこうとする素朴さに、その特徴がある。(七四頁)

「表現は」は文末の「特徴がある」に掛かり、「ありのまま」は直下の「見たまま」と同格で次の「を」に掛かる。

↓ゆえに表現は、ありのまま、見たままを、ひとまずことばで書きとめておこうとする素朴さに、その特徴がある。

(f)その記述の頂点は「マキは……とりかかった」に始まり、「風呂を沸かしておき、……マキと出会った」に至る部分である。(七五–七六頁)

(8) 梅田卓夫 他編『高校生のための文章読本』別冊『表現への扉』

「頂点は」は文末の「部分である」に掛かり、「に始まり」は中途の「に至る」に掛かる。

↓その記述の頂点は、「マキは……とりかかった」に始まり、「風呂を沸かしておき、……マキと出会った」に至る部分である。

(g) それはちょうど人間が巨大な自然の力や、思いどおりにならない不運などに直面して、心ならずも立ち向かい闘わなければならない状況と似ている。（八三頁）

「ちょうど」は末尾の「状況と」に掛かり、「人間が」は中途の「立ち向かい闘わなければならない」に掛かり、「自然の力や」は直下の「思いどおりにならない不運」と同格で次の「など」に掛かる。

↓それはちょうど、人間が、巨大な自然の力や、思いどおりにならない不運などに直面して、心ならずも立ち向かい闘わなければならない状況と似ている。

(h) われわれはともすれば戦争体験を論ずるとき、広島・長崎への原爆投下や、アウシュヴィッツのユダヤ人収容所など、何十万、何百万の死をもたらした大事件の規模の巨大さに目を奪われがちである。（八八頁）

「ともすれば戦争体験を論ずる」と読んでしまうのを避けるため、間に「、」が欲しい。「ともすれば」は文末の「目を奪われがちである」に掛かり、「論ずるとき」は中途の「巨大さに」と同格と見られるのではなかろうか。

「ともすれば……がち」、「論ずるとき……目を奪われ」という続き方の構造とはみなせないだろうか。単純にして「私はともすれば本を読んでいるとき眠りがちだ」という場合、「私はともすれば本を読んでいるとき眠りがちだ」はやはりおかしい。「私はともすれば、本を読んでいるとき眠りがちだ」の方が言いたいことが伝わる。つまり、「ともすれば　↓　がち」「読んでいるとき　↓　眠り」と見れば納得がいくような気がする。あるいは、そうではなくて、「本を読んでいるとき」は「ともすれば」からは独立した条件構文と見た方がいいのかも知れない、

↓われわれはともすれば、「戦争体験を論ずるとき、広島・長崎への原爆投下や、アウシュヴィッツのユダヤ人収容所など、何十万、何百万の死をもたらした大事件の規模の巨大さに目を奪われがちである。

(i)そうしているうちに一目見たときにはあいまいだった印象が、はっきりある言葉で指し示せる印象になってくる。……（九六頁）

⑻ 梅田卓夫 他編『高校生のための文章読本』別冊『表現への扉』

「そうしているうちに」は文末の「なってくる」に掛かり、「印象が」は中途の「指し示せる」に掛かる。

↓そうしているうちに、┐一目見たときにはあいまいだった印象が、はっきりある言葉で指し示せる印象になってくる。

【B】

(a) われわれは感性的な文章と、思考的・論理的な文章とを、別種のもののように考えがちであるが、……（一三頁）

「われわれは」は末尾の「考えがち」に掛かり、「感性的な文章と」は直下の「思考的・論理的な文章と」と同格で「を」に掛かる。

↓われわれは、┐感性的な文章と、思考的・論理的な文章とを、別種のもののように考えがちであるが、……

(b) これは日本人的日本文の重さ、堅苦しさ、形式臭さから言葉の自由を取り戻そうとする真剣な遊びなのである。（二一頁）

「これは」は文末の「遊びなのである」に掛かり、「重さ」は直後の「堅苦しさ」「形式臭さ」と同格で「から」に掛かる。

↓これは、┃日本人的日本文の重さ、堅苦しさ、形式臭さから言葉の自由を取り戻そうとする真剣な遊びなのである。

(c) そこへ音楽という、目に見えない芸術の印象を呼びさます語を持ち込むことによって、……。(三七頁)

「そこへ」は末尾の「持ち込む」に掛かり、「音楽という」は直下の「目に見えない」と同格で「芸術」に掛かる。「そこへ」の切離しは不可欠。

↓そこへ、┃音楽という、目に見えない芸術の印象を呼びさます語を持ち込むことによって、……。

(d) そこには「科学」や「合理性」の見せかけが、かつての宗教の肩代わりになって現代人の幻想を支えている事実が指摘されている。(五二頁)

「そこには」は文末の「指摘されている」に掛かり、「見せかけが」は中途の「肩代わりになって」「支えている」に掛かる。

↓そこには、「科学」や「合理性」の見せかけが、かつての宗教の肩代わりになって現代人の幻想を支えている事実が指摘されている。

(e) これは性の自由を取り戻すとか、お祭りをもっと盛んにするとかで事足りる目標ではない。（六五頁）

「これは」は文末の「目標ではない」に掛かり、「取り戻すとか」は直下の「盛んにするとか」と同格で次の「で」に掛かる。

↓これは、性の自由を取り戻すとか、お祭りをもっと盛んにするとかで事足りる目標ではない。

(f) 加藤保男はこだわりのない、いい文章を書く人だ。（七一頁）

「こだわりのない……人だ」と読んでしまう。言いたかったのは、「こだわりのない、いい文章」だろう。そうであれば、「加藤保男は」は文末の「人だ」に掛かり、「こだわりのない」は直下の「いい」と同格で「文章」に掛かる。

↓加藤保男は、┐こだわりのない、いい文章を書く人だ。

(g) 僕はこの静かな、午後の日ざしが静かに注ぐ部屋の中にたたずんで、歩くことも忘れていた。(九三頁)

「僕は」は文末の「忘れていた」に掛かり、「静かな」は中途の「注ぐ」と同格で「部屋」に掛かる。

↓僕は、┐この静かな、午後の日ざしが静かに注ぐ部屋の中にたたずんで、歩くことも忘れていた。

【C】

(a) そこには清純な愛に憧れながらも、┐暗い肉欲の衝動に苦しめられている若い男女の罪の意識のようなものが潜んでいる。(一一二頁)

「そこには」は文末の「潜んでいる」に掛かり、「憧れながらも」は中途の「苦しめられている」に掛かる。また、分岐点はむしろ「若い男女の」ではなかろうか。

↓そこには、┐清純な愛に憧れながらも暗い肉欲の衝動に苦しめられている若い男女の、┐罪の意識のようなものが潜んでいる。

(b)……設問にも挙げた学術用語に近いような論理的で、┐精密・明瞭な言葉が注意深く選ばれている。(二七頁)

「近いような論理的」と読んでしまう。「近いような」は「言葉」に掛かり、「論理的で」は直下の「精密・明瞭な」に掛かる。また、分岐点は「言葉が」だろう。

↓設問にも挙げた学術用語に近いような、┐論理的で精密・明瞭な言葉が、┐注意深く選ばれている。

(c)私には現代の都会が、┐早晩本当の墓地になるという予測がある。(四〇頁)

「私には」は文末の「予測がある」に掛かり、「都会が」は中途の「墓地になる」に掛かる。また、分岐点は「墓地になる」だろう。

↓私には、┐現代の都会が早晩本当の墓地になる、┐という予測がある。

(d) この単純な事実の裏に潜む、┐男性の心理を検討するために「鏡」の比喩が導入される。

……

……したがって読者にも「幻影」ではなく、┐実物大の男性像が見えてくる。(四五頁)

上段の分岐点は、むしろ「検討するために」だろう。

下段の「読者にも」は文末の「見えてくる」に掛かり、「ではなく」は直下の「実物大の男性像」に掛かる。

↓この単純な事実の裏に潜む男性の心理を検討するために、┐「鏡」の比喩が導入される。……

……したがって読者にも、┐「幻影」ではなく実物大の男性像が見えてくる。

(e) ここには物資を次々と消費し、使い尽くしていく文明生活の根本的な問題点が象徴されている。(六〇頁)

「ここには」は文末の「象徴されている」に掛かり、「消費し」は直下の「使い尽くして」と同格で次の「いく」に掛かる。もう一つの分岐点は、むしろ「使い尽くしていく」（この部分が強調される。この場合、「文明生活」は「文明生活全般」の意味になる）あるいは「問題点が」（この部分が強調される）ではなかろうか。

↓ここには、┐物資を次々に消費し使い尽くしていく、┐文明生活の根本的な問題点が象徴されている。

あるいは、

↓ここには、┐物資を次々に消費し使い尽くしていく文明生活の根本的な問題点が、┐象徴されている。

(f) われわれは「見える」ものを、はっきりと言葉で描写でき、説明できて初めて本当に「見る」ことができたと呼べるのである。（九六頁）

「われわれは」は文末の「呼べるのである」に掛かり、「ものを」は中途の「描写でき、説明でき」に掛かる。分岐点の一つは「初めて」だろう。

↓われわれは、┐「見える」ものを、はっきりと言葉で描写でき、説明できて初めて、┐本当に「見る」ことができたと呼べるのである。

【D】

(a) 学者によっては、フェティシズムと、┐マゾヒズムを同一視する者がある。（二七頁）

↓学者によっては、フェティシズムとマゾヒズムを同一視する者がある。

「、」が理解を妨げる。

(b) 一見、┐似たような二つの言葉を筆者はどのように使いわけているか。（四九頁。見出し）

一見、┐似たように思われる二つの言葉が、……。（四九頁。本文）

「一見」は直下の「似た」のみに掛かる。見出しの方は、分岐点はむしろ「言葉を」。

↓一見似たような二つの言葉を、┐筆者はどのように使いわけているか。

一見似たように思われる二つの言葉が、……。

⑻ 梅田卓夫 他編『高校生のための文章読本』別冊『表現への扉』

(c) 地上の困難や絶望を解決し、救済してくれる存在が待ち望まれたとき、その心理の幻想が一人の野心的政治家を国民的英雄、スターにしてしまう。(五三頁)

「解決し」がどこに続くのか探してしまう。直下の「救済してくれる」のみに掛かるのだから、「、」がない方が理解しやすい。

↓地上の困難や絶望を解決し救済してくれる存在が待ち望まれたとき、その心理の幻想が一人の野心的政治家を国民的英雄、スターにしてしまう。

【E】

(a) 従来の日本語の世界で「名文」と呼ばれるような文章はそういう筆者の人工的な意志がまるで感じられないようなものを自然さとか達意の技巧のあらわれとして重視してきた傾向がある。(五五頁)

何を思ったか、編者はこの文には「、」を一つも使っていない。最大の分岐点「文章は」(文末の「傾向がある」に掛かる)と、次に重要な分岐点「ようなものを」(かなり跳んで「重視してきた」に掛かる)とに「、」を付せば、はるかに読みやすくなると思う。

↓従来の日本語の世界で「名文」と呼ばれるような文章は、┐そういう筆者の人工的な意志がまるで感じられないようなものを、┐自然さとか達意の技巧のあらわれとして重視してきた傾向がある。

【F】

(a)彼らもまた国家の力によって戦場へ連れ出されてきた哀れな、みじめな個人にほかならない。(九一頁)

↓彼らもまた、┐国家の力によって戦場へ連れ出されてきた、┐哀れな、みじめな個人にほかならない。

「連れ出されてきた」「哀れな」「みじめな」は同格で、二番目と三番目との間に「、」があるのだから、一、二番目の間にも「、」を付けた方がよい。さらに、「彼らもまた……連れ出されてきた」でなく「彼らもまた……ほかならない」だろう。

【G】

(a)それは、作者が書こうとすることを実現するために、┐不可欠な方法として選ばれた様式であり、いってみれば作戦を成功させるための戦術なのである。(二八頁)

⑻ 梅田卓夫 他編『高校生のための文章読本』別冊『表現への扉』

「実現するために……選ばれた」と読め、「不可欠な」はあらゆる状況において「不可欠」のものと思ってしまう。しかし実際には、「実現するために不可欠」と言おうとしているようだ、と思いあたった。（Cの(e)も参照）

↓それは、作者が書こうとすることを実現するために不可欠な方法として選ばれた様式であり、いってみれば作戦を成功させるための戦術なのである。

⑼ 井上ひさし『自家製　文章読本』

本書は、「、」の位置の重要性を等閑視しているようだ。

大阪府警保安課と豊中署は、タイ女性をスナックなどで働かせたうえ売春させ、昨年三月から今年三月までの間に二千数百万円を稼いでいた吹田市内本町一ノ一〇ノ一一、旭ファイブ三〇二号、建築請負業、壱岐学（31）を七日までに、売春防止法違反容疑で身柄送検するとともに、タイ女性五人を大阪入国管理局に引き渡した。（一九八二年四月七日付「日本経済新聞」夕刊）

著者は、この記事を俎上に乗せて、次のように「舌足らず」を戒めている。（一五二－一五三頁）

……無駄がなさすぎて、文意が妙な塩梅になっている。これでは「大阪府警保安課と豊中署は、タイ女性をスナックなどで働かせたうえ売春させ」ていたと読める。むろん最後まで読めば大阪府警と豊中署がもぐりで売春をやっていたのではなく、逆に不届きな商売をしていた者を取っ捕えたのだということがわかる仕掛けになっている。さらに新聞の読者は……「警察が売春をしていたとなれば大事件だから、こんな小さな扱いにはならないはずだ」と思って読むから混乱することはない。……そう思うから、接続具合におかしいところのあるこの記事さえも読者は正しく読むのである。別言すれば、紙面におけるその位置、記事量の多少、そして見出しに助けられて、冗文率が零以下の舌足らずの文章でもなんとか通用しているわけだ。

単に「舌足らず」だから誤解を招く、としているだけで、文の構造に問題があるとは見ていない。実は、「売春させ」の後に「、」があるから、この部分が直後の「稼いでいた」でなくずっと後段の「身柄送検する」に掛かるように読めてしまうのである。また、「稼いでいた」もやや後段の「壱岐学」に掛かるからここに「、」があった方が分りやすい。さらに、文章の分岐点は「七日までに」より「壱岐学（31）を」にあると思われる。以上を勘案して「、」の位置を変えれば、次のようになる。これなら、さらなる説明を加えなくても誤解される恐れはないのではなかろうか。

↓大阪府警保安課と豊中署は、タイ女性をスナックなどで働かせたうえ売春させ昨年三月から今年三月までの間に二千数百万円を稼いでいた、吹田市内本町一ノ一〇ノ一一、旭ファイブ三〇二号、建築請負業、壱岐学（31）を、七日までに売春防止法違反容疑で身柄送検するとともに、タイ女性五人を大阪入国管理局に引き渡した。

著者自身の文章の中にも、「、」が適切でないと思われる個所がある。**太字**の部分である。「むろん最後まで読めば」は文末に近い「わかる」に掛かり、「やっていたのではなく」は中途の「取っ捕えた」に掛かるのだから、左記のようにして欲しい。

↓むろん最後まで読めば、大阪府警と豊中署がもぐりで売春をやっていたのではなく、逆に不届きな商売をしていた者を取っ捕えたのだということがわかる仕掛けになっている。

【A】

(a)そこへ行くと志賀直哉の文章の透明で、すがすがしいことは、どうだ。（八一頁）

「そこへ行くと……透明で」と読んでしまう。「そこへ行くと」は文末の「どうだ」に掛かり、「透明で」は直下の「すがすがしい」に掛かる。

↓そこへ行くと、志賀直哉の文章の透明ですがすがしいことは、どうだ。

(b)歌集『白き山』はこの大石田を立って帰京するまで、一年十ヵ月の間に詠まれた八百二十四首をおさめたもので、「芭蕉の奥の細道に匹敵する」といわれる。（一三八頁）

「『白き山』は」は後段の「おさめたもの」、及び末尾の「匹敵する」に掛かり、「帰京するまで」は直下の「一年十ヵ月」のみに掛かる。

→歌集『白き山』は、┐この大石田を立って帰京するまで一年十ヵ月の間に詠まれた八百二十四首をおさめたもので、「芭蕉の奥の細道に匹敵する」といわれる。

(c) 商業文は実用文の最たるものだが、前に調べたように二十七の要素のうち、┐書き手が智恵をしぼるのは主文だけ、他はすべて定形化されているのはなぜか。（一六八頁）

「前に調べたように」は後段の「主文だけ」に掛かり、「要素のうち」は中途の「しぼるのは」に掛かる。左記の方が理解しやすい。

→……前に調べたように、┐二十七の要素のうち書き手が智恵をしぼるのは主文だけ、他はすべて定形化されているのはなぜか。

(d) 日々の行事を記録することは儀式の作法を覚え、先例を残すのに有効で、かつ子孫の役にも立つ。（一八七頁）

「記録することは」は後段の「有効で」と文末の「役にも立つ」に掛かり、「作法を覚え」は直下の「先例を残す」と同格で次の「のに」に掛かる。

↓日々の行事を記録することは、儀式の作法を覚え、先例を残すのに有効で、かつ子孫の役にも立つ。

(e) すなわち、漢臭ふんぷんたる文体は規範を説き、大説を述べるのにはふさわしいが、小説には不向きらしいのだ。(一九二頁)

「文体は」は後段の「ふさわしい」と文末の「不向きらしい」に掛かり、「規範を説き」は直下の「大説を述べる」と同格で次の「のに」に掛かる。

↓すなわち、漢臭ふんぷんたる文体は、規範を説き大説を述べるのにはふさわしいが、小説には不向きらしいのだ。

(f) だから神の国という観念を具体的な、だれでも知っていることがらにすりかえたのである。(二四五頁)

「観念を」は末尾の「すりかえた」に掛かり、「具体的な」は直下の「だれでも知っている」と同格で次の「ことがら」に掛かる。

↓だから神の国という観念を、┐具体的な、だれでも知っていることがらにすりかえたのである。

【B】

(a) つまり散文はあくまでも散文としてとどまらねばならない、だからたとえば調子のよい、諧調のある文章を書くなぞは、素朴で幼稚で卑しいやり方だ、という。(二一五頁)

「だから」は文末に近い「やり方だ」に掛かり、「調子のよい」は直後の「諧調のある」と同格で、次の「文章」に掛かる。

↓……だから、┐たとえば調子のよい、諧調のある文章を書くなぞは、素朴で幼稚で卑しいやり方だ、という。

(b) ……時枝〔誠記〕はこのセンテンス・メソッドは、文章鑑賞を絵画や彫刻の鑑賞と同じよ

うに考えているからいけないという。（二七頁）

「時枝は」は文末の「という」に掛かり、「センテンス・メソッドは」は中途の「考えている」に掛かる。

↓時枝は、「このセンテンス・メソッドは、文章鑑賞を絵画や彫刻の鑑賞と同じように考えているからいけない」という。

(c) われわれは「親譲りの無鉄砲で小供の時から損ばかりして居る」ではじまり、「だから清の墓は小日向の養源寺にある」で終る、長いことばの線列を辿りおえないうちは、なにひとつ発語できないからである。（二八頁）

「われわれは……ではじまり」と読んでしまう。「われわれは」は文末の「発語できないからである」に掛かり、「ではじまり」は中途の「で終る」に掛かる意味内容だから、次のようにすればずっと理解しやすい。

↓われわれは、「親譲りの無鉄砲で小供の時から損ばかりして居る」ではじまり、「だから清の墓は小日向の養源寺にある」で終る、長いことばの線列を辿りおえないうちは、なにひとつ発語できないからである。

(d) 問題はその言説や文章に受け手が関心を持つか、⅂否かである。（五九頁）

「問題は……持つか」と読んでしまう。「問題は」は文末の「である」に掛かり、「持つか」は直下の「否か」に掛かる。

↓問題は、⅂その言説や文章に受け手が関心を持つか否かである。

(e) オノマトペには物事を具体的に、直接的にあらわす働きがある。（一一二頁）

「オノマトペには」は文末の「働きがある」に掛かり、「具体的に」は直下の「直接的に」と同格で次の「あらわす」に掛かる。

↓オノマトペには、⅂物事を具体的に、直接的にあらわす働きがある。

【B－2】

(a) それは作者というものから、それが完全に遊離した存在となっているからで、これは又格別な事である。（五五頁。志賀直哉「ある文学全集の巻頭」）

「それは」は後段の「なっているからで」に掛かり、「ものから」は中途の「遊離した」に掛かる。

↓それは、｢作者というものから、それが完全に遊離した存在となっているからで、これは又格別な事である。

(b)鳥は自分が怯えやすくなっていること、自分の眼、自分の耳、自分の鼻の感覚が、過度に鋭くなっていることに気づく。（一四九頁。大江健三郎『個人的な体験』）

「鳥は」は文末の「気づく」に掛かり、「怯えやすくなっていること」は中途の「鋭くなっていること」と同格で次の「に」に掛かる。

↓鳥は、｢自分が怯えやすくなっていること、自分の眼、自分の耳、自分の鼻の感覚が、過度に鋭くなっていることに気づく。

【C】

(a) この常識の┐理論的な支えとなっているのは一時期┐猖獗を極めた「言語＝道具」説であることはたしかだが、「しき島のやまとの国は事霊のたすくる国ぞまさきくありこそ」と歌われる国日本の、それも国一番の大作家といわれる志賀直哉が口でいうほどこの常識を信じていたかどうかは、大いに疑問である。加えて「言語＝道具」説の信奉者とはとても思えない、これまた国一番の大作家の川端康成が志賀直哉の┐こういった発言を実に素直に受けとめ、『城の崎にて』を引き合いにだして、「作者から独立しているこういう文章こそが名文である」と述べたのはおもしろい。（五五頁）

「、」の過多、過少が混在しているので、ここに置く。

前段の冒頭は、「常識の」とか「一時期」とかがどこに続くのかが分らない。著者お手のもののドタバタ劇を文章そのものが演じている趣がある。

「常識の」は直下の「理論的な支え」のみに掛かるから、「、」は不要。「支えとなっているのは」は少し跳んだ「『言語＝道具』説」に掛かり、「一時期」は直下の「猖獗を極めた」に掛かる。分岐点の一つは「支えとなっているのは」だろう。

後段の「加えて」は文末に近い「述べたのは」に掛かり、「とても思えない」は直後の「大作家の」と同格で次の「川端康成」に掛かる。また、「志賀直哉の」は直下の「こういった発言」のみに掛かるから、「、」不要。

↓この常識の理論的な支えとなっているのは、一時期猖獗を極めた「言語＝道具」説であることはたしかだが、「しき島のやまとの国は事霊のたすくる国ぞまさきくありこそ」と歌われる国日本の、それも国一番の大作家といわれる志賀直哉が口でいうほどこの常識を信じていたかどうかは、大いに疑問である。加えて、「言語＝道具」説の信奉者とはとても思えない、これまた国一番の大作家の川端康成が志賀直哉のこういった発言を実に素直に受けとめ、『城の崎にて』を引き合いにだして、「作者から独立しているこういう文章こそが名文である」と述べたのはおもしろい。

(b)

日本語の音韻を、もっと子音の多いものに変えないかぎり日本語のローマ字化なぞ絵に描いた餅であろうと思われる。（一三七、一九七頁）

この文章の最大の分岐点は、「音韻を」というより「かぎり」だと思う。前者に「、」を付すなら、後者に付す必要はより大きい。

↓日本語の音韻を、もっと子音の多いものに変えないかぎり、日本語のローマ字化なぞ絵に描いた餅であろうと思われる。

(c) こっちは子音が多く、各語が上にのびたり、┐下にのびたりして形態がよろしい。（一三八頁）

「上にのびたり」は直下の「下にのびたり」のみに掛かるから、「、」は不要。また、分岐点は「上にのびたり」でなく「下にのびたりして」だろう。

↓こっちは子音が多く、各語が上にのびたり下にのびたりして、┐形態がよろしい。

(d) すると国会議事堂は土台から眺めようが、┐天辺の尖りから眺めようが国会議事堂であることがわかる。（一七二頁）

「国会議事堂は」は文末の「わかる」に掛かり、「土台から眺めようが」は直下の「天辺の尖りから眺めようが」に掛かる。また、分岐点は前の「眺めようが」よりも後の「眺めようが」にあると思われる。

↓すると国会議事堂は、┐土台から眺めようが天辺の尖りから眺めようが、┐国会議事堂であることがわかる。

【C－2】

(a) 文章が冗漫になったり、ギクシャクしたりする一つの因に接続詞の多用があることを知ってほしい。(九五頁。大隈秀夫『文章の実習』)

「冗漫になったり」は直下の「ギクシャクしたり」と同格で次の「する」に掛かる。より重要な分岐点は「因に」である。この「なったり……、したり」は、間を切らない方が理解しやすい。

↓文章が冗漫になったりギクシャクしたりする一つの因に、接続詞の多用があることを知ってほしい。

【D】

(a) 密航者吉田松陰と話したのも、このウィリアムスだが、彼の訳文はこうである。(三八頁)

「話したのも」は直下の「このウィリアムス」に掛かるだけなのに、「、」はどこに掛かるかを分りにくくさせる。

↓密航者吉田松陰と話したのもこのウィリアムスだが、彼の訳文はこうである。

(b)

さきごろ、八十四歳で世を去ったピアジェも、子どもが自宅付近を鳥瞰で地図が描けるようになると、だいたいにおいてその子どもは接続詞の用法についての理解が行き届くようになっている、と言っていた。（九三–九四頁）

「さきごろ……と言っていた」とも読める。しかし著者は「さきごろ」を直後の「世を去った」のみに掛けたつもりのようだから、この「、」は不要。

↓さきごろ八十四歳で世を去ったピアジェも、……。

(c)

……もうひとつは物語の現在から一旦、過去へ戻って筆を現在へ進める回顧法だが、この小説では合計三十八個の文間の余白を梃子に、展望法と回顧法がみるみる入れかわる。（一〇四頁）

「もうひとつは」はやや後方の「回顧法」に掛かり、「一旦」は直下の「過去へ戻って」のみに掛かる。左記なら、「もう一つは、」と切らずとも「もう一つは……回顧法」とつながる。

↓もうひとつは物語の現在から一旦過去へ戻って筆を現在へ進める回顧法だが、……

(d) 単語数にして┐七、八語というから、浜辺のそばの小さな水たまりといったところだ。

（二六五頁）

「単語数にして」が、次の句だけでなくその次の「浜辺のそば」以下の句にも掛かるのであれば「、」が必要だが、ここは「七、八語」にしか掛かっていない。

↓単語数にして七、八語というから、浜辺のそばの小さな水たまりといったところだ。

(e) このとき┐われわれは第二の、文章の中心思想に思いをめぐらしはじめたといってよい。

（二二一頁）

「このとき」も「われわれは」も後段の「めぐらしはじめた」に掛かり、「第二の」は直下の「文章の中心思想」に掛かる。

↓このときわれわれは┐第二の、文章の中心思想に思いをめぐらしはじめたといってよい。

【D－2】

(a) 国語教育の立場からいへば、将来においては、早くから┐こどもにローマ字を授けることは、きはめて、⌝意義が深いと信ずる。それは、ヨーロッパの言語を学ぶための、⌝準備段階として、こゝには、いふのでなく、日本語の音韻組織を、単音にまで分析して、⌝認識せしめうるからである。伝統的な日本語の音韻論的構造特質からすれば、音節をもって、⌝最小の具体的単位とし、それ以上に、⌝分析を進める必要はないかもしれない。いはゞ、日常生活のいとなみにおいては、水を水素と酸素とに分析するところの知識は、⌝不必要であると同じ程度に、「カ」をKaにまで分析することは、日本語としては、実用上は、⌝無用であるかもしれない。（一四〇－一四一頁。亀井孝「国語問題と国語学」）

文章が冗漫になったりギクシャクしたりする一つの要因に読点（、）の多用があることも、知って欲しい。直下の句のみに掛かる言葉に「、」が無数についている。「、⌝」とした箇所である。また、「ここには、いふのでなく、」がどこにどう関わるのか不明で、この部分がいわば宙に浮いている。さらに、「分析」でなく「分解」ではなかろうか。

↓国語教育の立場からいへば、将来においては、早くからこどもにローマ字を授けることは、きはめて意義が深いと信ずる。それは、ヨーロッパの言語を学ぶための準備段階として、といふことでなく、日本語の音韻組織を、単音にまで分解して認識せしめうるからである。伝統的な日本語の音韻論的構造特質からすれば、音節をもって最小の具体的単位とし、それ以上に分解を進める必要はないかもしれない。いはゞ、日常生活のいとなみにおいては、水を水素と酸素とに分解するところの知識は不必要であると同じ程度に、「カ」をKaにまで分解することは、日本語としては、実用上は無用であるかもしれない。

(b) 彼はこのとき、ほかの約束の仕事をしていたのであるが、これを中止して、あえて『福音主義者』を書くにいたったのは、彼の子どもの家庭教師をしていた婦人が、宗教慈善団体のために自分の子どもをうばわれたためであった。（二二一頁。波多野完治『作家の創作心理学』）

直下にしか掛からないのに、「、」のためにどこに掛かるか探してしまう。

↓彼はこのときほかの約束の仕事をしていたのであるが、これを中止してあえて『福音主義者』を書くにいたったのは、彼の子どもの家庭教師をしていた婦人が、宗教慈善団体のために自分の子どもをうばわれたためであった。

【E】

(a) ……明治になると西洋文典の影響もあって大勢の学者が浅い深いの違いはあれ、ここに鍬を入れている。（一七三頁）

「大勢の学者が浅い深い」と読んでしまう。「浅い深いの違いはあれ」が独立した句であることを示すため左記のようにすれば、紛れることはない。

↓　明治になると西洋文典の影響もあって大勢の学者が、浅い深いの違いはあれ、ここに鍬を入れている。

⑽ 岡崎洋三『日本語とテンの打ち方』

読点（「、」、テン）にはどのような機能、意味があるか、どのようなところに打つべきか、打ってはいけないか、を系統だって詳細に論じていて、傾聴に値する。多くの点で納得させられるが、同意・承服出来ないところもいくつかある。「、」に関する考察が一冊の本にまでなるのは珍しく、その分きわめて貴重である。襟を正して見ていきたい。とりわけ目についたのは、テンはその前の語を強調する役割を持つとの、次の（ア）のような論点である。併せて、著者の示す代表的な規範をまず見ていきたい。

【著者の示す規範】

（ア）強調の「、」

(a) 七一 - 七五頁においては、次のような新聞記者の文章を挙げて「強調」の例証としている。

「殺された者の親族に、殺人者を殺す権利が与えられる」というイスラム教の教えがあったが、自分は、新聞記者だから「殺す権利」を「捜す権利」に置き換えることにする。

「自分は、」のテンを、「自分は」の強調、と位置付けているのである。果たして強調になるだろうか。「自分は」は直下の「新聞記者だから」に続くはずなのに、このテンでどこに続くのか分らなくなっていないだろうか。「新聞記者だから殺す権利」と読んでしまわないだろうか。左記のようにして「自分は新聞記者だから」を明示する形にした方が、原著者の意図がより鮮明に表れるのではなかろうか。

↓……自分は新聞記者だから┐「殺す権利」を「捜す権利」に置き換えることにする。

(b) 八七－九一頁においては、憲法の二条文のなかで、主格を示す「が」の後にテンがあったりなかったりするのはなぜか、を論じている。この「が」がどこに掛かるかには全く頓着していない。

五十九条　参議院が┐衆議院の可決した法律案を受け取った後、国会休会中の期間を除いて六十日以内に┐議決しないときは、衆議院は、参議院がその法律案を否決したものとみなすことができる。

六十七条　……国会休会中の期間を除いて十日以内に、参議院が┐指名の議決をしないときは、衆議院の議決を国会の議決とする。

著者の解説は、要旨以下の通りである。

五十九条　はじめの「参議院が」ではひと呼吸おいているのに、後の方の「参議院が」にはテンが打たれていない。「六十日以内に」のテンも少し気になるテンだ。強調のためのテンではないかと思われる。

六十七条　「参議院が」の後のテンは、なくても構わない。強調したかったのだろう。

つまり、このようなテンはいずれも前の言葉を強調するものととらえているのである。

当方の原則からすれば、五十九条の冒頭の「参議院が」は二つの文節を越えて後段の「議決しない」に掛かるからテンが要るのに対し、後半の「参議院が」は直後の「否決した」に掛かるから、テンは要らない。五十九条の「六十日以内に」も直下の「議決しない」のみに掛かるから、テンは付けてはいけない。「……六十日以内に議決しないときは、……」とすべきである。六十七条の「参議院が」も直下の「指名の議決をしない」のみに掛かるから、テンがあっては理解を妨げる。このテンが「参議院が」を強調する役目を果たすとも思えない。

著者は、「……が」がどこに掛かるかという重要な基準を閑却しているとしか思えないのである。

(c) 一一五―一一八頁では、左記の朝日新聞「天声人語」の文章のテンについて解説している。

　この秋、アメリカの旅をした目的の一つはジャイアントセコイアを見ることだった。

　著者はこのテンを、「この秋」の強調、「この秋」のかかり受けの明確化のためのものと、積極的に評価している。しかし「この秋」は直下の「アメリカの旅をした」に掛かるはずなのに、このテンのためにむしろかかり受けが分りにくくなっている。「この秋、……見ることだった」と読んでしまうのである。また、この文の分岐点は「目的の一つは」だろう。「この秋、」のテンはあってもいいが、「目的の一つは」の後の方が優先順位は高い。左記の方が理解しやすいのではなかろうか。

↓この秋（、）アメリカの旅をした目的の一つは、ジャイアントセコイアを見ることだった。

(d) 一七七―一七九頁では、左記の「政府意見広告」（一九八八年六月）のテンの意味を論じている。

　運動員が(a)万一安全上問題のある操作を行おうとしても、(b)動かないような仕組みや、安全を守る装置がどこか故障しても、(c)他の安全装置や設備全体に影響が及ばないようなシステムが取り入れられています。……ソ連チェルノブイル原子力発電所事故については、低い出力においては炉が不安定になるなど、わが国の原子炉と異なり、安全性確保の観点から見て設計上大きな問題があったことに加え、運動員が、(d)原子炉を緊急に停止する装置を故意に切って実験を強行するなど、数々の重大な規律違反を犯したために起こったもので、原子力安全委員会の報告にもある通り、わが国では起こり得ない事故でした。

著者は、(a)にテンを打たないこと自体はいい。(d)のテンは「運動員が」の強調というしかない、と判定している。

当老骨の「原則」からすると、(a)にテンがないのは「運動員が」が直後の「操作を行おうとしても」のみに掛かって後の文節に影響が及ばないからである。(d)のテンは、「強調」より何より、後段の「強行する」、さらには「犯した」にまで掛かるからである。また、前段の分岐点は「システムが」である。

他方、著者はなぜか見過ごしているけれど、「行おうとしても」は直下の「動かない」のみに掛かり、「故障しても」も直後の「影響が及ばない」のみに掛かるから、(b)(c)のテンは要らない。最後に、「……については……起こったもので、……事故でした」はいかにも落ち着かない。以上まとめて、左記のような文にして欲しい。

↓運動員が万一安全上問題のある操作を行おうとしても動かないような仕組みや、安全を守る装置がどこか故障しても他の安全装置や設備全体に影響が及ばないようなシステムが、取り入れられています。……

ソ連チェルノブイル原子力発電所事故については、低い出力においては炉が不安定になるなど、わが国の原子炉と異なり、安全性確保の観点から見て設計上大きな問題があったことに加え、運動員が、原子炉を緊急に停止する装置を故意に切って実験を強行するなど、数々の重大な規律違反を犯したために起こったものとみるべきで、これは、原子力安全委員会の報告にもある通り、わが国では起こり得ない事故でした。

それにしても、福島原発事故のことを考えると、なんと空しい「意見広告」だろう。

(イ) 余分なテン

著者は余分な「、」を「気になるテン」とし、次のような例文を挙げて講評している。（一二二－一二四頁）

⑴ 一度は行って見たかった、あこがれの国。

⑵ 有馬の武器である美しい目を使えない、盲目の役だ。

(4)『プラトーン』は戦争映画を撮ろうと思って作られた、下手な戦闘映画だ。

講評は次の通りである。

テンがなくても読みにくさの心配はないはずだ。というのはかかる言葉と受ける言葉が隣合わせになっているから。……書き手はそこに……何らかの「間」とアクセントを置きたかったのである。……その語句を強調したいという書き手の「思い入れ」みたいなもの……。〔このようなテンを見ると〕どこで文章が切れるのか戸惑う……そこで終わるのかな、と一瞬思う。しかしつぎの瞬間、そうではなく後にかかっているということがわかる。

つまり、すぐ次に掛かるのに、テンがあればそれが分らず、文が終わったと錯覚してしまう、という託宣である。

まず、「というのは……から」は書き言葉の規範としては舌足らずであろう。ここは、……からだ。（あるいは「からである」）として欲しかった。

「みたい」については、すでに触れた。

次に、これらのテンは本当になくもがなのものだろうか。

⑽ 岡崎洋三『日本語とテンの打ち方』

テンの前の語は、いずれも直下の語に掛かっているわけではない。⑴は「あこがれの」と同格で「国」に、⑵は「盲目の」と同格で「役」に、⑷は「下手な」と同格で「戦闘映画」に掛かっている。従って、直下に掛かっているのでないことを示すために、あってもいいテンである。⑵の「盲目」は、前が空くことによって、限定のついた特殊な「盲目」でなく「盲目」一般であることが示されている。例えば、「二本足歩行する、人間」（人間一般）と「だめな人間」（限定された特殊な人間）の違いを見て欲しい。⑷は、冒頭に主格があり、『プラトーン』は……作られた」と読んでしまうことを防ぐためには、確かにない方がいい。文の分岐点は『プラトーン』は」だろうから、左記のようにした方が「読みにくさの心配」なく読める。

↓『プラトーン』は、戦争映画を撮ろうと思って作られた下手な戦闘映画だ。

【A】

(a) 語順が換えられずかつ意味不明なものについてはテンを打つか、それとも言葉そのものを変えなければ誤読は避けられない。（三九頁）

「ものについては」は文末の「避けられない」に掛かり、「打つか」は直後の「変えなければ」に掛かるから、この切り方は不適切だろう。「ものについては」が「テンを打つか」だけに掛かるように読んでしまう。分岐点は「打つか」より「変えなければ」だろう。

左記の方が理解を助ける。

↓語順が換えられずかつ意味不明なものについては⌝テンを打つか、それとも言葉そのものを変えなければ⌝誤読は避けられない。

(b) おおざっぱに言ってアナウンサーや俳優・落語家・教師など⌝話すことを職業にする者とそうでない素人との違いなどがすぐに表われるのではないかと推測できる。（五四頁）

「おおざっぱに言って……教師など」と読んでしまう。「おおざっぱに言って」は後段の「表われる」に掛かり、「……教師など」は直下の「話すことを職業にする者」に掛かるから、この切り方は不適切。また、この文の分岐点は「違いなどが」だろう。左記の方が理解しやすい。

↓おおざっぱに言って⌝アナウンサーや俳優・落語家・教師など話すことを職業にする者とそうでない素人との違いなどが⌝すぐに表われるのではないかと推測できる。

(c) 村の人はみんな良い人達ばかりだが、そういう物を置いといたばかりにだれかがそれを見て⌝ヒョンな気を起さないものでもない。（六〇頁）

「置いといたばかりに……見て」という構造だけれども、「置いといたばかりに　……起さないものでもない」と言おうとしているのではなかろうか。そうであれば、左記の方が望ましい。

↓村の人はみんな良い人達ばかりだが、そういう物を置いといた〔置いておいた〕ばかりに、┐だれかがそれを見てヒョンな気を起さないものでもない。

(d) そして、小説を書くといっても赤川次郎氏や渡辺淳一氏のようなものを書いて流行作家になりたいのか、芸術性の高い作品を書こうというのかも「変数」のひとつであろう。（一〇三頁）

「書くといっても」は「なりたいのか」「書こうというのか」の双方に掛かるから、テンがあった方がいい。また、この文の分岐点は「書こうというのかも」であろう。左記の方が理解しやすい。

↓小説を書くといっても、┐赤川次郎氏や渡辺淳一氏のようなものを書いて流行作家になりたいのか、芸術性の高い作品を書こうというのかも、┐「変数」のひとつであろう。

(e) 読みすすむにつれて『ヒロシマ・ノート』にはテンのようなテンがあること、マル

の代わりのテンがあることがわかる。（一三三頁）

「読みすすむにつれて……テンがあること」と読んでしまう。「読みすすむにつれて」は文末の「わかる」に掛かり、「広告のテンのようなテンがあること」は直下の「マルの代わりのテンがあること」と同格で「が」に掛かるから、このような切り方は不適切。

↓読みすすむにつれて、『ヒロシマ・ノート』には広告のテンのようなテンがあること、マルの代わりのテンがあることがわかる。

(f)『ミカドの肖像』は同じ助詞が連続したり、主部や修飾部がやたらと長かったりしてリズムのとりにくい、ひじょうに座りの悪い文章で充満している。（一六〇頁）

まず、「やたらと」は話し言葉であり、書き言葉の指南書にはいかがかと思う。「『ミカドの肖像』は」は文末の「充満している」に掛かり、「連続したり」は直後の「長かったり」と同格で次の「して」に掛かる。また、一般に「……したり……したりして」は、両文節が短ければ、「……したり、……したりして」よりも「……したり……したりして、」とする方が座りがいい。従って、左記の方が理解しやすいと思うが、いかがだろうか。

↓『ミカドの肖像』は、同じ助詞が連続したり主部や修飾部がむやみに長かったりして、リズムのとりにくい、ひじょうに座りの悪い文章で充満している。

【B】

(a) なぜかといえば「大きい」ということはこの文を読む時点ですでにある程度読者には伝わっているから真っ先に言う必要はなく、それよりも重要な伝達事項として「あまい」を冒頭にもってきたと考えるのが自然だからである。（二三頁）

「なぜかといえば」は文末の「自然だからである」に掛かり、「必要はなく」は中途の「冒頭にもってきた」と同格で中途の「と考える」に掛かるから、この切り方は万全ではない。「なぜかといえば」は「必要はなく」のみに掛かるように読めてしまう。左記の方が理解しやすいように思う。

↓なぜかといえば、「大きい」ということはこの文を読む時点ですでにある程度読者には伝わっているから真っ先に言う必要はなく、それよりも重要な伝達事項として「あまい」を冒頭にもってきたと考えるのが自然だからである。

(b) したがって「作文の手引書」における指導と、新聞や雑誌・単行本において目にする「読点の使われ方」との不一致についても対応できないのである。(三一頁)

「したがって」は文末の「対応できない」に掛かり、「指導と」は中途の「読点の使われ方」と同格で次の「との」に掛かるから、ここで切るのは不適切だろう。また、この文の分岐点としては、「指導と」よりも「不一致についても」の方が重要と思う。左記の方が理解しやすいのではなかろうか。

→したがって、「作文の手引書」における指導と、新聞や雑誌・単行本において目にする「読点の使われ方」との不一致についても、対応できないのである。

ちなみに、この直前の文章は、左記のように冒頭の「したがって」の後に「、」が付されている。

したがって、読点の使われ方や傾向について一般的知識としてひと通り知ることはできても、読点の持つ本格的な機能については、読者はわからない。

(c) 氏はテンの原則は二種類であり、あとは書き手の主観をあらわすものだと述べておられる。

（一八一－一八二頁）

「氏は……二種類であり」と読んでしまう。「氏は」は文末の「述べておられる」に掛かり、「二種類であり」は直後の「あらわすものだ」と同格で次の「と」に掛かるから、この切り方は不適切で、左記が望まれる。

↓氏は、テンの原則は二種類であり、あとは書き手の主観をあらわすものだと述べておられる。

【C】

(a) これはテンを打つか、それとも別の言葉に変えるかしなければどうもスッキリしない。

（四〇頁）

「これは……打つ」と読んでしまう。「これは」は文末の「スッキリしない」に掛かり、「打つか」は直後の「変えるか」と同格で「しなければ」に掛かる。さらに、この文の「打つか」より重要な分岐点は「しなければ」だろう。併せて、左記の方が理解しやすい。

↓これは、テンを打つか、それとも別の言葉に変えるかしなければ、どうもスッキリしない。

(b) 情報の、質と量とスピードが、文明の盛衰を決定する。(五一頁)

この例文について著者は、「情報の、」のテンは「質」「量」「スピード」に等分に掛かるから必要で、「スピードが、」のテンは「別になくてもいい」と判定している。しかし、これでは「情報の」がどこに掛かるのか分らず探してしまう恐れがある。しかも、離れた三つの文節に掛かるのでなく、連続した三つの単語に掛かるにすぎない。「情報の質と量とスピードが」としても「情報の質」及び「量とスピード」とは読めないと思う。逆に、この文の分岐点は「スピードが」だろうから、後半のテンの方がむしろ必要だろう。左記を比べていただきたい。どちらがすっと頭に入るだろうか。

↓情報の、質と量とスピードが文明の盛衰を決定する。
　情報の質と量とスピードが、文明の盛衰を決定する。

(c) 参考までに、一九八四年度のベストセラーである同氏の『三毛猫ホームズのびっくり箱』から一部引用しておくとそれは以下のようなものである。(八一 - 八二頁)

分岐点は明らかに「おくと」にあり、ここにテンがなければ「参考までに」も宙に浮いてしまう。

↓参考までに、一九八四年度のベストセラーである同氏の『三毛猫ホームズのびっくり箱』から一部引用しておくと、」それは以下のようなものである。

(d)大江健三郎の文章を、無用なテンが多いとして、左記のようにテン削している。（一三三頁）

八三万個の白血球をもち、内臓のありとある組織に癌をもち、背骨は軽石のようだったあの老人のカルテもまた水のような音を立てて流れているのだろう。

「ありとある」については、第一章二参照。

原典は「軽石のようだった、」「あの老人」で、このテンは確かに不要かも知れない。しかし、「……もち、……もち、……ようだった」の三文節が次の「あの老人」に掛かっているから、「ようだった」のみが掛かっているのではないことを示すために、テンがあってもいい。この文章が読みにくいのは、むしろ、最大の分岐点の「カルテもまた」にテンが打たれていないことによるのではないか。「もち、……もち、……流れている」と読んでしまうからである。左記のようにすれば理解しやすいのではなかろうか。

↓八三万個の白血球をもち、内臓のありとあらゆる組織に癌をもち、背骨は軽石のようだったあの老人のカルテもまた、水のような音を立てて流れているのだろう。

(e) 読者に、数字やデータなどのほかの部分において誇張はないということを信頼してもらうために、そして反対者につけこまれないためにも使わない方がいい。(一五〇頁)

この文の最大の分岐点は「ためにも」だろうから、ここにもテンがあった方がいい。また、どちらかと言えば、「ために、……ためにも」より左記のように「ためにも、……ためにも」の方が座り心地がいい。

↓読者に、数字やデータなどのほかの部分において誇張はないということを信頼してもらうためにも、そして反対者につけこまれないためにも、使わない方がいい。

(f) どちらが読みやすく、かつ正確に意味を取ることができるかは言うまでもないだろう。(一五二頁)

「読みやすく……言うまでもない」と読んでしまう。この文の最大の分岐点は「できるかは」だから、左記のようにして欲しい。

↓どちらが読みやすく、かつ正確に意味を取ることができるかは┐言うまでもないだろう。

(g) 猪瀬直樹氏の文章中のテンは一貫性、論理性を欠く、として、テンの全くない例文に左記のようなテンを打つよう助言している。（一五八頁）

そこに┐写真や肖像画という限りなく実在の人物に近いリアルな像を提供するメディアが相乗りするという現象がなぜ起きたのか。

確かに、テンがどこにもないと何がどこに掛かるか分らず、読みにくいこと甚だしい。しかし、「そこに」にテンを打つと、「そこに、……なぜ起きたのか」と読んでしまう。猪瀬氏が言おうとしたのは「そこに……相乗りする」ということではなかったのか。そうとすれば、「相乗りする」までまとまった文節にして一気に読ませた方がいい。この文章の分岐点が「相乗りする」でもあることから、左記のようにテンを打った方が理解を助ける。

↓そこに写真や肖像画という限りなく実在の人物に近いリアルな像を提供するメディアが相乗りする┐という現象がなぜ起きたのか。

【F】

(a)「真実」などという曖昧模糊とした、ことの真相に靄がかかったような言葉を使うべきではないのではないか。（一三九頁）

「などという」は、「曖昧模糊とした」「ことの真相に靄がかかったような」と同格で「言葉」に掛かる。同格の一方をつなげ他方を切るのは不適切ではないか。これでは「などという曖昧模糊」と読んでしまう。左記のように平等に扱った方が読みやすいのではなかろうか。

↓「真実」などという、曖昧模糊とした、ことの真相に靄がかかったような言葉を使うべきではないのではないか。

⑾ 倉田 稔『学生と社会人のための文章読本』

著者は「読点」の項（二四－三〇頁）で、「、」の位置によって意味の違いが出る場合、などの原則を挙げているが、どこに掛かるかに関わる、といった点には触れていない。「あまり短い文にはテンを打たない方がよい。逆に、長い文にはテンを打った方がよい」などと、あまりにも茫漠とした結論を導いている。

【D】

(a) 読点がないと、全く違う意味になってしまう文には、必ずテンをつけねばならない。（二五頁）

「読点がないと」は直下の「全く違う意味になってしまう」のみに掛かって、末尾の句には掛からないから、「、」は要らない。この「、」のために、「読点がないと」がどこに掛かるか探してしまう。

↓読点がないと全く違う意味になってしまう文には、必ずテンをつけねばならない。

すぐ下に、次のような文がある。

しかし普通は、それほどの文章は書けないから、打った方がよい。

この場合には、「普通は、」は「書けないから」のみでなく末尾の「打った方がよい」にも掛かるから、この「、」はあった方がよい。

(b) 日本語ではまず初めに語順を考えて⏋伝達すべきであり、読点は、それでもできない時に打つ方がよい。（二六頁）

「考えて」は直下の「伝達すべき」のみに掛かる。ところで、これでは何の指針にもならないと思うが、いかがだろうか。

↓日本語ではまず初めに語順を考えて伝達すべきであり、読点は、それでもできない時に打つ方がよい。

(c) これは本書とは⏋直接の関係はないが、いくつか羅列しておこう。（三五頁）

第九章　読点「、」の位置

⑾ 倉田 稔『学生と社会人のための文章読本』

同じ理由で、

↓これは本書とは直接の関係はないが、いくつか羅列しておこう。

⑿ 大倉徹也『超文章読本』

【A】

(a) 文章家の中には「語ることは書くこととは違う」というので、「語り口調の文章を嫌う人もいるが、わたしはそうは思っていない。(四六頁)

「文章家の中には」は後段の「いる」に掛かり、「というので」は中途の「嫌う」に掛かるから。

↓文章家の中には、「語ることは書くこととは違う」というので語り口調の文章を嫌う人もいるが、……

(b) とりあえずは限られた時間のなかで、「どうやって自分を紹介するか、少しは整理して考えておく必要があるだろう。(五〇頁)

「とりあえずは……時間のなかで、」と読んでしまう。著者の言わんとしたところはそうでなく、「とりあえずは……考えておく」、「時間のなかで……紹介する」なのであろう。そうであれば、左記のようにすれば誤読は生じない。

↓とりあえずは、┐限られた時間のなかでどうやって自分を紹介するか、少しは整理して考えておく必要があるだろう。

(c) あなたはあなたでその「友人」の思い出話が、┐なぜこころに残ったのかを説明しなければならない。（一一二頁）

↓あなたはあなたで、┐その「友人」の思い出話がなぜこころに残ったのかを説明しなければならない。

(d) その人によると武蔵と吉原の関係といい、吉原「自由都市」説といい、そのころの歴史に詳しい人なら誰でも知っていること、……ということだった。（一七四頁）

↓その人によると、┐武蔵と吉原の関係といい、吉原「自由都市」説といい、そのころの歴史に詳しい人なら誰でも知っていること、……

(e) そういわれてもわたしにとっておもしろいものは、┐おもしろいのだから仕方がない。（一七四頁）

「そういわれても……おもしろい」と読んでしまう。

↓そういわれても、┐わたしにとっておもしろいものはおもしろいのだから、┐仕方がない。

(f)ここでいう恥とは「恥ずかしい文章」を書いて、それで恥をかくという意味ではない。
(二二二頁)

↓ここでいう恥とは、┐「恥ずかしい文章」を書いて、それで恥をかくという意味ではない。

【B】

(a)作者は男が「そいつ」のことを考えて、┐「いや」というまでに「間」があったことを強調して、「そいつ」を読者に印象づけようとしているわけだ。(二七頁)

「作者は」は後段の「強調して」に掛かり、「考えて」は直下の「『いや』という」に掛かる。

↓作者は、┐男が「そいつ」のことを考えて「いや」というまでに「間」があったことを強調して、……

(b)そこへ婚約者の友人で、┓ろくでなしの青年が現れる。……
問題は娘が去ったあとで、母親が燐家の奥さんと交わす会話だ。（三七頁）
↓そこへ、┓婚約者の友人でろくでなしの青年が現れる。
問題は、┓娘が去ったあとで、母親が燐家の奥さんと交わす会話だ。
「そこへ」は文末の「現れる」に掛かり、「友人で」は直下の「ろくでなし」に掛かる。「問題は」も文末の「会話だ」に掛かり、「あとで」は中途の「交わす」に掛かる。

(c)この「弔辞」は「私」、すなわちこの本の著者である永六輔が、永六輔自身のために書いたはずだった。（六九頁）
「この『弔辞』は」は後段の「書いた」に掛かり、「私」は直下の「すなわちこの本の著者である永六輔」に掛かる。

↓この弔辞は、┓「私」、すなわちこの本の著者である永六輔が、永六輔自身のために書いたはずだった。

(d)このことは永さんの父君、永忠順氏がよくいっていた「俗談平話」と重なるそうで、……（七六頁）

「このことは」は後段の「重なる」に掛かり、「父君」は直下の「永忠順氏」に掛かる。

↓このことは、永さんの父君、永忠順氏がよくいっていた「俗談平話」と重なるそうで、……

(e)このことは簡潔な文章を書こうとするとき、その文章で読者に伝えるべき情報を整理することが大切だということを教えてくれる。（九八頁）

「書こうとするとき、……教えてくれる」と読んでしまう。著者は「書こうとするとき……整理する」と言おうとしたのではなかろうか。そうであれば、左記のようにすれば誤読を防げる。

↓このことは、簡潔な文章を書こうとするとき、その文章で読者に伝えるべき情報を整理することが大切だ、ということを教えてくれる。

(f) このことはわたしたちが新聞記事をもとに文章を書こうとするとき、どちらの側に立つかで見方が変わってくることを教えてくれる。（一〇一頁）

「書こうとするとき、……教えてくれる」と読んでしまう。「このことは」が文末の「教えてくれる」に掛かり、「書こうとするとき」は直下の「どちらの側に立つか」に掛かるのだろう。

↓このことは、┐わたしたちが新聞記事をもとに文章を書こうとするとき、どちらの側に立つかで見方が変わってくることを教えてくれる。

(g) なぜならルポルタージュが、┐ルポルタージュとしてまっとうであることと、その文章で構築された文章世界が「文学」であることとは、まったく別の事柄だからである。（一四三頁）

↓なぜなら、┐ルポルタージュがルポルタージュとしてまっとうであることと、その文章で構築された文章世界が「文学」であることとは、……

(h) このことは記録する文章を書こうとするとき、書き手である自分を、┐どちらの「側」におくかを明確にしておく必要がある、ということを教えてくれる。（一五〇頁）

「このことは……書こうとするとき、……教えてくれる」と読んでしまう。

↓このことは、記録する文章を書こうとするとき、書き手である自分をどちらの「側」におくかを明確にしておく必要がある、ということを教えてくれる。

(i)そこには「吉原」という遊郭を、江戸時代という体制社会のなかでの「自由都市」だったとする作者の見方が根底にあるのだが、……(一六九頁)

↓そこには、「吉原」という遊郭を江戸時代という体制社会のなかでの「自由都市」だったとする作者の見方が根底にあるのだが、……

(j)ここでわたしが直接聞いた、ある小説家の、世間から見れば「非常識」な生活を紹介しておきたい。(一七八頁)

↓ここで、わたしが直接聞いた、ある小説家の、世間から見れば「非常識」な生活を紹介しておきたい。

(k)それは友人の自死の原因を、速断した人たちに対する「怒り」だった。(一九〇頁)

「それは」は文末の「『怒り』だった」に掛かり、「原因を」は直下の「即断した」に掛かる。

↓それは、┐友人の自死の原因を速断した人たちに対する「怒り」だった。

【C】

(a) こういうふうに、小説の文章のヨシアシを、┐その情報量で判断する方法は文学的ではないかもしれない。（一〇〇頁）

「ヨシアシを」がどこに掛かるのか探してしまう。また、この文の分岐点は「方法は」だろう。

↓こういうふうに、小説の文章のヨシアシをその情報量で判断する方法は、┐文学的ではないかもしれない。

(b) だから取材に行きたいが、┐会えるだろうか、会えたとしてもちゃんと話してくれるだろうかという不安をもっている。（一五九頁）

「だから取材に行きたい」と読んでしまう。

↓だから⌝取材に行きたいが会えるだろうか、会えたとしてもちゃんと話してくれるだろうか⌝という不安をもっている。

(c)この説明は自分の文章を他人に「読んでいただく」場合に⌝どういう語感の言葉を選ぶかというのが⌝なかなか大切だということを教えてくれる。（一九五頁）

↓この説明は⌝自分の文章を他人に「読んでいただく」場合にどういう語感の言葉を選ぶかがなかなか大切だということを⌝教えてくれる。

【D】

(a)鮫島と晶の身に⌝それから起こったさまざまな事件がすべて解決したとき、二人は倉庫のなかにいた。（二七頁）

「身に」は直下の「それから起こった」のみに掛かるから、「、」は理解を妨げる。

↓鮫島と晶の身にそれから起こったさまざまな事件がすべて解決したとき、……

(b) そこでコピーライターの世界では、┐じっさいにどのように使われているかを、仲畑説に従って説明しよう。（一二六頁）

↓そこで、コピーライターの世界ではじっさいにどのように使われているかを、仲畑説に従って説明しよう。

(c) 資料調べは必要だが、自らからだを動かして、┐現場にいく必要はない「読み物」もあるかもしれない。（一四二頁）

↓……自らからだを動かして現場にいく必要はない「読み物」もあるかもしれない。

(d) 原文では、┐友人を実名で書いているが、ここではAと書く。（一九〇頁）

【B】の(k)と逆に、ここには冒頭の語の後になくもがなの「、」が入っている。「原文では」は直後の「友人を実名で書いている」のみに掛かるから、「、」はない方が理解しやすい。

↓原文では友人を実名で書いているが、ここではAと書く。

【H】

(a) わたしは生涯に一作でもいい、大傑作を書きたいと思っているタイプではない。(五頁)

「わたしは……一作でもいい」と読んでしまう。それに、「考え」をくった方が分りやすい。

↓わたしは˥生涯に一作でもいい、大傑作を書きたい˥と思っているタイプではない。

(b) メッセージとは書き手であるあなたが観客(読者)に対して˥これだけはいっておきたいという言葉である。(八九頁)

「メッセージとは」は文末の「言葉である」に掛かり、「対して」は中途の「いっておきたい」に掛かる。

↓メッセージとは˥書き手であるあなたが観客(読者)に対してこれだけはいっておきたい˥という言葉である。

⒀ 金田一春彦『ホンモノの日本語を話していますか？』

文の勢いを重視するためであろうか、最初の二文節が切り離されていない場合が多い。それぞれがどこに掛かるかにあまり頓着しておられないようである。

【A】

(a) 日本人はどうも昔から日本のものより┐外国のものの方が一段上だと思っている。（七頁）

「昔から」は文末の「思っている」に掛かり、「日本のものより」は直下の「外国のものの方が」に掛かるから、この切り方は不親切だろう。左記が望ましい。

↓日本人はどうも昔から┐日本のものより外国のものの方が一段上だと思っている。

(b) 日本人だったら三列にならんでも┐四列に並んでもすぐに計算ができるので、……（三四頁）

「日本人だったら」は後段の「計算ができる」に掛かり、「三列にならんでも」は直下の「四列に並んでも」に掛かる。

↓日本人だったら、┐三列にならんでも四列に並んでもすぐに計算ができるので、……

(c)正直なところ私はあまりきれいな言葉が並んでいる、┐という印象を持たない。(四〇頁)

「私は……並んでいる」と読んでしまう。「私は」は文末の「印象を持たない」に掛かり、「並んでいる」は直下の「という」に掛かる。

↓正直なところ私は、┐あまりきれいな言葉が並んでいるという印象を持たない。

(d)よく外国人から日本語は論理的ではない、と言われるが、……(七七頁)

↓よく外国人から、┐日本語は論理的ではない、と言われるが、……

(e)西郷従道さんはそのような席上で、┐何か話した経験がない。(八〇頁)

「席上で、……経験がない」と読める。

↓西郷従道さんは、⌉そのような席上で何か話した経験がない。

(f) 来ている人はあの話が終わったらご馳走を食べられる、と話が終わるのを心待ちにしているが、……（八四頁）

↓来ている人は、⌉あの話が終わったらご馳走を食べられる、と話が終わるのを心待ちにしているが、……

(g) しかし中国人は桃やスモモの実はおいしいから、それを食べようとして道ができる、と解釈するのだとか。（一七〇頁）

↓しかし中国人は、⌉桃やスモモの実はおいしいから、それを食べようとして道ができる、と解釈するのだとか。

(h) 私はいままでは神様というものは、⌉私が勉強すれば、⌉褒めてくださるものと信じていた。（二〇五頁）

↓私はいままでは、「神様というものは私が勉強すれば褒めてくださるものと信じていた。

【B】

(a) 私は言葉を機械化する機能を持つ、「最新機器の開発にも携わったことがあるが、その関係者も「……」と言っている。（一八頁）

「私は……機能を持つ」と読んでしまう。「私は」は後段の「携わったことがある」に掛かり、「機能を持つ」は直下の「最新機器」に掛かる。

↓私は、「言葉を機械化する機能を持つ最新機器の開発にも携わったことがあるが、……

(b) 日本人はなるべくしゃべらない方がいい、ものは言わない方がいい、とこういう考えが根本にあると思う。（六〇頁）

「日本人は」は末尾の「根本にある」に掛かり、「しゃべらない方がいい」は直下の「ものは言わない方がいい」と同格で次の「とこういう」に掛かる。

⒀ 金田一春彦『ホンモノの日本語を話していますか？』

↓日本人は┐なるべくしゃべらない方がいい、ものは言わない方がいい、とこういう考えが根本にあると思う。

(c) 男性は自分が助けたことが果たして良かったのか┐よくわからなかったが、とりあえず「助かって良かったですね」と声をかけた。（六三－六四頁）

「男性は」は文末の「声をかけた」に掛かり、「良かったのか」は直下の「よくわからなかった」のみに掛かる。

↓男性は┐自分が助けたことが果たして良かったのかよくわからなかったが、とりあえず「助かって良かったですね」と声をかけた。

(d) まず仲人が今日の新郎は、今日の新婦は、と紹介を始める。（八三頁）

↓まず仲人が┐今日の新郎は、今日の新婦は、と紹介を始める。

(e) 相手にご心配にはおよびませんよ、ということを伝えればいいのだ。（八六頁）

↓相手に「ご心配にはおよびませんよ、ということを伝えればいいのだ。

(f)そこで私の必要なのは「バンコックの地図だと言った。（九七頁）

↓そこで、私の必要なのはバンコックの地図だと言った。

「そこで……必要」と読める。

(g)日本人はわからないことでも「わかったような顔をしてイエス」と返事をすることで、欧米人からイエスマンと言われるようになったのだと思うのである。（九八頁）

「顔をして」は「返事をする」に掛かり、「イエス」は直下の「と」に掛かる。

↓日本人は「わからないことでもわかったような顔をしてイエスと返事をすることで、欧米人からイエスマンと言われるようになったのだと思うのである。

(h)これは初夏の若葉が特に美しく映えるころに感じられる、独特のけだるさを言うそうだが、何となく共感を呼ぶ表現である。（一一八頁）

⒀ 金田一春彦『ホンモノの日本語を話していますか？』

↓これは˥初夏の若葉が特に美しく映えるころに感じられる、独特のけだるさを言うそうだが、何となく共感を呼ぶ表現である。

(i) これは日本人は他人から貰ったのを有難いことだと感謝している、そういうやさしい気持ちを反映しているように解釈したい。（一三五頁）

↓これは˥日本人は他人から貰った**こと**を有難いことだと感謝している、……

(j) そうすると先に述べた、義平が「いざ見参せん」と言っているのは、相手を目下のものとみて、「……」と言っていることになる。（一八〇頁）

「そうすると」は文末の「言っていることになる」に掛かり、「先に述べた」は中途の「言っているの」に掛かる。

↓そうすると˥先に述べた、義平が「いざ見参せん」と言っているのは、相手を目下のものとみて、……

(k) いかにも山の奥の木の枝に寒そうに縮こまって震えている猿の姿が浮かんできそうな名句だが、……(一九三頁)

↓いかにも山の奥の木の枝に寒そうに縮こまって震えている猿の姿が浮かんできそうな名句だが、……

「いかにも……木の枝に」と読めてしまう。

(l) あれも冬の庭で美しさを誇っている、その梅に負けないくらいきれいだぞ、と張り合っている意味の命名ではないだろうか。(二〇一頁)

↓あれも冬の庭で美しさを誇っている、その梅に負けないくらいきれいだぞ、と張り合っている意味の命名ではないだろうか。

「あれも……誇っている」と読める。

(m) 女性は漢語など難しい言葉は使うものではないとされ、やさしい大和言葉を使うように教育されたが、……(二一一頁)

「女性は」は「使うものではない」「教育された」に掛かり、「漢語など」は直下の「難しい言葉」のみに掛かる。

↓女性は、┐漢語など難しい言葉は使うものではないとされ、やさしい大和言葉を使うように教育されたが、……

【C】

(a) 相手の心に負担をかける、恩に着せるような言い方を日本人は非常に嫌う傾向がある。（六五頁）

この文の分岐点としては、「言い方を」の方が重要だと思う。

↓相手の心に負担をかける、恩に着せるような言い方を、┐日本人は非常に嫌う傾向がある。

【D】

(a) ところが富山唯継という金持ちが出てきて、お宮の美貌に惚れ込み、お宮の両親に結婚させろ、┐と言ってきた。（六八頁）

「お宮の両親に」は「言ってきた」に掛かり、「結婚させろ」は直下の「と」に掛かる。左記の方が望ましいのではなかろうか。

↓……お宮の両親に結婚させろと言ってきた。

(ここに「、」は要らないが、打つとすればむしろ、「お宮の両親に、結婚させろと言ってきた」)。

(b) 亡くなった人の霊前に捧げるのは「香典」である。病気の人、災害にあった人への贈り物は、「お見舞い」で、香典にはまた「香典返し」という付属の贈り物がある。(一三四頁)

↓……病気の人、災害にあった人への贈り物は「お見舞い」で、……

【H】

(a) そう言われて本多〔勝一〕さんは、「月の砂漠」の作者は日本以外の自然に対していかに無知であるかを、はからずも暴露してしまったと書いていらした。(四七頁)

「本多さんは……無知であるかを」と読んでしまう。「本多さん」の言葉をひとくくりにした方

⒀ 金田一春彦『ホンモノの日本語を話していますか？』

が分りやすい。

↓そう言われて本多さんは、「月の砂漠」の作者は日本以外の自然に対していかに無知であるかをはからずも暴露してしまった、と書いていらした。

(b) そのKさんが今度の月曜に、東京の有名店のものが欲しいと言われる。（二〇四頁）

「今度の月曜に……言われる」と読めてしまう。

↓そのKさんが、今度の月曜に東京の有名店のものが欲しい、と言われる。

【I】

(a) クローバーは夏の日盛りに、元気よく日なたに咲いている花で、遊女の趣を感じさせない。（二一八頁）

「日盛りに」は直下の「気よく日なたに」と同格で次の「咲いている」に掛かるから、「、」を取り払った方が理解しやすい。次のようにすれば、「クローバーは……花で、……感じさせない」と文を成す。

↓クローバーは夏の日盛りに元気よく日なたに咲いている花で、遊女の趣を感じさせない。

【J】

(a) 何でも「いやだわ」と言うわけだが、この「いやだわ」は、「本当の「いやだわ」、こっちは嘘の「いやだわ」、と貫一はちゃんと理解して、……（九四頁）

「この『いやだわ』は」は「こっちは」と対応しているから、片方に「、」を付すのは整合性を欠くのではなかろうか。また、「この「『いやだわ』は」は直下の「本当の『いやだわ』」のみに掛かる。

↓……この「いやだわ」は本当の「いやだわ」、こっちは嘘の「いやだわ」、と貫一はちゃんと理解して、……

⒁ 大野 晋『日本語の教室』

【A】

(a) しかしこれは遠い南インドと日本との、それこそ遠い古代の何かの深い関係の一つの象徴なのかもしれない。(三二一頁)

「しかしこれは」は文末の「かもしれない」に掛かり、「インドと日本との」は直後の「遠い古代の何かの深い」と同格で中途の「関係」に掛かるから、左記のように切って欲しい。

↓しかしこれは、遠い南インドと日本との、……

(b) 私の研究はその後も『ドラヴィダ語語源辞典』を詳しく読んで、タミル語の単語と日本語の単語の意味と形を照らし合わせる程度の段階でした。(三三三頁)

「その後も……詳しく読んで」と読んでしまう。「その後も」は文末の「段階でした」に掛かり、「読んで」は中途の「照らし合わせる」に掛かる。

↓私の研究はその後も、『ドラヴィダ語語源辞典』を詳しく読んで、……

(c)一体に自分は和文のような、柔らかいだらだらしたものは嫌いで、漢文のような強い力のある、即ち雄勁なものが好きだ。（一一七頁。夏目漱石「余が文章に裨益せし書籍」）

「自分は」は「嫌いで、……好きだ」に掛かり、「和文のような」は直下の「柔らかいだらだらした」と同格で、「もの」に掛かる。従って、左記のようにした方が理解しやすい。

↓一体に自分は、和文のような、柔らかいだらだらしたものは嫌いで、……

(d)私はここで漢文を読まなくなった日本人、ことに漢字教育の大幅な削減のもとで育った敗戦後の日本人を心に置いているのです。（一二七頁）

「私はここで」は文末の「心に置いている」に掛かり、「日本人」は中途の「日本人」と同格で「を」に掛かる。「私は……日本人」と読んでしまわないために、左記のように切って欲しい。

↓私はここで、漢文を読まなくなった日本人、……

(e) 二六字は、それを組み合わせて単語を作る要素にすぎず、組み合わせた結果は結局一万語は知らなくては新聞を読むことも⌉文章を書くこともできない。（一五〇－一五一頁）

↓ 二六字は、それを組み合わせて単語を作る要素にすぎず、組み合わせた結果は⌉結局一万語は知らなくては新聞を読むことも文章を書くこともできない。

「結果は」は文末の「できない」に掛かり、「読むことも」は直下の「書くことも」と同格である。従って、左記のようにした方が理解しやすいと思う。

(f) ローマの文明は軍備といい、政治組織といい、学問芸術といい、ケルト語の人々を圧倒するだけの、豊かな、整った文明でした。（二〇一頁）

「ローマの文明は軍備といい」が独り歩きしてしまう。「ローマの文明は」は文末の「文明でした」に掛かり、「軍備といい」は、次の二つの「といい」と同格だから、左記のようにして欲しい。

↓ ローマの文明は、⌉軍備といい、……

【B】

(a) 私がタミル語という、自分でも正体を知らない言語が日本語と関係しているだろうという見込みを持ったのも、一つのきっかけからでした。（二六－二七頁）

「私がタミル語という」が独り歩きして、意味がつかみにくい。「私が」は後段の「持った」に掛かり、「タミル語という」は直下の「自分でも正体を知らない」と同格でその次の「言語」に掛かる。

↓私が、┐タミル語という、自分でも正体を知らない言語……

(b) カナシは人の死に直面して、自分は無力で、もはやどうにもできない、取り返すことはできないと感じたときの自分自身の気持をいうでしょう。（六〇頁）

「カナシは……直面して」と読んでしまう。「カナシ」は文末の「いうでしょう」に掛かり、「直面して」は中途の「感じた」に掛かるから、「カナシ」は切り離す必要がある。

↓カナシは、┐人の死に直面して、……

(c) 彼は英文と、和文、漢文にわたって述べています。（一一七頁）

「彼は」は文末の「述べています」に掛かり、「英文と」は直後の「和文、」「漢文」と同格で、「にわたって」に掛かる。左記のように、切り離して欲しい。

↓彼は、⌉英文と、和文、漢文にわたって述べています。

(d) それは情趣に傾かない、文章の論理性、明晰さへの志向を、彼らが若い頃から心の底に養っていたということです。（一二六頁）

「それは」は文末の「養っていたということです」に掛かり、「傾かない」は直下の「文章の論理性、明晰さへの」と同格で、次の「志向」に掛かるから、次のように切って欲しい。

↓それは、⌉情趣に傾かない、文章の論理性、明晰さへの志向を、……

(e) これらは長い人生を生きるうちに、⌉ああそうなのだと分かる多くの智恵を与えてくれるものでした。（一三九頁）

「生きるうちに、与えてくれる」と読んでしまうが、よくよく吟味すれば、「生きるうちに……分る」と諭されているのだと分ってくる。

「これらは」は文末の「与えてくれる」に掛かり、「生きるうちに」は中途の「分る」に掛かるわけだから、左記のようにすれば、あまり考え込まずともすんなり理解できる。原則「H」とも関係する。

↓これらは、┐長い人生を生きるうちにああそうなのだと分る、┐多くの智恵を与えてくれるものでした。

(f)アメリカは国字政策として漢字を全廃し、┐ローマ字か仮名に変更するようにとの勧告、つまり行政命令をすでに出しているので、……。（一五三頁）

「アメリカは」は末尾の「出している」に掛かり、「全廃し」は直後の「変更する」と同格で「ように」に掛かる。左記のようにした方が理解しやすい。

↓アメリカは、┐国字政策として漢字を全廃しローマ字か仮名に変更するようにとの勧告、つまり行政命令をすでに出しているので、……

⒁ 大野 晋『日本語の教室』

(g) それは物事をきちんと見て、起こりうる事実は何なのかを認識する力がなかったこと、真実に誠意を以て対処する心が欠けていることを示すでしょう。（一七八頁）

「それは……見て」と読んでしまう。「それは」は文末の「示すでしょう」に掛かり、「見て」は中途の「認識する」に掛かる。

↓それは、物事をきちんと見て、……

(h) これは私が日本語と向き会うときに、「学問・研究」の正しい方法と思って心懸けて来た手法、研究の実際的進行そのものです。それを、インド・ヨーロッパ語では、祖語の段階からギリシャ語までの間にすでに行動として具体的に歩んでいた。（二〇〇頁）

前半の文の「これは」は後段の「手法」、「進行そのもの」に掛かり、「ときに」は中途の「心懸けて来た」に掛かるから、「これは」を切り離す必要がある。こんな短い語を独立させる必要はない、と言われる向きもあるかも知れないが、後半の文ではちゃんと「それを」が切り離されている。

↓これは、私が日本語と向き会うときに、……

(i)ここに文明を作り出して来た集団と、文明を輸入することが常に第一である集団との、行動と言語の様相の相違がはっきりと見える。（二〇〇頁）

「ここに」は文末の「見える」に掛かり、「集団と」は中途の「集団との」に掛かるから、左記が望ましい。

↓ここに、文明を作り出して来た集団と、……

【C】

(a)それは日本に科学が長い歴史の時間を通して、ほとんど発達しなかったことに対応する言語的事実なのです。（二〇〇－二〇一頁）

「それは」がどこに続くのか、探してしまう。「それは」は文末の「言語的事実なのです」に掛かり、「通して」は直後の「発達しなかった」に掛かり、この切り方が不適切なためである。「通して発達しなかった」は続けた方が分りやすい。「日本に科学が長い歴史の時間を通してほとんど発達しなかったことに対応する」との文節全体が、途中を切らない方が分りやすいともいえる。「それは」が「言語的事実なのです」に続くことを明示するため、「言語的事実」の前に「、」を付した方がいいようにも思う。「対応する」が分岐点だともいえる。左記のようにすれば理解しやすいのではなかろうか。

↓それは、日本に科学が長い歴史の時間を通してほとんど発達しなかったことに対応する、言語的事実なのです。

(b)極端にいえばアメリカの文明力が低下し、崩れて行く事態がないとはいえない。（二二五頁）

「極端にいえば」は文末の「ないとはいえない」に掛かり、「低下し」は直下の「行く」と同格で「事態」に掛かる。分岐点は「事態が」だろう。

↓極端にいえば、アメリカの文明力が低下し崩れて行く事態が、ないとはいえない。

【F】

(a)マチネ・ポエティクの雑誌が新しく出発する時の宣言文は若々しい、リズムがある見事な文章です。（七六頁）

「宣言文は若々しい」が独り歩きするように見える。「宣言文は」は文末の「文章です」に掛かり、「若々しい」は直下の「リズムがある」、次の「見事な」と同格である。「若々しい、」と切るのであれば、「リズムがある」でも切った方が一貫性があるのではなかろうか。

↓マチネ・ポエティクの雑誌が新しく出発する時の宣言文は、若々しい、リズムがある、見事な文章です。

【H】

(a) 今さら現代日本語教育の中に漢文や、その訓読系の文章をそのまま復活させるべきだと言うつもりはないのです。（一三六頁）

「中に漢文や」と読んでしまう。「現代日本語教育の中に」は後段の「復活させる」に掛かり、「漢文や」は直下の「その訓読系の文章」と同格で、「を」に掛かる。「今さら」は文末の「言うつもりはない」に掛かる。

「今さら……言うつもりはない」と言おうとされたものと思われる。そうであれば、左記のようにして欲しい。

↓今さら、現代日本語教育の中に漢文やその訓読系の文章をそのまま復活させるべきだ、と言うつもりはないのです。

【I】

(a) 彼は一八九〇年（明治二三年）から五年間ドイツその他に留学して、ヨーロッパの言語学を学んで来た人です。（一四八頁）

↓彼は、一八九〇年（明治二三年）から五年間ドイツその他に留学して、……

「彼は」は文末の「人です」に掛かり、「留学して」は中途の「学んで来た」に掛かるから、とした方が分りやすい。あるいは左記のようにすれば、「彼は……留学して……学んできました」となるから、不自然な掛かり方がなくなる。

↓彼は一八九〇年（明治二三年）から五年間ドイツその他に留学して、ヨーロッパの言語学を学んで来ました。

⒂ 中条省平『文章読本　文豪に学ぶテクニック講座』

学ぶべき文章として提示された作家の文章も、著者・中条氏の賛辞の文章も、読点「、」の位置について配慮が行き届いていないように思える。

【A】

(a) 二人の子供は創の痛と心の恐とに気を失いそうになるのを、ようよう堪え忍んで、どこをどう歩いたともなく、三の木戸の小家に帰る。（一七頁。森鷗外『山椒大夫』）

「二人の子供は」は、「堪え忍んで」ばかりでなく、文末の「帰る」にまで掛かる。他方「気を失いそうになるのを」は直下の「堪え忍んで」のみに掛かる。従って、「二人の子供は」と「気を失いそうになるのを」とは切り離す必要がある。

↓ 二人の子供は、創の痛と心の恐とに気を失いそうになるのを（、）ようよう堪え忍んで、どこをどう歩いたともなく、三の木戸の小家に帰る。

(b) 赤ペンキの看板がそれから、┐それへと続いた。（二四頁。夏目漱石『それから』）

「看板が」は文末の「続いた」に掛かり、「それから」は直下の「それへと」に掛かる。

↓赤ペンキの看板が、┐それからそれへと続いた。

　こうしてしまうと「それから」という小説名が生きなくなってしまう、ということであれば、「それから、」のままでもいいだろうけれど、「看板が」のところには、やはり「、」があった方がいい。

(c) 本来は小説にとって欠点となる類似表現の繰り返しも、この文章では、なにかにとり憑かれたような異常な心理にリズミックな躍動や、┐呪文のごときリフレインの感覚をあたえているようにさえ感じられるのです。（二五頁）

「異常な心理に」は後段の「あたえている」に掛かり、「躍動や」はその前の「感覚」に掛かるから、両者は切り離さないと理解を妨げる。

↓……なにかにとり憑かれたような異常な心理に、┐リズミックな躍動や呪文のごときリフレインの感覚をあたえているようにさえ感じられるのです。

(d) 題名は、主人公の産婦人科医、三雲八春先生が休診日なのに、┐いろいろな事件に巻きこまれるという物語の大枠をあらわしています。（五九頁）

「三雲八春先生が休診日なのに、他の誰かは休診日でない」という文章のように読めてしまう。「三雲八春先生が」は後段の「巻きこまれる」に掛かり、「休診日なのに」は直下の「いろいろな事件に」に掛かってそれと同格だから、

↓……三雲八春先生が、┐休診日なのにいろいろな事件に……

(e) 語り手の視点が通常の小説やエッセーよりも┐いささか高いところに据えられているのです。（一一四頁）

「視点が」は文末の「据えられている」に掛かり、「エッセーよりも」は直下の「高いところ」に掛かる。

↓語り手の視点が、┐通常の小説やエッセーよりもいささか高いところに据えられているのです。

⑮ 中条省平『文章読本　文豪に学ぶテクニック講座』

【B】

(a) 犬殺しは病院の残飯で、その日のうちに殺せない犬の餌を作ることを提案し、女子学生も餌作りに賛成する。（一六〇頁）

「犬殺しは」は後段の「提案し」に掛かり、「残飯で」は中途の「作る」に掛かる。

↓犬殺しは、病院の残飯で、その日のうちに殺せない犬の餌を作ることを提案し、女子学生も餌作りに賛成する。

【C】

(a) 日本語の閉鎖性を打破し、コミュニケーションの可能性を探る小説家の言葉で本書の終幕を飾ることができて嬉しく思います。（一三頁）

「閉鎖性を打破し、……飾ることができて」と読んでしまう。「打破し」は直後の「探る」に掛かるし、この文の基本的な、あるいは根源的な分岐点は「飾ることができて」だろう。

↓日本語の閉鎖性を打破しコミュニケーションの可能性を探る小説家の言葉で本書の終幕を飾ることができて、嬉しく思います。

(b)まっさきにお悔みに行ったのは、あたしなんだから罪が深いわ。(八四頁。久生十蘭『姦』)

この文章の最大の分岐点は「なんだから」ではなかろうか。

↓まっさきにお悔みに行ったのはあたしなんだから、罪が深いわ

(c)それはまず、ひとつひとつの文章の論理的なつながりに、しつこいほど念を押すところに典型的にあらわれています。(一五二頁)

この文自体が「文章の論理的なつながり」を無視していると思うが、いかがだろうか。「それはまず」「つながりに」がそれぞれどこに掛かるか判断に苦しまされ、「つながりに、あらわれています」と読めてしまう。長らく頭をひねって、「それはまず」は文末の「典型的にあらわれています」に、「つながりに」は直後の「念を押す」に掛かるのだろうと思い至る。また、分岐点は「押すところに」だろう。

↓それはまず、ひとつひとつの文章の論理的なつながりにしつこいほど念を押すところに、┐典型的にあらわれています。

(d)僕はすぐに殴り殺される犬が、┐尾を振りながら残飯を食べることを考えるとやりきれないんだ。（一五八頁。大江健三郎『奇妙な仕事』）

「犬が……やりきれない」と読んでしまう。「僕は」は文末の「やりきれない」に、「犬は」は中途の「食べる」に続くのだから、この切り方はよくない。また、この文の切れ目（分岐点）は、「考えると」にある。

↓僕は、┐すぐに殴り殺される犬が尾を振りながら残飯を食べることを考えると、┐やりきれないんだ。

【D】

(a)もし、その十角形が、┐決して開かれた無限に通じる地図ではないことを、┐自覚したとしたら、……救助を求める電話に応じて、┐やって来る、┐救いの主が、自分の地図を省略だらけの略図にすぎないと自覚させる、地図の外からの使いだったとしたら、……（一三六頁。安倍公房『燃えつきた地図』）

「、」が無闇に多いので、「、」の前の語がどこに続くのか、あとの長い文を探しながら読まされる羽目になる。頭をひねって思案すると、ほとんどが直後の文節につながっているようだ。従って、左記のように「、」を削った方がはるかに理解しやすくなる。

↓もし、その十角形が決して開かれた無限に通じる地図ではないことを自覚したとしたら、……救助を求める電話に応じてやって来る救いの主が、自分の地図を省略だらけの略図にすぎないと自覚させる、地図の外からの使いだったとしたら、……

(b) 私は中学に通う年頃から変節し通しで、はた目には、はがゆい限りであったと見える。
(一五〇頁。島尾敏雄『夢の中での日常』)

「はた目には……見える」と読んでしまうが、それなら「見えたろう」とでもしないとおかしい。恐らく「はた目にははがゆい」と言おうとしたのだろうから、ここで切るのが不適切ということになる。また、「であったと見える」も不必要に格式ばった表現と思える。

↓……はた目にははがゆい限りだったと見える。

⒂ 中条省平『文章読本　文豪に学ぶテクニック講座』

【F】

(a) のんびりとした感情を持ってうねっている優雅な、思い思いの方向へ走っている無数の曲線が、せり上って、せり持ちになってでき上がった一つの立方体であった。（三一頁。佐藤春夫『田園の憂鬱』）

↓のんびりとした感情を持ってうねっている、┓優雅な、思い思いの方向へ走っている……

「うねっている」、「優雅な」、「走っている」は同格で、次の「無数の曲線」に掛かっているから、「うねっている」で切らないのは理解を妨げる。

(b) それはどこかに古代ギリシャの彫刻にあるといわれている沈静な、しかもいきいきとした美をゆったりとたたえていた。（三一頁。同前）

「どこかに」は文末の「たたえていた」に掛かり、「いわれている」「沈静な」は「いきいきとした」と同格で中途の「美」に掛かっている。

↓それはどこかに、┓古代ギリシャの彫刻にあるといわれている、┓沈静な、しかもいきいきとした美をゆったりとたたえていた。

⒃ 加藤重広、吉田朋彦『日本語を知るための51題』

【A】

(a) 移動の場合には起点を離れることに重点が置かれることも、到着点に重点が置かれることもあります。（一一〇頁）

「移動の場合には」は文末の「あります」に掛かり、「起点を離れることに重点が置かれることも」は直下の「到着点に重点が置かれることも」と同格だから、左記の切り方の方が理解しやすい。

↓ 移動の場合には、「起点を離れることに重点が置かれることも、到着点に重点が置かれることもあります。

【B】

(a) 重要なのは三人という、もともと名詞であるはずの要素が副詞の働きをしているという点です。（六六頁）

⒃ 加藤重広、吉田朋彦『日本語を知るための51題』

「重要なのは」は文末の「点です」に掛かり、「三人という」は直下の「もともと名詞であるはずの」と同格で次の「要素」に掛かる。

↓重要なのは、「三人という、もともと名詞であるはずの要素が副詞の働きをしているという点です。

【C】

(a)このように制約が緩くて、比較的自由に使えるものは「生産性が高い」といわれます。（一三四頁）

「このように」は「制約が緩くて」のみに掛かるように読める。しかし文脈からすれば「このように」は次の「比較的自由に使える」にも等しく掛かっているようだ。また、この文の最も重要な分岐点は「使えるものは」だろう。

↓このように制約が緩くて比較的自由に使えるものは、「生産性が高い」といわれます。

【D】

(a) つまり、距離から判断すると、┐アレがふさわしそうでも、見かけが大きければコレ（あるいはソレ）が用いられるわけです。（一六七頁）

「判断すると」は直下の「アレがふさわしそう」のみに掛かるのだし、対応する「見かけが大きければ」の後には「、」はない。従って左記の方が望ましかろう。

↓つまり、距離から判断するとアレがふさわしそうでも、見かけが大きければコレ（あるいはソレ）が用いられるわけです。

(b) 漢字には、┐訓読みもあり、訓読みも複数の読み方が許されていることから、音読みも二通りないし三通りの読みが併存したまま、┐一本化されることがなかったために、複数の音読みが存在しうると考えられる。（一七六頁）

「漢字には」も「併存したまま」もそれぞれ直下の文節のみに掛かるから、この「、」はなくもがな。この「、」で、どこに掛かるか後方を探してしまう。

「存在しうる」という表現は、著者の言わんとする状況を適切に反映していないように思える。時称の統一性も気になる。次の方が著者の意向をよく表すのではなかろうか。

⒃ 加藤重広、吉田朋彦『日本語を知るための51題』

↓漢字には訓読みもあり、訓読みも複数の読み方が許されていることから、音読みも二通りないし三通りの読みが併存したまま一本化されることがなかったために、複数の音読みが存在することになったと考えられる。

【J】

(a) この場合、前者は相手の意思を尊重してそういう方向に仕向けたり、許容したりするときに用い、後者は、直接的なはたらきかけを行うときに用いるといわれます。（二八頁）

「仕向けたり」は直下の「許容したり」にのみ掛かるから、「、」はない方が分りやすい。また、「前者は」と、それに対応する「後者は」は、そのあとの「、」の有無を統一した方がいいのではなかろうか。併せて、左記のようにして欲しいところ。

↓この場合、前者は相手の意思を尊重してそういう方向に仕向けたり許容したりするときに用い、後者は直接的なはたらきかけを行うときに用いるといわれます。

(b) たとえば、「父」と「母」は、「一世代上」、きょうだいは「同世代」、「息子」「娘」には「一世代下」です。（一五三頁）

「『娘』には」が誤植らしいことについては、第五章八参照。

「『父』と『母』は」は直下の「一世代上」のみに掛かるのだし、対応する「きょうだいは」「『息子』『娘』(に)は」の後には「、」がないのだから、左記のように、この「、」を取って統一させた方がいいのではなかろうか。

↓たとえば、「父」と「母」は「一世代上」、きょうだいは「同世代」、「息子」「娘」は、「一世代下」です。

⑰ 丸谷才一 他『書きたい、書けない、「書く」の壁』

【A】

(a) 人名漢字表の漢字は簡略化されるものも、┐されないものもあり、原則が明らかでない。
(八八頁)

「人名漢字表の漢字は」は文末の「明らかでない」に掛かり、「簡略化されるものも」は直下の「されないものも」に掛かる。

↓人名漢字表の漢字は、┐簡略化されるものもされないものもあり、原則が明らかでない。

【B】

(a) 日本では明治維新によって、┐「言文一致体」が創始されるまで文章に句読点がつけられなかった。(七八頁)

「日本では」は文末の「句読点がつけられなかった」に掛かり、「明治維新によって」は直下の

「『言文一致体』が創始される」に掛かる。また、この文章の分岐点は「創始されるまで」だろう。

↓日本では┐明治維新によって「言文一致体」が創始されるまで┐文章に句読点がつけられなかった。

(b) 私は決してインテリとは言えない┐普通のフランス人青年が東京にやって来て短期間に日本語がペラペラになった例を知っている。（一二二頁）

「私は……インテリとは言えない」と読んでしまう。「私は」は文末の「知っている」に掛かり、「言えない」は直下の「普通の」と同格で次の「フランス人青年」に掛かる。

また、この文の重要な分岐点は「例を」だろう。

↓私は┐決してインテリとは言えない普通のフランス人青年が東京にやって来て短期間に日本語がペラペラになった例を┐知っている。

(c) 当て字とは日本語を表記するのに、語と表記の関係がこのような関係になく、語と表記された漢字の間に通常でない対応関係の生じているものをいう。（一二八頁）

「当て字とは」は文末の「いう」に掛かり、「表記するのに」は中途の「対応関係の生じている」に掛かる。

↓当て字とは、┃日本語を表記するのに、語と表記の関係がこのような関係になく、語と表記された漢字の間に通常でない対応関係の生じているものをいう。

(d)これは語をその意味にふさわしくない文字で書くという表記上の違和感を解消しようとする、一種の合理化・工夫とも考えられよう。（一三二頁）

「これは」は文末の「考えられよう」に掛かり、「解消しようとする」は直下の「一種の合理化・工夫」に掛かる。

↓これは、┃語をその意味にふさわしくない文字で書くという表記上の違和感を解消しようとする、一種の合理化・工夫とも考えられよう。

(e)親は何を言い出すんだ、いい歳をしたこの娘は、といった面持ちだったが、戸籍謄本を見てみるかということになり、「妹らしい」ことが判った。（一四七頁）

「親は……言い出す」と読んでしまう。「親は」は後段の「面持ちだった」に掛かり、「言い出すんだ」は直下の「いい歳をしたこの娘は」と同格で「といった」に掛かる。

↓親は、┐何を言い出すんだ、いい歳をしたこの娘は、といった面持ちだったが、戸籍謄本を見てみるかということになり、「妹らしい」ことが判った。

【C】

(a) もっとも最近┐気がついたのだが人名や地名の固有名詞には〔生を〕オと読ませるものがあるので、八通りあるとも言える。（一二五－一二六頁）

「もっとも最近」がどこに掛かるか探してしまうし、これでは「最も最近」の意味に取られかねない。「もっとも」は文末の「言える」に掛かり、「最近」は直下の「気がついた」のみに掛かるし、この文の分岐点は「気がついたのだが」だろう。

↓もっとも、┐最近気がついたのだが、┐人名や地名の固有名詞には〔生を〕オと読ませるものがあるので、八通りあるとも言える。

⒄ 丸谷才一 他『書きたい、書けない、「書く」の壁』

【D】

(a) 今回は、俗語の調査にまで手がまわらなかったが、日本語から入った俗語はかなり多いのではないか。……
俗語発生の一つの基盤は軍隊であり、兵士の間で流行したものいいが、俗語として定着する場合があり、その多くは性にかかわるタブー語である。……

……アメリカの日本食ブームは一九八〇年代以降、急激に進行し、現在では……醤油などが大量にならんでいる。（五八－六一頁）

↓今回は俗語の調査にまで手がまわらなかったが、……
……ものいいが俗語として定着する……
……一九八〇年代以降急激に進行し、……

(b) クリスタル氏は言う、多言語環境を満足させるために、高度なプロトコルが考案されたが、それはさまざまな問題をはらんでおり、かえって互換性の欠如をもたらした、と。
本書が書かれたのが、少し前だったことを差し引いても、出版年が一九九七年であることからすれば、……視野狭窄と言われても致し方ないだろう。（七一頁）

↓多言語環境を満足させるために高度なプロトコルが考案されたが、……

本書が書かれたのが少し前だったことを差し引いても、……

(c) この国際文字コードは、九三年の時点では、「二万九〇二字であったが、さらに拡張されて、」九九年に、「六五八二字増やされている。これだけでも、「二万七四八四字も使えるようになるのだから、なんだか良いことずくめのようだが、そうは問屋がおろさない。(七四頁)

↓この国際文字コードは、九三年の時点では二万九〇二字だったが、さらに拡張されて九九年に六五八二字増やされている。これだけでも二万七四八四字も使えるようになるのだから、なんだか良いことずくめのようだが、そうは問屋がおろさない。

【E】

(a) これらはインドのサンスクリット語で書かれた仏教の経典を漢訳した時にすでにとられた方法で「阿弥陀」「釈迦」「達磨」「阿修羅」などはそうした音訳によるものである。(一二九頁)

「、」の全くない文はどこで切れるか迷わせるので読みにくい。せめて次の様に「、」は付して欲しい。これは分岐点で切っている。

⒄ 丸谷才一 他『書きたい、書けない、「書く」の壁』

↓これらはインドのサンスクリット語で書かれた仏教の経典を漢訳した時にすでにとられた方法で、┤「阿弥陀」「釈迦」「達磨」「阿修羅」などはそうした音訳によるものである。

【Ⅰ】

(a) だから当て字はこれを広くとらえれば正統な漢語以外の、日本語を書き表わすために用いた漢字はすべて当て字と言える。（一二八頁）

「広くとらえれば」は文末の「当て字と言える」に掛かり、「漢語以外の」は直下の「日本語を書き表わすために用いた」と同格で次の「漢字」に掛かる。

↓だから当て字はこれを広くとらえれば、┤正統な漢語以外の、日本語を書き表わすために用いた漢字はすべて、┤当て字と言える。

これで、「、」の前をつなげれば、「当て字は……広くとらえれば、……漢語以外の、……漢字はすべて、当て字と言える」となって文を成す。

⒅ 本多勝一『新装版　日本語の作文技術』

【A】

(a) 一般の間に日本語は「特殊」だとか、あるいはヨーロッパ語に比べて「論理的でない」といった俗説がはびこっているのも当然であろう。(二八頁)

「一般の間に」は後段の「はびこっている」に掛かり、「日本語は特殊だとか」は直下の「あるいは」「ヨーロッパ語に比べて『論理的でない』」と同格で、次の「といった」に掛かるから、このような切り方は理解を妨げる。「一般の間に」が後段に掛かることが、最後まで読んでしばらく考えなければ分らないからである。また、この文の最大の分岐点は「はびこっているのも」だろう。

著者は、読点に関する第一原則として、「長い修飾語が二つ以上あるとき、その境界にテンをうつ」と定めていて、これはまさにこの原則を適用した文と思われるが、補足の要があるのではなかろうか。

↓ 一般の間に、「日本語は「特殊」だとか、あるいはヨーロッパ語に比べて「論理的でない」

といった俗説がはびこっているのも、┐当然であろう。

(b) しかしこの符号（・）はあとで述べるテン（読点）と区別する上でも、たとえば並列や同格の語のあいだにどんどん使うほうが論理としてわかりやすいだろう。（一二三頁）

「符号は」は後段の「使う」に掛かり、「上でも」は中途の「あいだに」に掛かるから、左記のように切る方が理解しやすい。

↓しかしこの符号（・）は、┐あとで述べるテン（読点）と区別する上でも、たとえば並列や同格の語のあいだにどんどん使うほうが論理としてわかりやすいだろう。

【B】

(a) これは私がかつてマンガを描くときに感じたことが、文章の世界では今もなお現実であり、マンガ以下だということなのでしょうか。（二七四頁）

「マンガ以下だ」の主語（主格？）が何か、愚鈍な当方にはよくわからないのだけれど、もしも「これは」がそうだとすれば、「これは」は文末に掛かり、「感じたことが」は直後の「現実であり」に掛かるから、左記のようにした方が理解しやすい。

↓これは、私がかつてマンガを描くときに感じたことが、文章の世界では今もなお現実であり、マンガ以下だということなのでしょうか。

【C】

(a) とくにアングル語やフランス語のように、主語が述語を強力に支配し、その結果補語が述語よりあとに延々とつながる構文を日本文に翻訳するときにこれは目立つ。（五〇頁）

「とくに……フランス語のように、……翻訳するとき」と読めてしまう。なぜだろうか。まず、「とくに」は後段の「翻訳するとき」に掛かり、「アングル語やフランス語のように」は、中途の「支配し」「延々と」と同格で「つながる」に掛かっているのに、このように切られているからである。しかし、どうもそれだけの問題ではなさそうだ。

短い文に単純化して検討してみた。

① とくに鬼のように、冷酷な憲兵は恐れられた。
② とくに、鬼のように冷酷な憲兵は恐れられた。
③ とくに、鬼のような冷酷な憲兵は恐れられた。
④ とくに鬼のような冷酷な憲兵は、恐れられた。

①は、「とくに鬼のように……恐れられた」と読んでしまう。
②③は、いずれも「とくに……恐れられた」の意味になり、
④は、「とくに……憲兵は」の意味になる。

もとに戻って、「とくにアングル語やフランス語のように、……」を分析してみると、この文は右記の①の形になっていることがうかがえる。「とくに……フランス語のように、……翻訳するとき」と読んでしまうのもムべなるかなと思う。著者の言いたかったのは④だったのではなかろうか。

さらに、「支配し」は直後の「その結果補語が述語よりあとに延々とつながる」に掛かるから、「、」はない方が理解しやすい。また、この文の主要な分岐点は「翻訳するときに」だろう。以上総てを勘案して、次のように変えたらどうだろうか。

↓とくに、アングル語やフランス語のように主語が述語を強力に支配しその結果補語が述語よりあとに延々とつながる構文を日本文に翻訳するときに、これは目立つ。

あるいは、

↓とくにアングル語やフランス語のような、主語が述語を強力に支配しその結果補語が述語よりあとに延々とつながる構文を日本文に翻訳するときに、これは目立つ。

(b) 不必要なテンのある文章として三例文を挙げている（一四〇－一四三頁）。その最初の例文については、すでに「語順」の項で見た。第三例は次の文章である。

本当の裁判所で裁判を一度も受けたこともないのに一五年もあるいはそれ以上も投獄されているという、年輩の男の人や女の人に何人もあうことができた。

著者はここにある「、」を、「、」の前が終止形と同じ語尾の連体形であること、長い修飾語から先に書かれた文は「、」で切ってはならないこと、という理由で「うってはならぬテン」とし、打つとすれば「受けたこともないのに、」だとしている。これに従えば、次のようになる。

本当の裁判所で裁判を一度も受けたこともないのに、一五年もあるいはそれ以上も投獄されているという年輩の男の人や女の人に何人もあうことができた。

添削後の文を虚心坦懐に読めば、

「受けたこともないのに、……あうことができた」となってしまう。ここでは、「、」は文章の最大の分岐点である「男の人や女の人に」の後につけるのが最も合理的だと思う。文章の根幹が「男の人や女の人に……あうことができた」だからである。左記のようになる。

↓本当の裁判所で裁判を一度も受けたこともないのに一五年もあるいはそれ以上も投獄されているという年輩の男の人や女の人に、何人もあうことができた。

(c) 文部省の「テンの使い方」基準案（一九四六年）の例文を俎上にあげている。（一五四－一五五頁）

くじゃくは、長い、美しい尾をあふぎのやうにひろげました。（例文）

ここで著者は、テンは全部なくてよい、ただし最初のテンだけはうってもよい、と酷評している。左記のようになる。

くじゃくは（、）長い美しい尾をあふぎのやうにひろげました。

文章の切れ目からすれば、左記のような「、」の打ち方があってもよいのではなかろうか。

↓くじやくは長い美しい尾を┐あふぎのやうにひろげました。

【D】

(a) 上記の文部省の基準案を引用・批判している。（一五七－一五八頁）

「と、花子さんは」といふやうに、その「と」の下に主格や┐または他の語が来る場合にはうつのである。

「なんといふ貝だらう。」といつて、みんなで┐いろ〳〵貝の名前も思ひ出してみましたが、「先生に聞きに行きませう。」と、花子さんは、その貝をもつて┐先生のところへ走つて行きました。（以上、基準案の例文）

ここに示された「、」について著者は、「長い修飾語の境目に打つ」という「テンの第一原則」の問題にすぎず、指摘は何の意味ももたない、と切り捨てている。どう是正せよとも言っていない。

当方は、次のように直すべきだと思う。最初の例文では、「下に」は後段の「来る」に掛かり、「主格や」は直後の「他の語」と同格である。従って、打つとすれば「下に、」だが、ここはむしろ取り払った方が理解しやすい。他では、直後に掛かる言葉に「、」が付されている。

↓「と、花子さんは」といふやうに、その「と」の下に主格やまたは他の語が来る場合にはうつのである。

「なんといふ貝だらう。」といつて、みんなでいろ〳〵貝の名前も思ひ出してみましたが、「先生に聞きに行きませう。」と、花子さんは、その貝をもつて先生のところへ走つて行きました。

【H】

(a) 太郎は山に登り、花子は海で泳いだと言われている。（一四五頁。著者の模範例文）

太郎は実際に山に登ったのに対して、花子は泳いだ「と言われている」にすぎない、と読める。著者は「太郎は山に登り、花子は海で泳いだ」を「他の一つの述語で統一」するとしてこの規範文を示しているのだから、両者とも対等に「言われている」意味だろう。そうとすれば、左記の方が正確に理解できる。

↓太郎は山に登り花子は海で泳いだ、と言われている。

(b) 私は人間的な感動が基底に無くて、風景を美しいと見ることは在り得ないと信じている。

（一六四頁。もとの例文）

著者はこれに対し、左記のような是正文を提示している。

①私は、人間的な感動が基底に無くて風景を美しいと見ることは在り得ないと信じている。

②人間的な感動が基底に無くて、「風景を美しいと見ることは在り得ないと私は信じている。

当方が見るところ、①は後段が余りに長いので、分岐点で切った方が読みやすい。②は、「無くて……信じている」と読んでしまう。それぞれ、左記の方が理解を助けると思う。ともに、「私」の考えをひとくくりにした文である。

↓私は、人間的な感動が基底に無くて風景を美しいと見ることは在り得ない」と信じている。

人間的な感動が基底に無くて風景を美しいと見ることは在り得ない」と私は信じている。

⒆ 吉行淳之介・選『文章読本』

【A】

(a) このような形式は「アラビアンナイト」の中に使われている一人の話者の話の中に出る人物が物語をし、しかもその物語の中に出る人物が更に物語をする、という風に内側へ内側へと物語が重ねられる手法とも類似したものである。（四〇頁。伊藤整「谷崎潤一郎の文章」）

「形式は……物語をし」と読んでしまう。「形式は」は文末の「類似したものである」に掛かり、「物語をし」は直下の文節の「物語をする」に掛かる。

↓このような形式は、「アラビアンナイト」の中に使われている一人の話者の話の中に出る人物が物語をし、しかもその物語の中に出る人物が更に物語をする、という風に内側へ内側へと物語が重ねられる手法とも類似したものである。

(b) 子供の文章は表現の奇抜さと、感覚のどきりとするような生々しさと、一種のデフォーメーションの面白さによって人の注意をひきます。（一一三頁。三島由紀夫「質疑応答」）

「文章は」は文末の「注意をひきます」に掛かり、「表現の奇抜さと」は直後の「生々しさと」

「面白さ」とともに中途の「によって」に掛かる。

↓子供の文章は、┐表現の奇抜さと、……

(c)　まったくこれらは全身の血液の循環を犠牲にして、瞬間的に大脳の血液の循環を増加する

方法である。(一一八頁。同前)

「これらは」は文末の「方法である」に掛かり、「犠牲にして」は中途の「増加する」に掛かる。

↓まったくこれらは、┐全身の……

(d)　しかしいまやそうした古い家具のような、堅固な手ざわりをもった人間の形というものは

認められません。(一二二頁。同前)

「いまや」は文末の「認められません」に掛かり、「家具のような」は直下の「堅固な」と同格

だから、この切り方は不適切だろう。

↓しかしいまや┐そうした……

(e) 私はここでは社会評論家が作って┐一時流行させる、いわゆる流行語は問題にしません。
（一二七頁。同前）

「ここでは……作って」と読んでしまう。「ここでは」は文末の「問題にしません」に掛かり、「作って」は直下の「一時流行させる」のみに掛かる。

↓私はここでは┐社会評論家が作って一時流行させる、いわゆる流行語は問題にしません。

(f) と彼の背筋に以前二人の情慾が互の肉体の上に伝え合ったあの不可解な、心を締めつけるような烈しい恐怖の感情が甦って来た。（一三二－一三三頁。野間宏「地獄篇第二十八歌」）

「背筋に」は文末の「甦って来た」に掛かり、「不可解な」は直下の「心を締めつけるような」と同格で中途の「烈しい恐怖」に掛かる。

↓と彼の背筋に┐以前二人の……

(g) しかし私はここではこの後者の「あるいはまた一つの判断をなりたたせていく」ところに生まれる文章である、科学や哲学など学問が採用する文章については余りふれることはできない。（一五四頁。野間宏「文章を書くこと」）

「私は……文章である」と読んでしまうから、なかなか意味がつかめない。「私はここでは」は文末の「ふれることはできない」に掛かり、「文章である」は直下の「科学や哲学など学問が採用する」と同格で「文章」に掛かる。また、この文の分岐点は「文章については」だろう。

↓しかし私はここでは、この後者の「あるいはまた一つの判断をなりたたせていく」ところに生まれる文章である、科学や哲学など学問が採用する文章については、余りふれることはできない。

(h) よしんば単なる技巧だとしても全体を一貫しているジョイスの文体を、三人の共訳者がそれこそ一心同体になって移し出さないかぎり、文体の変化は読者に読みとれず、単にテンデンバラバラな文章を押しつけられるだけのことだ。（一八八頁。安岡章太郎「文体について」）

「技巧だとしても……文体を」と読むのが自然だから、意味がつかめない。眼を皿のようにしてよくよく考えれば、「技巧だとしても」は文末の「押しつけられるだけのこと」に掛かり、「文体を」は中途の「移し出さないかぎり」に掛かるから、この切り方の不適切さのために意味がつかめないことが分る。

↓よしんば単なる技巧だとしても、|全体を……

(i)書き終えて後よくまあ、|こんな風にうまくまとまったなあと、|感心しているし、これまでのわが性癖をまとめると、まったくストーリーを考えずに、ただせっぱつまって、とりあえず一字を書きだすのだから、締切りぎりぎりにならないと、|書けず、まこと編集者には迷惑ばかりかけている。（二二三頁。野坂昭如「なじかは知らねど長々し」）

「書き終えて後」は後段の「感心している」に掛かり、「よくまあ」は中途の「まとまった」に掛かる。

「ぎりぎりにならないと」は直下の「書けず」のみに掛かるから、「、」があると読みにくくなる。

↓書き終えて後、｜よくまあこんな風にうまくまとまったなあと感心しているし、これまでのわが性癖をまとめると、まったくストーリーを考えずに、ただせっぱつまって、とりあえず一字を書きだすのだから、締切りぎりぎりにならないと書けず、まこと編集者には迷惑ばかりかけている。

(j) ところで雑誌の編集には出張校正と称して、スタッフが印刷場の一室に詰める何日間かがある。（二二七頁。古井由吉「緊密で清潔な表現に」）

「編集には……と称して」と読んでしまう。「編集には」は文末の「ある」に掛かり、「称して」は中途の「詰める」に掛かる。

↓ところで雑誌の編集には、｜出張校正と称して、……

(k) 今の年配者が劇画の、まず頁全体から殴りこんでくるけたたましさに目をそむけるように。（二三〇頁。同前）

「年配者が」は文末の「そむける」に、「劇画の」は中途の「けたたましさ」に掛かる。

⒆ 吉行淳之介・選『文章読本』

↓今の年配者が、┐劇画の、……

【B】

(a) あえて劣等生であった僕が、負惜しみで言うわけではない。（五〇―五一頁。萩原朔太郎「作文の話」）

「あえて劣等生だった」と読んでしまう。「あえて」は文末の「言うわけではない」に、「僕が」は中途の「負惜しみで言う」に掛かる。

↓あえて、┐劣等生であった僕が、負惜しみで言うわけではない。

(b) 材料は当時シンガポールに進駐していた日本兵や徴員と、それに接触関係のあった華僑やマレー人の少年などとの交渉いきさつである。（六〇頁。井伏鱒二「『が』『そして』『しかし』」）

「材料は」は文末の「交渉いきさつである」に掛かり、「徴員と」は中途の「華僑やマレー人の少年などとの」に掛かる。

↓材料は、┐当時シンガポールに……。

この文章の題は「『が』『そして』『しかし』」だから、読点「、」については考えなかったのかも知れない。

(c) しかしそれは自分がスタンダールのようにドストエフスキーのように豊富でない、ということで不可能なのだ、とおもうしかない。(八二頁。佐多稲子「わたしの文章作法」)

「それは……豊富でない」と読んでしまう。「それは」は後段の「不可能なのだ」に掛かり、「自分が」はその前段の「豊富でない」に掛かる。また、「豊富でない」は直後の「ということ」に掛かるから、この切り方はよくない。

↓しかしそれは、自分が……。

(d) 自分はどうしたのかしら、と思つて見てゐた。(一〇五頁。志賀直哉「城の崎にて」)

「自分はどうしたのか」と読んでしまう。「自分は」は末尾の「見てゐた」に掛かり、「のかしら」は直下の「と思つて」に掛かる。

↓自分は、┐どうしたのかしら、と思つて見てゐた。

(e) そして僕は金あみの間へさしこまれた黒っぽい掌が、暗い隅で羽ばたくために翼を大きくひろげようとする鳩の躰をしっかり握りしめ痙攣するように力をこめるのを見た。（一〇八頁。大江健三郎「鳩」）

「僕は」は文末の「見た」に掛かり、「掌が」は中途の「握りしめ……力をこめる」に掛かる。

↓そして僕は、┐金あみの間へ……。

(f) ですからユーモアには高級なユーモアから、┐低級なユーモアまでありますが、人を怒らせることがありません。（一一九頁。三島由紀夫「質疑応答」）

「ですから……ユーモアから」と読んでしまって、意味がつかめなくなる。

「ですから」は文末の「怒らせることがありません」に掛かり、逆に「高級なユーモアから」は直下の「低級なユーモアまで」に掛かる。

↓ですから、┐ユーモアには高級なユーモアから低級なユーモアまでありますが、人を怒らせることがありません。

(g) 野間宏は青年時代の初期に学んだ、┐フランスの象徴主義の手法と、その後に研究を深めたマルクス主義の唯物論的な認識の方法とを総合して、このような人間の全体的なあり方を表現したのです。(一三七頁。中村真一郎「口語文の改革」)

「野間宏は……学んだ」と読んでしまう。「野間宏は」は後段の「総合して、……表現した」に掛かるのに対して、「学んだ」は直下の「フランスの象徴主義」のみに掛かる。

↓野間宏は、┐青年時代の初期に学んだフランスの象徴主義の手法と、……

(h) そして僕はそれらの言葉がみな、まことにさっぱりと、自分はなにをおこなうか、……ということだけを語るのに鮮明な印象を受けたのである。(一四九‐一五〇頁。大江健三郎「状況へ」)

「そして僕は」は文末の「印象を受けた」に掛かり、「言葉がみな」は中途の「語る」に掛かる。

↓そして僕は、┐それらの言葉がみな、……

⒆ 吉行淳之介・選『文章読本』

(i) それゆえに文章を書くことについて考える場合にまず、┐考え問題にすべきは、この言語の問題である。（二五一頁。野間宏「文章を書くこと」）

「それゆえに」は文末の「言語の問題である」に掛かり、「まず」は直下の「考え問題にすべき」に掛かる。

↓それゆえに、┐文章を書くことについて考える場合にまず考え問題にすべきは、この言語の問題である。

(j) もっとも私はこの短い文章のなかで、その言語の問題についてくわしい解明を行なうことなどとてもできないことだと考えるが、……（二五二頁。同前）

「もっとも私は」は文末の「考える」に掛かり、「文章のなかで」は中途の「解明を行なう」に掛かる。

↓もっとも私は、┐この短い文章のなかで、……

(k) またそれはペンを持って書く場合、また活字をもって印刷する場合にはっきりするように、インキをもって形づくられる空間をもった形という物質性をそなえているのである。(一五三頁。同前)

↓またそれは、┐ペンを持って書く場合、また活字をもって印刷する場合にはっきりするように、……

「またそれは」は文末の「そなえている」に掛かり、「書く場合」は直下の「印刷する場合に」と同格で「はっきりする」に掛かる。

(l) それはあの最初の魚の絵と、┐ひらかなばかりで書いた四、五行の綴方がもたらした、あやしい観念のなせるわざと言うよりほかはない。(一六一頁。島尾敏雄「削ることが文章をつくる」)

「それは」は後段の「なせるわざ」に掛かり、「絵と」は直下の「ひらかな」と同格で「ばかりで書いた」に掛かる。しかも、「最初の」は「ひらかなばかりで」を飛び越して「綴方」に掛かっている。

↓それは、┐あの最初の、┐魚の絵とひらかなばかりで書いた四、五行の綴方がもたらした、あやしい観念のなせるわざと言うよりほかはない。

(m)
それから私は風呂へ入ると、必ず入口の方を向くし、バスに乗るとあいてさえおれば車掌のそばか、一番奥のそのまた隅の座席に陣取るクセがある。……

しかし私は駄目じゃないか、前へ前へ、とせき立てられると、結構前に出る。（一六八頁。小島信夫「わが精神の姿勢」）


「それから」は文末の「クセがある」に掛かり、「入ると」は次の句の「向く」に掛かる。また、「入ると」と「乗ると」の後の「、」の有無は、統一した方がいい。「あいてさえおれば」は後段の「陣取る」に掛かり、「そばか」は直下の「一番奥のそのまた隅」と同格である。

後の文章は、「私は駄目じゃないか」と読んでしまう。「私は」は文末の「前に出る」に掛かり、「駄目じゃないか」は直下の「前へ前へ」と同格で「と」に掛かる。


↓それから、私は（あるいは「それから私は、」）風呂へ入ると必ず入口の方を向くし、バスに乗るとあいてさえおれば車掌のそばか一番奥のそのまた隅の座席に陣取るクセがある。

……

しかし私は、駄目じゃないか、前へ前へ、とせき立てられると、結構前に出る。

(n)私はゴーゴリ的世界は、本質的に、特に現在の世界を描くにはそぐわないと思う。……私は私の性格や┐生き方のなまぬるさによるのであろうが、ケチな笑いしか洩らすことが出来なかった。長い間、私は笑わせるところがないものは┐書いたという気がせず、何が何でも笑わせようとした。これはサービス精神というような、ふっきれたものではない。

(一七〇頁。同前)

長くなるので、修正案だけ示す。

↓私は┐ゴーゴリ的世界は、本質的に、特に現在の世界を描くにはそぐわないと思う。……私は┐私の性格や生き方のなまぬるさによるのであろうが、ケチな笑いしか洩らすことが出来なかった。長い間、私は笑わせるところがないものは書いたという気がせず、何が何でも笑わせようとした。これは┐サービス精神というような、ふっきれたものではない。

(o)しみじみこれは左手で書く練習をしていなければ┐えらいことになるとわかって、まず二週間でそれはかなえられたが、困ったことに、時の態をなしただけでは駄目で、ぼくの場合スピードが必要なのだ。(二二〇頁。野坂昭如「なじかは知らねど長々し」)

「しみじみ」は後段の「わかって」に掛かり、「練習をしていなければ」は直下の「えらいことになる」に掛かる。

↓しみじみ、┐これは左手で書く練習をしていなければえらいことになるとわかって、……

【C】

(a) 文章を書き直しているうちにおもっていること、┐考えていることに再発見なり、┐突っ込みを見いだすこともあることなのだ。（八六頁。佐多稲子「わたしの文章作法」）

それぞれがどこに掛かるのか、皆目分らず、文意を理解するのにひどく骨が折れる。「うちに」は後段の「見いだすこと」に掛かるようだ。「おもっていること」は直下の「考えていること」と同格で、格助詞「に」に掛かる。「再発見なり」は直下の「突っ込み」と同格で、「を」に掛かる。分岐点は「見いだすことも」だろう。

↓文章を書き直しているうちに、┐おもっていること考えていることに再発見なり突っ込みを見いだすことも、┐あることなのだ。

(b) これについてはロンブローゾーがいろいろな天才の面白い、おかしいくせについて書いていますから引用しましょう。（二一七頁。三島由紀夫「質疑応答」）

「これについては……面白い」と読んでしまう。「これについては」は文末の「引用しましょう」に掛かり、「面白い」は直下の「おかしい」と同格で「くせ」に掛かる。

文章全体が分れるのは「書いていますから」のところだから、ここに「、」がないとおかしい。

↓これについては、ロンブローゾーがいろいろな天才の面白い、おかしいくせについて書いていますから、引用しましょう。

(c) こうした論理的であると同時に、視覚的にも明晰である大岡の文章を、より装飾的にしたものが三島由紀夫のものです。（一四四頁。中村真一郎「口語文の改革」）

「こうした」は後段の「もの」に掛かり、「同時に」はすぐ後の「明晰である」に掛かるから、この切り方はよくない。また、この文章全体の分岐点は「ものが」である。

↓こうした、論理的であると同時に視覚的にも明晰である大岡の文章を、より装飾的にしたものが、三島由紀夫のものです。

(d) かれらの語るところの全体をひとつの文章として受けとめることも可能だからそうすれば、

すなわち会議でのかれらの「書き方」は、|行動と同義語だった。（一五〇頁。大江健三郎「状況へ」）

「可能だからそうす」る、と読めてしまうし、そもそもこの文の分岐点は「可能だから」と思われる。

↓かれらの語るところの全体をひとつの文章として受けとめることも可能だから、|そうすれば、すなわち会議でのかれらの「書き方」は行動と同義語だった。

【D】

(a) それは色々な雑誌社やジャーナリストから、|学校式の課題作文を課せられるので、……原稿紙を埋めることの作文術が、|上達して来た為なのである。（五一頁。萩原朔太郎「僕の文章道」）

「それは」は文末の「為なのである」に掛かり、「ジャーナリストから」は直下の「課せられる」に掛かる。「作文術が」も直下の「上達して来た」に掛かるから、「、」はない方が読みやすい。

↓それは、┐色々な雑誌社やジャーナリストから学校式の課題作文を課せられるので、……原稿紙を埋めることの作文術が上達して来た為なのである。

(b) そして支配者であるアメリカ人は、┐勿論、┐英語（アメリカ語）を使って統治し、街々の表示も、┐英語で行われる、ということになりました。

……実際、生活の必要上、┐英語を毎日、┐話して暮す男女が、とくに都市には氾濫した、といっていいくらいです。

……従来、┐文壇のなかだけで通用しがちであった、┐作家の文学的表現が、いわゆる玄人でない数多い一般読者に、┐絶えず読み味わわれ、共感を求められることになって行ったということです。（一二九‐一三一頁。中村真一郎「口語文の改革」）

余りに「、」の多い文章で、いささか読みにくい。少なくとも、「┐」（前句が直下に掛かるものに付されている）は、取り去った方がいいのではないか。

↓そして支配者であるアメリカ人は勿論英語（アメリカ語）を使って統治し、街々の表示も英語で行われる、ということになりました。

……実際、生活の必要上英語を毎日話して暮す男女が、とくに都市には氾濫した、といっていいくらいです。

……従来文壇のなかだけで通用しがちだった作家の文学的表現が、いわゆる玄人でない数多い一般読者に絶えず読み味わわれ、共感を求められることになって行ったということです。

(c) かづは靄のかかつた木の間からさし入る荘厳な日ざしが、┐径のゆくての緑苔を、┐あらたかにかがやかすのを見ながら、かういふ確信にうつとりした。（一四五頁。三島由紀夫「宴のあと」）

「かづは」は文末の「うつとりした」に掛かり、「日ざしが」は中途の「かがやかす」に掛かるから、このような切り方は不適切だろう。また、直下に続く個所に付されたなくもがなの「、」二つが、文章を読みにくくさせている。

↓かづは、┐靄のかかつた木の間からさし入る荘厳な日ざしが径のゆくての緑苔をあらたかにかがやかすのを見ながら、かういふ確信にうつとりした。

(d) 草花を世界の中において見ることが、┐重要なのであるが、草花を世界の中において見る時、草花と自分との関係が明らかになってくるからである。（一五六頁。野間 宏「文章を書くこと」）

「見ることが」は直下の句「重要なのであるが」のみに掛かるのであって、あとの段落には掛からない。

↓草花を世界の中において見ることが重要なのであるが、……

(e) よく言われるように実作者と批評家との間に、┐不信感がはたらいているためなどではなく、もっと具体的に作品を論ずる共通の足場が欠けているからである。（一八六頁。安岡章太郎「感じたままに書く」）

「よく言われるように」はややおいた「ためではなく」に掛かり、「間に」は直下の「不信感がはたらいている」に掛かるから、この切り方は不適切だろう。

↓よく言われるように実作者と批評家との間に不信感がはたらいているためなどではなく、……

【G】

(a) 性急で、┐無味乾燥な、┐文章となれば、そこに詩魂も枯れ、空想の翼も折れるであろう。
（九七頁。川端康成「新文章読本」）

⒆ 吉行淳之介・選『文章読本』

「文章」の前に「、」があると、「文章」というものは総て「性急で、無味乾燥な」もの、という意味になってしまう。それに、「性急で」は直下の「無味乾燥な」に掛かる。

↓性急で無味乾燥な文章となれば、そこに詩魂も枯れ、空想の翼も折れるであろう。

（本章⑵川端康成の項、参照）

【Ⅰ】

(a) 頭のなかに宿るものとしては過去に在ったが現にはないものとしての記憶と現在にも過去にもないものであって、┐頭のなかに描きだされる《想像されるもの》の二つがある。

（一五七頁。野間 宏「文章を書くこと」）

ここで対峙されているのは、「過去に在ったが現にはない……記憶」と、「現在にも過去にも」ない《想像されるもの》のはずだが、文章は「記憶と現在にも過去にもないもの」となっているから、理解に至るまでにハテと長く考え込んでしまう。左記のようにすれば、「宿るものとしては、……記憶と、……《想像されるもの》、の二つがある」となってすんなり理解できる。

↓頭のなかに宿るものとしては、┐過去に在ったが現にはないものとしての記憶と、┐現在にも過去にもないものであって頭のなかに描きだされる《想像されるもの》┐の二つがある。

【J】

(a) 人々は急行列車のやうな響をたてて通過する我軍の弾丸と、優しい花押の最後を、⌉雷と死の黒いしみで結ぶ⌉ドイツ軍の砲弾との、編棚の下で暮らしてゐた。（一二六－一二七頁。河盛好蔵訳）

三島は「いかにもうまい比喩」と讃えているのだけれど、浅学の当方には「優しい花押の最後を、雷と死の黒いしみで結ぶ」の意味がよく分らない。それはともかく、「人々は」は文末の「暮らしてゐた」に掛かるから、中途の「ドイツ軍の砲弾と」の同格節である「我軍の弾丸と」と同じ節にしてはよくない。また、「……弾丸と、」と「……砲弾との」は同格であり、一方の節に「、」を全くつけず他方の節の三句にそれぞれが直下に掛かるにも拘らず「、」を付しているのは、文の理解を妨げる。

↓人々は、⌉急行列車のやうな響をたてて通過する我軍の弾丸と、優しい花押の最後を雷と死の黒いしみで結ぶドイツ軍の砲弾との、編棚の下で暮らしてゐた。

(b) それゆえに在るものをとらえ、⌉言い表す文章と非存在のものをとらえ、⌉言い表わす文章、この二つを統一する文章によって、はじめてとらえられるのである。（一五八頁。野間宏

「文章を書くこと」）

「それゆえに」は文末の「とらえられる」に掛かるから、「、」が要る。逆に、「在るものをとらえ」は直下の「言い表す文章」に掛かり、「非存在のものをとらえ」も直下の「言い表わす文章」に掛かるから、それぞれの「、」は不要である。また、ここでは存在を示す「文章」と「非存在」の「文章」との対比を語る内容になっているのだから、「言い表す文章と」のあとに「、」を付して、何と何を対比しているかがはっきり分るようにした方がいい。

↓それゆえに、┐在るものをとらえ言い表す文章と、┐非存在のものをとらえ言い表わす文章、
この二つを統一する文章によって、はじめてとらえられるのである。

⒇ 中村 明『悪文　裏返し文章読本』

左記の記述を読んで、当老骨、「、」のもつ役割の重要性について再認識した。

「大きなドーナツの穴」の「大きな」は、「ドーナツ」にかかっているのか「穴」にかかっているのか、これだけでは区別がつかない。そこで、はっきり区別する必要があれば、「大きなドーナツのその穴」とか「ドーナツの大きな穴」とかいうふうに言いまわしをくふうしなければならない。（九四頁）

著者は考慮の対象外にされているようだけれど、こうしたところでこそ「、」が重要な役割を果たす。ここでは前後の文節との関係は捨象《しゃしょう》するとして、

「大きな、ドーナツの穴」とするか、「大きなドーナツの、穴」とすれば、どちらに掛かるかの違いは歴然とするのではなかろうか。

【B】

(a) 一つはその文章表現全体の意味内容の主流を形成し、展開の「地」を形づくる叙述的題材だ。（四七頁）

「一つは」は文末の「叙述的題材だ」に掛かるが、「形成し」は中途の「形づくる」と同格の文節だから、左記のように分けた方が読みやすい。

↓一つは、その文章表現全体の意味内容の主流を形成し、展開の「地」を形づくる叙述的題材だ。

(b) 「大正の近代文学の運命」という部分が文末近くになってようやくあらわれるので、そこまで筆者がいったい何について述べようとしているのか、読者は全然わからぬままに長々と読まされる。（八二頁）

これだと、「そこまで……述べようとしている」と読むのが素直な読み方だが、著者の意図を忖度するに、「そこまで……長々と読まされる」と言いたかったのではなかろうか。他方で、「述べようとしているのか」は中途の「全然わからぬまま」に掛かる。従って、左記のように、「そこまで」と「述べようとしているのか」は切り離した方が理解を助ける。

↓そこまで、「筆者がいったい何について述べようとしているのか、……。

(c)問題はほんとうにそうなのかどうかを、一度でも本気で考えたのかという点にある。(八六頁)

「問題は」は文末の「点にある」に掛かり、「かどうかを」は中途の「考えたのか」に掛かる。

↓問題は、「ほんとうにそうなのかどうかを、一度でも本気で考えたのかという点にある。

(d)問題はどこで改行するか、そのタイミングがむずかしい点にある。(一一三頁)

「問題は」は文末の「点にある」に掛かり、「改行するか」は直下の「そのタイミングがむずかしい」に掛かる。

↓問題は、「どこで改行するか、そのタイミングがむずかしい点にある。

(e)最近は返信用のはがきに、すでに必要事項が印刷されているケースが多い。(一六七頁)

⑳ 中村 明『悪文　裏返し文章読本』

「最近は」は文末の「多い」に掛かり、「はがきに」は中途の「印刷されている」に掛かる。

↓最近は、⌉返信用のはがきに、すでに必要事項が印刷されているケースが多い。

【D】

(a) それらは、漢語を減らして、⌉だれにでも読める文章をめざす立場から「悪文」視されたにすぎない、という指摘もそのとおりだろう。（三七頁）

「漢語を減らして……「悪文」視された」と読んでしまう。「減らして」は直下の「だれにでも読める文章を目指す」のみに掛かるから、「、」はなくもがな。

↓……漢語を減らしてだれにでも読める文章……

【J】

(a) 筆者が自分自身と読者と内容との関係をきちんととらえていなかったり、読者をひっかけようとするあまり、⌉構想に無理が生じたり、その理由や種類や程度はさまざまだが、ともかくこの段階で充分に納得ができない場合は、文章を書き出さないほうがいい。（四八頁）

この「、」のために、「とらえていなかったり……あまり」と読んでしまう恐れがあるし、「するあまり」がどこに掛かるのか探してしまう恐れがある。「あまり」は直後の「生じたり」のみに掛かるのだから、「、」はない方が分りやすい。

別の見方をすれば、「とらえていなかったり」と「生じたり」の節が対応している。前節中に「、」がないのに後節にのみ付すのは文を傷める。

↓……読者をひっかけようとするあまり構想に無理が生じたり、……。

㉑ 阿部紘久『文章力の基本』

著者は、「短い主語の後には、読点は必ずしも必要ありません」（一一〇頁）と述べておられるが、ではどのような場合に読点が必要で、どのような場合に不要なのかについて、提示していない。この主語がどこに掛かるかによって変わる、という観点は全く持ち合わせておられない。

【B】(a)(c)、【D】(a)の項を見ていただきたい。

【A】

(a) 今やコンビニはそのコンパクトな店構えと、買い手のニーズをつかむ品ぞろえやサービスを活かして、多種多様なところに出店している。（三二頁）

「今やコンビニは……店構えと」と読んでしまう。

「今やコンビニは」は文末の「出店している」に掛かり、「店構えと」は直後の「品ぞろえやサービス」と同格で次の「を活かして」に掛かる。

↓今やコンビニは、┐そのコンパクトな店構えと、……

【B】

(a) これらは社会人として、学生として、あるいは人間として、さまざまな可能性を広げてくれる基礎的、総合的な能力です。(二一一頁)

「これらは社会人として」と読んでしまう。

「これらは」は文末の「能力です」に掛かり、「社会人として」は直下の「人間として」と同格で、中途の「広げてくれる」に掛かる。

↓これらは、社会人として、……

(b) このように状況説明と、そこで起きていることとの間に読点があると、意味がすんなりと理解できます。(二一四頁)

「このように状況説明と」とひとかたまりで読んでしまうから、意味は必ずしもすんなりとは理解できない。

「このように」は後段の「読点がある」に掛かり、「状況説明と」は直下の「そこで起きていること」と同格で次の「との間」に掛かるから、この切り方は理解を妨げるのである。

(21) 阿部紘久『文章力の基本』

↓このように、⌉状況説明と、そこで起きていることとの間に読点があると、意味がすんなりと理解できます。

(c)自分の会社生活にとって何が大切な思い出になるのか考えた。そしてそれは、⌉今の工場生活かもしれないと考えた。（一四六頁）

「それは……考えた」と読んでしまう。

「そして」は文末の「考えた」に掛かり、「それは」は中途の「工場生活かもしれない」に掛かるのに、このような切り方をした結果である。

↓そして、⌉それは今の工場生活かもしれないと考えた。

【C】

(a)それによって企業内で若い人を指導している中間管理職の方や、⌉学校で文章指導をしている先生方の負担も軽減されることを願っています。（二頁）

「それによって、中間管理職の方や」と読んでしまう。

「それによって」は文末の「軽減される」に掛かり、「中間管理職の方や」は直下の「学校で文章指導をしている先生方」と同格で次の「の負担」に掛かる。また、この文の切れ目は、「方や」よりも「ことを」（目的語）だろう。

↓それによって、企業内で若い人を指導している中間管理職の方や学校で文章指導をしている先生方の負担も軽減されることを、願っています。

(b) 以上三つの例のように、あまりにも当たり前な、あるいは未整理でややこしい前置きを書くのは有害・無益です。（一四〇頁）

この文では、「あまりにも」以下「書くのは」までが長い「主語」（といっていけなければ「主格」）になっている。著者は一二〇頁①で、「長い主語の切れ目」には読点を付けよ、と指南している。これはまさにその「長い主語」ではなかろうか。また、ここは分岐点でもある。

↓……あまりにも当たり前な、あるいは未整理でややこしい前置きを書くのは、有害・無益です。

(c) 結論が先に書いてあれば、その続きを読むべきか、読まなくていいかを簡単に判断できま

す。（一四一頁）

この文の切れ目は、「読むべきか」よりも目的語「いいかを」にあるように思える。「読むべきか、」と切るのであれば、「いいかを、」とする必要性はより大きいのではないか。

↓結論が先に書いてあれば、その続きを読むべきか読まなくていいかを、簡単に判断できます。

(d)なお、文章の中に『』を多用する人がいますが、二重カッコはセリフの中のセリフと、書名だけに使うことが習慣になっています。（一九一頁）

「セリフの中のセリフと」がどこに掛かるのかを探してしまう。

「二重カッコは」は後段の「使う」に掛かり、「セリフの中のセリフと」は直下の「書名」と同格で次の「だけに」に掛かるのだから、このように切ると理解を妨げる。

また、この文のかなり長い主語は「……使うことが」で、これが分岐点になってもいる。ここに「、」が求められよう。「セリフの中の……書名」と誤読される恐れは、まずあるまいと思う。

↓……二重カッコはセリフの中のセリフと書名だけに使うことが、習慣になっています。

【D】

(a) 私は、言語に興味をもっていますが、そもそもそれは高校の先生に英語の面白さを教えられたことがきっかけでした。（一四六頁）

冒頭に記したように、著者は〝短い主語の後には読点は必ずしも必要ではない〟と述べている。これはまさに必要ない例に当たるのではないか。「私は」は直下の「言語に興味をもっています」のみに掛かって、後段には効が及ばないからである。

↓私は言語に興味をもっていますが、そもそもそれは高校の先生に英語の面白さを教えられたことがきっかけでした。

(b) 次の文章は、大分、間引きして半分以下の長さにしたものですが、それでもかなり強い自慢臭がします。（一七二頁）

「大分」がどこに掛かるのか、ずっと最後まで見渡して考え込んでしまう。実際には直下の「間引きして」のみに掛かる。これを繋げても「大分間」と誤読する恐れはあるまい。

↓次の文章は、大分間引きして半分以下の長さ……

(c) 読み手の立場に身を置いて感じたり、┃考えたりすることを忘れると、人は驚くほど手前勝手な文章を書いてしまうものです。（一七九頁）

「感じたり」がどこに掛かるのかを探してしまう。直下の「考えたりする」と同格で次の「ことを」に掛かるから、つまりあとの「飛び地」には掛からないから、ここは「、」で切り離さない方が続き具合がよくわかる。

↓読み手の立場に身を置いて感じたり考えたりすることを忘れると、人は驚くほど手前勝手な文章を書いてしまうものです。

【H】

(a) 彼は人生が狂ったのは、┃すべて病気のせいだと考えるようになった。（一〇七頁）

「彼は……狂ったのは」「狂ったのは……考えるようになった」といった読み方がなされてしまう。「彼は」文末の「考えるようになった」に掛かり、「狂ったのは」は直下の「すべて病気のせいだ」に掛かる。また、「彼」の考えをひとまとめにする、と考えるのもよい。

↓彼は、┐人生が狂ったのはすべて病気のせいだ、┐と考えるようになった。　あるいは、

彼は、┐人生が狂ったのはすべて病気のせいだと、┐考えるようになった。

(b)　それをいかに読みやすく、┐理解しやすい形でプレゼンテーションするかということが大事です。（二九六頁）

「読みやすく」がどこに掛かるかを探してしまう。

「それを」は後段の「プレゼンテーションする」に掛かり、「読みやすく」は直下の「理解しやすい」と同格で「形」に掛かる。ただし、短い文だから、「それを」を切り離すよりずっと繋げた方が読みやすい。また、この文の切れ目は、主語である「ということが」よりも、「プレゼンテーションするか」だろう。それによって一つの考えとしてまとめれば、分りやすい。

↓それをいかに読みやすく理解しやすい形でプレゼンテーションするか、┐ということが大事です。

⑵ 石黒 圭『よくわかる文章表現の技術（新版）Ⅰ 表現・表記編』

著者は九－一〇頁で「〔文の〕長さが読点の打ち方に強い影響を及ぼして」おり、「〔主語の後に〕読点が打たれたことによって、直後の述語にはかからず、文末の遠い述語にかかっていることがわか」る、と論じている。まさに正論だけれども、主語の後に来る文節がどのような修飾関係になっているかが「、」の打ち方を大きく左右する点については、触れておられない。この原則にもとって、遠い述語に掛かる主語の後に読点のない文章も散見される。【B】の項を見ていただきたい。

二〇頁では、「不要なところに打つと、文の構造がわかりにくくなったり、誤解を招いたりすることになります」とも述べているが、「不要なところ」とは調査対象の学生が全く打たなかったところというだけで、特に「不要」の基準を示しているわけではない。著者自身の文がどうかについて、【D】の項を見ていただきたい。

【A】

(a) ただ、文体というと「夏目漱石の文体」のように、ある作家が持っている言語的特徴の偏りを指す場合もありますので、言語学では言語使用域と呼ばれます。（一〇八－一〇九頁）

「文体というと……のように」と読んでしまう。「文体というと」は後段の「場合もあります」に掛かり、「のように」は中途の「指す」に掛かる。

↓ただ、文体というと、「夏目漱石の文体」のように、ある作家が持っている言語的特徴の偏りを指す場合もありますので、言語学では言語使用域と呼ばれます。

(b) 弱い判断の短所は筆者の主張が責任感に欠け、あいまいなものになるところにある。(一四三頁)

「短所は」は文末の「ところにある」に掛かり、「欠け」は直下の「あいまいなものになる」と同格で次の「ところ」に掛かる。あるいは「あいまいなものになる」に掛かると言った方がいいかも知れない。従って、この切り方は不適切で、左記の方が理解を助ける。

↓弱い判断の短所は、筆者の主張が責任感に欠け、あいまいなものになるところにある。

(c) 接続詞の使い方というのは簡単そうで、じつはとても難しいものです。(一九四頁)

「使い方というのは」は文末の「ものです」に掛かり、「簡単そうで」は中途の「難しい」に掛かる

↓接続詞の使い方は、┐簡単そうで、じつは大変難しいものです。

(d) それにたいし、多くの人は「こうした曲の多く」が「中国で作曲された曲と思われている」という誤認された事実が中国人のあいだに存在している。しかし、そうした事実を筆者に伝えた情報ソースがわからないと考えているのでしょう。（一六二頁）

第一章一参照。

↓それにたいし、多くの人は、┐「こうした曲の多く」が「中国で作曲された曲と思われている」という誤認された事実が中国人のあいだに存在している、┐しかし、そうした事実を筆者に伝えた情報ソースがわからない、┐と考えているのでしょう。

(e) しかし、┐私自身は文章を書くということについて、考えるべきことはまだまだあると思っています。（二五五頁）

「しかし」「私自身は」は文末の「思っています」に掛かり、「について」は直下の「考えるべきことはまだまだある」に掛かる。

↓しかし私自身は、文章を書くということについて、考えるべきことはまだまだあると思っています。

【B】

(a)それはまだ、読点が打たれている箇所の実態の解明が充分に進んでいないため、読点の打ち方がルール化されていないからです。(二頁)

↓それは、まだ読点が打たれている箇所の実態の解明が充分に進んでいないため、読点の打ち方がルール化されていないからです。

「それは」は文末の「からです」に掛かり、「まだ」は中途の「進んでいない」に掛かるから、このような切り方は理解を妨げる。「それはまだ……進んでいない」と読んでしまう恐れがあるからである。

(b)日本語は正書法が充分に確立していない、一国の公用語としては、きわめて珍しい言語で

す。（四頁）

「日本語は」は文末の「言語です」に掛かり、「確立していない」は中途の「珍しい」と同格で「言語」に掛かる。一方、「一国の公用語としては」は直下の「きわめて珍しい」に掛かる。こうした点を勘案すれば、左記の方が理解しやすいのではないだろうか。

↓日本語は、┐正書法が充分に確立していない、一国の公用語としてはきわめて珍しい言語です。

(c) 構造派は文を文法的に、論理的に考えて読点を打つタイプです。（九頁）

「構造派は」文末の「タイプです」に掛かり、「文法的に」は直下の「論理的に」と同格で次の「考えて」に掛かる。

↓構造派は、┐文を文法的に、論理的に考えて読点を打つタイプです。

(d) (4)には「先生」と呼ばれる心地よさを得るため、ある種の権力関係を強要するさまが描かれています。（八四頁）

「⑷には」は文末の「描かれています」に掛かり、「得るため」は直後の「強要する」に掛かる。

↓⑷には、┐「先生」と呼ばれる心地よさを得るため、ある種の権力関係を強要するさまが描かれています。

(e) さて、┐今回は三九文の短文からなる原文と、一二文の長文からなる書き換え文を並べ、その長所・短所を比較していきたいと思います。（二二七頁）

「さて」「今回は」は共に文末の「比較していきたい」に掛かるので、この間に「、」はなくていい。他方、「原文と」は直後の「書き換え文」と同格で次の「を並べ」に掛かるから、「今回は」と切り離す必要がある。

↓さて今回は、┐三九文の短文からなる原文と、一二文の長文からなる書き換え文を並べ、その長所・短所を比較していきたいと思います。

【C】

(a) 長いにもかかわらず、┐大きな意味の切れ目がわからない文は読みにくいからです。（六頁）

この文自体が「意味の切れ目がわから」ず、「長いにもかかわらず、……読みにくい」と読んでしまう。「かかわらず」は直後の「わからない」に掛かるから「、」は不要で、「切れ目」は「わからない文は」だから、逆にここに「、」が要る。

↓長いにもかかわらず大きな意味の切れ目がわからない文は、読みにくいからです。

(b) 私が、読点の名手と考えるもう一人の作家は須賀敦子です。（一三頁）

「私が」がどこに掛かるかを探しあぐねて、「私が、……須賀敦子です」と読みかねない。さらに、この文の分岐点は「作家は」である。

↓私が読点の名手と考えるもう一人の作家は、須賀敦子です。

(c) こうした例が、典型的には段落の冒頭に多く見られることからもそのことがわかります。
（六九頁）

「こうした例が、……わかります」と読んでしまう。この文の最大の分岐点は「ことからも」だから、左記の方が理解を助ける。

↓こうした例が、典型的には段落の冒頭に多く見られることからも、┐そのことがわかります。

(d)そこには、接続詞の論理が、┐筆者の主体的な選択によって決まることの難しさが現れているように思います。（一九七頁）

「接続詞の論理が、……現れている」と読んでしまう。
「接続詞の論理が」は直下の「筆者の主体的な選択によって決まる」のみに掛かるから、ここには「、」は要らない。また、この文のより重要な分岐点は「難しさが」だろう。

↓そこには、接続詞の論理が筆者の主体的な選択によって決まることの難しさが、┐現れているように思います。

(e)同一の事態や、┐関連性のない事態が一文に入ると理解が困難になるのです。（二二〇頁）

「同一の事態や」は直下の「関連性のない事態」に掛かるから、この「、」はなくていい。この文の分岐点は「入ると」だから、むしろここに「、」が要る。

⑵ 石黒 圭『よくわかる文章表現の技術（新版）Ⅰ 表現・表記編』

↓同一の事態や関連性のない事態が一文に入ると、┃理解が困難になるのです。

(f) つまり、ルールとして確立した規則性と、┃個人の裁量に委ねられた恣意性がたがいに拮抗しているという点で段落と読点は共通しているのです。（二三九頁）

この文の最大の分岐点は「という点で」だろうから、ここに「、」が要る。「規則性と」は直下に掛かるから、この「、」はなくていい。

↓つまり、ルールとして確立した規則性と個人の裁量に委ねられた恣意性がたがいに拮抗しているという点で、┃段落と読点は共通しているのです。

(g) 段落分けには筆者がどのようにその文章の内容を伝えたいか、そのメッセージが込められていることを実感していただけたと思います。（二五一頁）

「段落分けには」は後段の「込められている」に掛かり、「伝えたいか」は直下の「そのメッセージ」に掛かる。また、分岐点は「込められていることを」だろう。

↓段落分けには┐筆者がどのようにその文章の内容を伝えたいか、そのメッセージが込められていることを┐実感していただけたと思います。

【D】

(a) 前者については┐1-4「読点を打つ基準」で紹介したので、ここでは後者、すなわち感覚的な読点を見ることにしましょう。(一一頁)

「前者については」は直下の文節のみに掛かるから、「、」は不要。これでは、さらにどこかに掛かるかと探してしまう。

↓前者については1-4「読点を打つ基準」で紹介したので、ここでは後者、すなわち感覚的な読点を見ることにしましょう。

(b) これは┐いうまでもなく┐選択の誤りですが、うっかりしたのでしょうか。(五〇頁)

「いうまでもなく」は直下の「選択の誤り」のみに掛かるから、「、」は省いた方が読みやすい。

「これは」もさして後方でない「選択の誤り」に掛かるから、「、」はなくてもいい。

↓これは（、）いうまでもなく選択の誤りですが、うっかりしたのでしょうか。

(c) もし、┐省略するのであれば、「……」と、連体節を連用節に転出させる必要があります。
（六七頁）

この「もし」も、直下の「省略するのであれば」のみに掛かるから、「、」は要らない。

↓もし省略するのであれば、……

(d)「のだ」という形式は、これまで見てきたように、話しことばでも、┐書きことばでもきわめてよく使われる形式です。（一七五頁）

「話しことばでも、……形式です」と読んでしまう。「話しことばでも」は直下の「書きことばでも」のみに掛かる。

↓「のだ」という形式は、これまで見てきたように、話しことばでも書きことばでもきわめてよく使われる形式です。

(e)接続詞のついていない文は直前直後の文など「比較的近くにある文としか関係を結ばないことが多いのにたいして、接続詞のついている文はより遠くの文と関係を持ち、より広範囲の文に影響を及ぼすことが多いのです。(二〇〇頁)

「文など」は直下の「比較的近くにある」のみに掛かる。

↓接続詞のついていない文は直前直後の文など比較的近くにある文としか関係を結ばないことが多いのにたいして、……

(f)これを段落に分ければ「いくつかの文章になるが、どことどこで分けるか、という課題に悩まされ「慣らされた結果、段落とは長いものが小間切れにされたものだと考えるようになった。(二三九頁。引用文)

「、」過多に思えるが、著者はその点に触れない。左記のように、直下に続く文節の「、」を取った方が理解しやすいのではなかろうか。

↓これを段落に分ければいくつかの文章になるが、どことどこで分けるか、という課題に悩まされ慣らされた結果、段落とは長いものが小間切れにされたものだと考えるようになった。

⑵ 石黒 圭『よくわかる文章表現の技術（新版）Ⅰ 表現・表記編』

【E】

(a) 日本語の主語廃止論を唱えた文法学者三上章氏は係助詞「は」が格助詞の役割を担うことを「兼務」と呼びました。（二六頁）

この長さだと、左記のように「、」が一つあった方が読みやすいと思う。

↓日本語の主語廃止論を唱えた文法学者三上章氏は、係助詞「は」が格助詞の役割を担うことを「兼務」と呼びました。

【G】

(a) 一方、⑷で区切った人は「ここで一つ気になることがある」という文に、新たな話題を切りだす力を見いだした表現重視の人であろうと思われます。（二五〇頁）

「区切った人は」は文末の「人であろう」に掛かり、「という文に」は中途の「見いだした」に掛かるから、この切り方は理解を妨げる。また、ここでの「表現重視の人」は、「直立歩行の、人類」の「人類」が「人類」一般であるのと同じく、「表現重視の人」一般だから、前に「、」があった方が分りやすい。

↓
一方、(24)で区切った人は、「ここで一つ気になることがある」という文に新たな話題を切りだす力を見いだした、表現重視の人だろうと思われます。

(23) 石黒 圭『よくわかる文章表現の技術（新版）II 文章構成編』

【A】

(a) かくて東京都は成田の空港では乗り降りに遠隔地で不便なので、羽田空港にも国際線乗り入れを認めるべきだと主張し始めたのである。（二四三頁。引用文）

「東京都は」は文末の「主張し始めた」に掛かり、「不便なので」は中途の「認めるべきだ」に掛かる。

↓かくて東京都は、成田の空港では乗り降りに遠隔地で不便なので、……。

(b) 夫婦別姓制度は結婚・離婚など、女性がわの私的情報を公開せずに済む（二四八頁）

↓夫婦別姓制度は、結婚・離婚など、女性がわの私的情報を公開せずに済む

(c) 文化審議会の文章も心に響くような、卑近な言葉で語るべきだったのではないだろうか。

（二八二頁。引用文）

「文章も」は後段の「語るべき」に掛かり、「響くような」は直下の「卑近な」と同格で次の「言葉」に掛かる。

↓文化審議会の文章も、┐心に響くような、卑近な言葉で語るべきだったのではないだろうか。

【B】

(a) このことは以前のわたし、他でのわたしでは考えられない。（二九頁。引用文）

「このことは」は文末の「考えられない」に掛かり、「以前のわたし」は直下の「他でのわたし」と同格で次の「では」に掛かるから、次のようにした方が理解しやすい。

↓このことは、┐以前のわたし、他でのわたしでは考えられない。

(b) 私は「郷に入りては郷に従え」という諺の真意は、それまでの慣習を捨て去ることにあるのではなく、それまでの慣習のうちに新たな慣習を引き入れることで、┐より高い次元での融合を可能にさせることにあると思う。（三〇－三一頁。引用文）

「私は」は文末の「と思う」に掛かり、「真意は」はその前の「ことにある」に掛かる。また、「引き入れることで」は直後の「可能にさせる」に掛かる。

↓私は、「「郷に入りては郷に従え」という諺の真意は、それまでの慣習を捨て去ることにあるのではなく、それまでの慣習のうちに新たな慣習を引き入れることでより高い次元での融合を可能にさせることにある、」と思う。

(c)これは大阪府立大学……出身の東野が、……と語っているように、……多いからだと思う。（五七頁）

「これは」は文末の「多いからだ」に掛かり、「東野が」は中途の「語っている」に掛かる。

↓これは、「大阪府立大学……出身の東野が、……と語っているように、……多いからだと思う。

(d)私はよく言われるような地下の持つある種の「母性的なるもの」を、そのままヒトラーの幼児的な「根深い欲望」と結びつけるつもりはない。（二〇〇頁。引用文）

↓私は、「よく言われるような地下の持つある種の「母性的なるもの」を、そのままヒトラーの幼児的な「根深い欲望」と結びつけるつもりはない。

(e)それは事件の中で、まるでヒトラーのごとく独裁者然としている教祖によって言われた「ポア」という言葉が何よりも端的に物語っているのだが、自分たちの考えや意向に添わない者を簡単に「ポア」する、……発想が、あの犯罪の根底に強くあったのではないかということだ。(二〇二頁。引用文)

↓それは、「事件の中で、……

「それは」は遥か文末の「ということだ」に掛かり、「事件の中で」はずっと手前の「言われた」に掛かる。

【C】

(a)縁側はとしよりにとっては安全で、「しかも快適な場所だった。(八四頁)

「縁側は」は文末の「場所だった」に掛かり、「安全で」は直後の「快適な」に掛かる。

「とっては」を分岐点ととらえることもできる。

↓縁側はとしよりにとっては、┐安全でしかも快適な場所だった。　あるいは、

縁側は┐としよりにとっては安全でしかも快適な場所だった。

(b)相手を知り、┐己をしっかり伝えることが初対面の相手にたいしてはとくに重要なことだと思います。（一二六頁）

この文の分岐点は、「伝えることが」だろう。

↓相手を知り己をしっかり伝えることが、┐初対面の相手にたいしてはとくに重要なことだと思います。

(c)作品が書かれることと、┐世に出ることとの間には介在者が要る。（二〇三頁。引用文）

↓作品が書かれることと世に出ることとの間には、┐介在者が要る。

(d)彼女はほんのひと時の間、┐神父と眼を合わせるとひげの男と共に外に出て行った。（二一八

頁。引用文）

「ひと時の間……出て行った」と読めてしまう。

↓彼女はほんのひと時の間神父と眼を合わせると、「ひげの男と共に外に出て行った。

(e) この段階で、「初めて筆者の主張がわかったと考えた人が二九名と初めて二桁に達します。

（二五六頁）

「この段階で、……初めて二桁に達します」と読んでしまう。

↓この段階で初めて筆者の主張がわかったと考えた人が、「二九名と初めて二桁に達します。

(f) このように文章の冒頭に出現し、「話に枠をはめるような情報は例外的に重要な情報になります。（二七〇頁）

「冒頭に出現し」がどこに掛かるのか分らない。主要な分岐点は「情報は」だろう。

↓このように文章の冒頭に出現し話に枠をはめるような情報は、例外的に重要な情報になります。

(g) 不況の中、職のない人々を、人手のいる福祉分野に移すなどしないといわゆる「あぶれ」の状況は悪化する。（二七五頁。二六三頁にある引用文を学生が要約したもの）

もとの文は「日雇いの人たちを需要のある福祉分野などに移さないと、状況はますます悪くなる」で、「、」の位置に問題はない。この本の著者は、「要約」の「、」に朱を入れなかったようだ。

↓不況の中、職のない人々を人手のいる福祉分野に移すなどしないと、いわゆる「あぶれ」の状況は悪化する。

【D】

(a) 一般の学生には、知り得ない部分の情報を、講師の話から読み取る事ができるからだ。
（二九頁。引用文）

「一般の学生には」は直下の「知り得ない」のみに掛かって後段の「読み取る」にも「できる」

にも掛からないのだから、この「、」はない方が理解を助ける。

↓一般の学生には知り得ない部分の情報を、……

(b) それは、室内の落ちつきのなかに、┐四季の変化をたのしむ、日本のすまいのもっともすぐれた生活空間のひとつの場面だ。（八三頁）

↓それは、室内の落ちつきのなかに四季の変化をたのしむ、日本のすまいのもっともすぐれた生活空間のひとつの場面だ。

「なかに」は直後の「たのしむ」のみに掛かる。

(c) ある時、┐ペエスケは人が馬に乗るように、┐自分も犬に乗ってみたいと思いました。（一七七頁。引用文）

「ある時」も「ペエスケは」も文末の「思いました」に掛かり、「乗るように」は直後の「乗ってみたい」に掛かる。

↓ある時ペエスケは、┐人が馬に乗るように自分も犬に乗ってみたいと思いました。

(d)その問がつきつめられるまえに書きはじめられたために、┐文章の内容があいまいになっていたり、せっかく問の設定がきちんとできていても、┐その問に最後まで答えずに済ます論文が大半なのです。（二八八頁）

「書きはじめられたために」は直後の「あいまいになって」のみに掛かるのに、「、」があるためにどこに掛かるか探すことになる。「できていても」も直後の「済ます」に掛かる。分岐点は「論文が」。

↓その問がつきつめられるまえに書きはじめられたために文章の内容があいまいになっていたり、せっかく問の設定がきちんとできていてもその問に最後まで答えずに済ます論文が、┐大半なのです。

(e)どの編集者も、┐これだけの仕事ができるわけではないから、偉大なる黒子と言えるだろう。

（二〇四頁。引用文）

「どの編集者も、……偉大なる黒子と言える」と読んでしまう。

↓どの編集者もこれだけの仕事ができるわけではないから、偉大なる黒子と言えるだろう。

(f) もし読者が、┐筆者と同じ賛成の立場であれば、説得することにほとんど困難は生じないはずなのですが、もし読者が、┐筆者とは反対の立場だったら、その説得には相当骨が折れると考えるべきでしょう。（二四五頁）

↓もし読者が筆者と同じ賛成の立場であれば、説得することにほとんど困難は生じないはずなのですが、もし読者が筆者とは反対の立場だったら、その説得には相当骨が折れると考えるべきでしょう。

(g) 以上は、┐内容面での譲歩ですが、もう一つ、表現面での譲歩もあります。（二四七頁）

後半は同格の二語を区別するためだから「、」に意味がある。

↓以上は内容面での譲歩ですが、もう一つ、表現面での譲歩もあります。

⑶ 石黒 圭『よくわかる文章表現の技術（新版）II 文章構成編』

【H】

(a) 私はヒトラーが無意識のうちにもその地下壕を最期の場所として、生前から考えていたのではないかと思いたいのである。（一九九頁。引用文）

「私は」は文末の「思いたい」に掛かり、「場所として」は直後の「考えていた」に掛かる。

↓私は、ヒトラーが無意識のうちにもその地下壕を最期の場所として生前から考えていたのではないか、と思いたいのである。

㉔ 町田守弘『新聞で鍛える国語力』

【A】

(a) 次に筆者はドイツの哲学者・社会学者ジンメルの「橋と扉」という一文、さらにその文に対する菅野仁氏の解説を引き合いに出している。（五四頁）

「筆者は」は文末の「引き合いに出している」に掛かり、「という一文」は中途の「解説」と同格で「を」に掛かる。

↓次に筆者は、ドイツの哲学者・社会学者ジンメルの……

(b) 「ぼく」は支度を忘れていてにわか仕込みの、しかも「日本」を売りつけるような衣装で臨んだ。（七一頁）

「忘れていて」は文末の「臨んだ」に掛かり、「にわか仕込みの」は直下の「売りつけるような」と同格で中途の「衣装」に掛かる。

↓「ぼく」は支度を忘れていて、┐にわか仕込みの、しかも「日本」を売りつけるような衣装で臨んだ。

(c) それは必ずしも文章としてよい、という評価基準とは一致しない。(一八七頁)

「必ずしも……よい」と読んでしまう。「必ずしも」は文末の「一致しない」に掛かり、「よい」は直下の「という」に掛かる。

↓それは必ずしも、┐文章としてよい、という評価基準とは一致しない。

【B】

(a) わたくしは中学生に年間を通して原則として毎日、新聞のコラムを切り取って専用のノートに貼り付けるという課題に取り組んでもらったことがある。(九二頁)

「わたくしは」は文末の「ことがある」に掛かるのに対して、「原則として毎日」は中途の「貼り付ける」に掛かるのであろう。

↓わたくしは、┐中学生に年間を通して原則として毎日、……

【C】

(a) だからネットのみに依存してしまうと、┐現実でのコミュニケーションが困難になるのを筆者は危惧している。(五五頁)

「依存してしまうと、……危惧している」と読んでしまう。

「依存してしまうと」は中途の「困難になる」に掛かるのだろうから、この「、」はない方が分りやすい。また、この文の分岐点は「なるのを」だろう。さらに、「だから」も文末の「危惧している」に掛かると見た方がよさそうだ。さらに言えば、「だから」は話し言葉だろう。

↓そのため┐ネットのみに依存してしまうと現実でのコミュニケーションが困難になるのを、┐筆者は危惧している。

(b) 容疑者の責任が追及されず、事件の真相が解明されなかったという問題が「正義を実行しなかった」ということである。(一七〇頁)

「追及されず」と「解明されなかった」は同格で、「という問題」に掛かる。主格は「問題が」

である。従って、最大の分岐点は「追及されず」ではなく、「問題は」である。

↓容疑者の責任が追及されず、事件の真相が解明されなかったという問題が、┐「正義を実行しなかった」ということである。

(c) 特に大根をあげようとする老女に、┐自分自身の母親の姿を重ねているところに注意したい。

（一八二頁）

「特に……あげようとする老女」と読めてしまう。「特に」は、「重ねている」あるいは文末の「注意したい」に掛かる。「重ねている」に掛かるのであれば、「、」はないままでいい。「老女に」は直後の「母親の姿を重ねている」に掛かる。また、分岐点は「ところに」だろう。

↓特に（、）大根をあげようとする老女に自分自身の母親の姿を重ねているところに、┐注意したい。

【D】

(a) この間、┐いただいたおはがきに、お子さんの手で「ぞうさん」の絵が描かれていたでしょう。

日本の子供の、ほとんどが、実際の「ぞう」を見る前に、描かれたそれを見てしまうのではないでしょうか。

わたしが、上野動物園に連れて行ってもらったのは小学校低学年の時です。

それ以前に「ぞう」の絵を見、それなりのイメージを、持っていたことは確かです。（七六－七七頁。北村薫）

「、」が多すぎると分りにくくなる例。右記の四つの文の「この間」「子供の」「わたしが」「イメージを」はいずれも直下の語に掛かり、以降の文節には掛からないのだが、「、」のためにさらにどこかに掛かるのかと探してしまう。また、三番目の文の分岐点は「連れて行ってもらったのは」だろう。従って、以下のようにして欲しい。


↓この間いただいたおはがきに、お子さんの手で「ぞうさん」の絵が描かれていたでしょう。

日本の子供のほとんどが、実際の「ぞう」を見る前に、描かれたそれを見てしまうのではないでしょうか。

わたしが上野動物園に連れて行ってもらったのは、小学校低学年の時です。

それ以前に「ぞう」の絵を見、それなりのイメージを持っていたことは確かです。

⑷ 町田守弘『新聞で鍛える国語力』

【H】

(a) すなわち筆者は蔦温泉周辺の森を訪れるたびに、「気持ちが安らぐ」と述べている。（三九頁）

「筆者は」は文末の「述べている」に掛かり、「訪れるたびに」は直下の「気持ちが安らぐ」に掛かるから、この切り方は不適切だろう。これでは、「訪れるたびに……述べている」と読んでしまう。ちなみに、高田宏の原文には、「行くたびに気持ちが安らぐ」とある。

↓すなわち筆者は、蔦温泉周辺の森を訪れるたびに「気持ちが安らぐ」、と述べている。

㉕ 中山秀樹『ほんとうは大学生のために書いた　日本語表現練習帳』

著者は読点の打ちどころについての冒頭に「主語、述語、目的語が長いとき」を挙げ、「『私は』のように主語が短いときは、読点を入れなくてもいいですよ」と説いている（三六－三七頁）。「私は」がどこに掛かるかは全く眼中にないようである。

【C】

(a) 民間の企業だったら認められないであろう理由が、┐官の世界ではこれまでさほど問題にされなかったことがいま疑問視されている。（三七頁）

ここに「、」を付した理由について、著者は「主語が長いので読点を入れました」と述べているが、この文の主語は「問題にされなかったことが」ではないか。しかも、この文の最大の分岐点はここにある。さらに、これでは「理由が、……疑問視されている」と読んでしまう。

↓ 民間の企業だったら認められないであろう理由が官の世界ではこれまでさほど問題にされなかったことが、┐いま疑問視されている。

㉕ 中山秀樹『ほんとうは大学生のために書いた　日本語表現練習帳』

(b) より若い、ボランティア経験のない人に参加を呼びかけた。（三八頁）

著者は、「修飾する語に、誤解が生じないようにする場合」として、ここに「、」を打っている。それはそれで結構な措置だろう。しかしこの文の最大の分岐点は「経験のない人に」だろう。しかも、これでは「より若い」がどこに掛かるか探してしまう。

↓より若い、ボランティア経験のない人に、⌉参加を呼びかけた。

(c) 接続語を使えば、⌉文章がわかりやすくなるとは限りません。（五二頁）

「接続語を使えば、……限りません」と読んでしまう。「接続語を使えば」は直後の「わかりやすくなる」に掛かるのだし、この文の最大の分岐点は「なるとは」あるいは「なる」だろうから、むしろこのいずれかに「、」を移した方が分りやすい。

↓接続語を使えば文章がわかりやすくなるとは、⌉限りません。あるいは、
接続語を使えば文章がわかりやすくなる、⌉とは限りません。

(d) 接続語を使わなくても┐きちんと筋道がわかりやすく書かれている文章に触れることができます。（五三頁）

↓接続語を使わなくてもきちんと筋道がわかりやすく書かれている文章に┐触れることができます。

前例(c)と対を成し、「接続語を使わなくても、……触れることができます」と読んでしまう。「使わなくても」は直後の「わかりやすく書かれている」に掛かるから、「、」はない方が分りやすい。しかもこの文の分岐点は「文章に」だろう。

【J】

(a) おじいさんは┐「おじいさん」で、おばあさんは「おばあさん」です。（一九六頁）

「おじいさん」は、直下の「『おじいさん』で」のみに掛かる。また、「おじいさん」の後には「、」を付けて「おばあさん」の後にはつけないという、一貫性を欠いた構造にも問題がある。

↓おじいさんは「おじいさん」で、おばあさんは「おばあさん」です。

(26) 中村 明『語感トレーニング——日本語のセンスをみがく55題』

【B】

(a)「仲直り」は個人間のちょっとした喧嘩のあと、そう長くない絶交の期間を経てまた元の状態に戻った感じがある。（九五頁）

「『仲直り』は……喧嘩のあと、……感じがある」と読んでしまう恐れがある。「『仲直り』は」は文末の「感じがある」に掛かり、「喧嘩のあと」は直下の「そう長くない絶交の期間を経て」に掛かり、あるいはそれと同格で中途の「戻った」に掛かるから、この切り方は不適切と思う。

↓「仲直り」は、個人間のちょっとした喧嘩のあと、そう長くない絶交の期間を経てまた元の状態に戻った感じがある。

【D】

(a)「テーブル」や「食卓」に比べ、「ちゃぶ台」という語から折りたたみ式の円い形や、温かな家庭が連想されやすいのも、「梅」や「桃」などに比べて、「桜」という語は卒業式や入学式を連想させ、旅立ちの象徴となるのも、それぞれの語の使用歴から来る指示対象の照り返しが関与する語感である。（一〇三頁）

「円い形や」は直下の「温かな家庭」のみに掛かるから、ここに「、」があるとかえって理解を妨げる。

↓……「ちゃぶ台」という語から折りたたみ式の円い形や温かな家庭が連想されやすいのも、……

【J】

(a) しかし、その車は相手の自家用車とは限らず、どちら側でもないハイヤーでも、話し手の所有する乗用車であっても同じ表現が可能だ。（五〇頁）

「ハイヤーでも、」と切っているから、同格の「乗用車であっても」でも切った方がいいと思うし、この文の分岐点としては「ハイヤーでも」より「乗用車であっても」の方が重要だろうから、左記の方が望ましいと思う。

↓……どちら側でもないハイヤーでも、話し手の所有する乗用車であっても、同じ表現が可能だ。

(b)〈中心的意味〉はその語が何を指し示すか、というハードな論理的情報であり、〈周辺的意味〉は、その語が相手にどういう感じを与えるか、というソフトないわば心理的情報である。（一八二頁）

「〈中心的意味〉は」は「論理的情報であり」に掛かり、「指し示すか」は直下の「という」に掛かるから、この切り方は不適切。しかも、後段では同じような位置関係にある「〈周辺的意味〉は」に「、」が付されている。従って、左記のようにして欲しいところ。

↓〈中心的意味〉は、その語が何を指し示すか、というハードな論理的情報であり、〈周辺的意味〉は、その語が相手にどういう感じを与えるか、というソフトないわば心理的情報である。

(27) 水谷静夫『曲り角の日本語』

【A】

(a) しかしこれはチョムスキーの言いたいことを、弟子が分かっていなかったのだと思います。（一〇九頁）

「これは」は文末の「のだ」（＝ためだ）に掛かり、「言いたいことを」は直後の「分かっていなかった」に掛かる。

↓しかしこれは、|チョムスキーの言いたいことを、弟子が分かっていなかったのだと思います。

(b) 副詞はもちろん「ニ」を取って副詞になるか、「ト」を取るか、それから零記号ε^5を取るか、……そういうことでいろいろな種類が出来る。（一四五頁）

「副詞はもちろん『ニ』を取って」と読めるけれども、実際には「副詞はもちろん」は文末の

「いろいろな種類が出来る」に掛かっているのだと思う。とすれば、

→副詞はもちろん、「二」を取って副詞になるか、……

(c)それから、更に言葉をいじくっている連中が日本語をどういう方向に持っていこうか、持っていくべきか、持っていったらいいかということを、真剣に大局的に考えてはいない。

（二〇一―二〇二頁）

「連中が日本語をどういう方向に持っていこうか」が独立しているように読めるから、「考えてはいない」の主語が何なのかと、探してしまう。

「連中が」が文末の「考えてはいない」に掛かり、「持っていこうか」は、中途の「持っていくべきか」、「持っていったらいいか」と同格で、その直後の「ということ」に掛かるのだろうから、左記のように切った方が理解しやすい。

→更に言葉をいじくっている連中が、日本語をどういう方向に持っていこうか、持っていくべきか、持っていったらいいかということを、真剣に大局的に考えてはいない。

【B】

(a) 昔の国語審議会――私は日本語のためにああいうものがあったことが┐非常に不幸だったと思います。（五七頁）

「私は日本語のためにああいうものがあった」という〃かたまり〃で読むのが自然だから、「思います」の主語は隠れている「私」だろうと想像してしまう。実際には、「私は」が文末の「思います」に掛かり、「あったことが」は直後の「不幸だった」に掛かる。

また、これでは、「日本語のためにああいうものがあった」と読める。そうならこれでいいのだけれど、もし「日本語のために」は後段の「不幸だった」に掛かるのだとすれば、それもはっきりさせるには次のようにした方がいいのではなかろうか。

↓私は┐日本語のために┐ああいうものがあったことが非常に不幸だったと思います。

(28) 村田喜代子『縦横無尽の文章レッスン』

【A】

(a) そしてこの子は砂浜の熱さや、海水のなまぬるさ、ワカメのぬるぬるした感触も書き逃さない。（一三頁）

「この子は」は文末の「書き逃さない」に掛かり、「砂浜の熱さや」は直後の「海水のなまぬるさ」「ワカメのぬるぬるした感触」と同格で次の「も」に掛かる。

↓そしてこの子は、砂浜の熱さや、海水のなまぬるさ、ワカメのぬるぬるした感触も書き逃さない。

(b) カール・サバーグはちっぽけな椅子と階段みたいな具体的物体よりも、じつはその便利で簡単きわまりない構造の椅子や階段を考案した、人間のアイデアに着目した。（六六頁）

「カール・サバーグは」は文末の「着目した」に掛かり、「具体的物体よりも」は中途の「人間のアイデア」に掛かる。また、「みたいな」は話し言葉。

↓カール・サバーグは、ちっぽけな椅子と階段のような具体的物体よりも、じつはその便利で簡単きわまりない構造の椅子や階段を考案した、人間のアイデアに着目した。

(c)この考察は同時にわれわれ日本人がなぜ格好悪くぶきっちょにしか歩けないのか、という問いの答えもうながすのである。（一三九頁）

「この考察は」も「同時に」も文末の「うながす」に掛かり、「歩けないのか」は直下の「という問い」に掛かる。

↓この考察は同時に、われわれ日本人がなぜ格好悪くぶきっちょにしか歩けないのか、という問いの答えもうながすのである。

(d)それがいかにもあの埃っぽくて汚い、肉質の黒い翼をはやした生きものの出自のようで、感心しながら笑ってしまう。（一八四頁）

「それがいかにも」は後段の「出自のよう」に掛かり、「汚い」は直下の「肉質の黒い翼をはやした」と同格で「生きもの」に掛かるから、左記の切り方が望まれる。

↓それがいかにも、あの埃っぽくて汚い、肉質の黒い翼をはやした生きものの出自のようで、……

(e) 目を離すとようやく形のうしろに隠れている、ぼんやりとした実体というか、本質というか、そういう濃い気配に気がつくだろう。（一八六頁）

「ようやく……隠れている」と読んでしまう。「ようやく」は文末の「気がつく」に掛かり、「隠れている」は直後の二文節と同格で次の「濃い気配」に掛かる。

↓目を離すとようやく、形のうしろに隠れている、ぼんやりとした実体というか、本質というか、そういう濃い気配に気がつくだろう。

(f) それというのもかごの中の立派な豆や、あぶらみに吸い寄せられたからだった。（一九四頁）

「それというのも」は文末の「からだった」に掛かり、「豆や」は直下の「あぶらみ」と同格で次の「に」に掛かる。「豆や」と「あぶらみ」とは、両者が単語として明確に区別できれば、次のように続けてもいい。但し、「立派な」は「あぶらみ」には掛からないということであれば、元のままが正しかろう。

↓それというのも、┐かごの中の立派な豆やあぶらみに吸い寄せられたからだった。

【B】

(a) そこは森林地帯が切れて、遥々とした大洋を見霽《みはる》かす高い崖の上だった。(一四一頁)

「そこは」は文末の「崖の上だった」に掛かり、「切れて」は中途の「見霽かす」に掛かる。

↓そこは、┐森林地帯が切れて、遥々とした大洋を見霽かす高い崖の上だった。

(b) メスネズミは窓の外にも、このウィルキンソンさんの家の中と同じように、いや、┐それ以上に広い営みの空間があることを知りつつあったのだ。(一九三頁)

「メスネズミは」文末の「知りつつあった」に掛かり、「窓の外にも」は中途の「空間がある」に掛かる。また、「同じように」はやや後の「広い」に掛かり「いや」は直下の「それ以上に」に掛かるから、ここに「、」はない方が理解しやすい。さらに、「それ以上に」の後に「、」を付して「広い営みの空間」を一般化し、強調した方がいいかも知れない。

↓メスネズミは、窓の外にも、このウィルキンソンさんの家の中と同じように、いやそれ以上に、広い営みの空間があることを知りつつあったのだ。

(c) それはたまたま作者の思いと、狙いと、個性や性分などと、文章力が、思いがけない合体の仕方で功を奏したときにできる。(二一八頁)

「それは」は文末の「できる」に掛かり、「思いと」は直後の「狙いと」「個性や性分などと」と同格で次の「文章力」に掛かる。

↓それは、たまたま作者の思いと、狙いと、個性や性分などと、文章力が、思いがけない合体の仕方で功を奏したときにできる。

(d) これは私の通う大学のある、山陰地方の海の光の射すような港町の様子を書きとめてみたのである。(二二一頁)

「これは……大学のある」と読んでしまう。「これは」は文末の「書きとめてみた」に掛かり、

「大学のある」は直下の「……射すような」と同格で「港町」に掛かる。

↓これは、「私の通う大学のある、山陰地方の海の光の射すような港町の様子を書きとめてみたのである。

【C】

(a) 私は恋人が劇場の廊下になったり、邸宅の塀になったりするのを見るに忍びません。（四八頁）

「私は……なったり」と読んでしまう。「私は」は文末の「見るに忍びません」に掛かり、「なったり」は直後の「なったり」と同格で次の「するのを」に掛かる。また、Dに関わることだが、「……たり……たり」はこれだけ短ければ「、」で切らない方がいい。さらに、この文の分岐点は「廊下になったり」より「するのを」だろう。

↓私は、「恋人が劇場の廊下になったり邸宅の塀になったりするのを、見るに忍びません。

【D】

(a) 一見、「不条理に見える詩の言葉の中に納得できる不思議な世界が生まれてくる。（一二二頁）

「一見、……生まれてくる」と読んでしまう。「一見」は直下の「不条理に見える」のみに掛かるから、この「、」は不要。また、この文の分岐点は「言葉の中に」だろう。

↓一見不条理に見える詩の言葉の中に、┐納得できる不思議な世界が生まれてくる。

【J】

(a) その限られた空間の、┐境目のガラスに、┐ひげを押し付けるようにして外を眺めるメスネズミの、〈つゆのしずくのような目〉が〈かぼそい骨〉の姿が、読み手の前に浮かび上がってくるだろう。（一九二頁）

対応する「〈……目〉が」と「〈……骨〉の姿が」については、「、」の有無を統一して欲しい。また、前段の二つの「、」はいずれも直下の語のみに掛かっているので、ない方が理解しやすい。

↓その限られた空間の境目のガラスにひげを押し付けるようにして外を眺めるメスネズミの、〈つゆのしずくのような目〉が、┐〈かぼそい骨〉の姿が、読み手の前に浮かび上がってくるだろう。

あるいは、
↓……〈つゆのしずくのような目〉や、〈かぼそい骨〉の姿が、……

⑵9 加藤道理『字源　ちょっと深い漢字の話』

【A】

(a) 啓発主義教育を行うには、このように抑えつけず、糸口を与えて相手のやる気を養うことが大切であるが、……（一三〇頁）

「このように抑えつけてしまう」ことは避ける、と読んでしまうけれど、この前の文では「強《つと》めしめて抑へざれば即ち易く」と解説しているから、「このように」は後段の「養うことが大切である」に掛かっていることになる。左記なら分りやすい。

↓……このように、抑えつけず、糸口を与えて相手のやる気を養うことが大切だが、……

(b) 藤堂明保氏は片手で指を折って数をかぞえる時は、親指から始めて小指で五となり、六はまた小指から開くので、五は五本の指の交差の意とされている。（一四三頁）

「藤堂明保氏は」は文末の「されている」に掛かり、「かぞえる時は」は直後の「五となり」に掛かる。

↓藤堂明保氏は、「片手で指を折って数をかぞえる時は、親指から始めて小指で五となり、六はまた小指から開くので、五は五本の指の交差の意とされている。

(c)すなわち政治とは世の不正をただし治めることであるが、この「政は正なり」の言葉の**裏**には為政者の人間的正しさ、すなわち人徳がなければならないと考えるのが儒家思想の「徳治主義」の**考え方**である。（一八一頁）

「裏には」は文末の「考え方である」に掛かるはずで（言いまわしの当否については、別の項で論じた）、「正しさ」は直後の「人徳」に掛かる。「正しさすなわち」と続ければ紛らわしいので、【H】項の「考えは『、』を付さずにひとまとめ」に入れなかったが、「為政者の……なければならない」が一つの考え方であることが分るようにした方が理解しやすい。

↓……この「政は正なり」の言葉の裏には、「為政者にヽ人間的正しさ、すなわち人徳がなければならないヽ」と考える儒家思想の「徳治主義」の考え方がヽある。

【B】

(a) 許慎は二つの字が意味の上で┐それぞれが相互に説明しあうものとして、「老と考」や「信と誠」などを例としてあげている。（一六頁）

「許慎は」は文末の「あげている」に掛かり、「意味の上で」は直後の「説明しあう」のみに掛かる。

↓許慎は┐二つの字が意味の上でそれぞれが相互に説明しあうものとして、「老と考」や「信と誠」などを例としてあげている。

(b) 孟子はこの曾元の態度は親の食欲を満たし身体を養う（口体を養う）ことだけを考えているに過ぎず、曾子の場合は親の気持ちを大切にした行為（心を養う）であり、これこそが真の孝なのだという。（七四－七五頁）

「孟子は……過ぎず」と読んでしまう。「孟子は」は文末の「いう」に掛かり、「過ぎず」は中途の「孝なのだ」と同格で次の「と」に掛かる。

↓孟子は┐この曾元の態度は親の食欲を満たし身体を養う（口体を養う）ことだけを考えて

いるに過ぎず、曾子の場合は親の気持ちを大切にした行為（心を養う）であり、これこそが真の孝なのだという。

(c)この章は訴訟事件をさばくことを「折獄」という、その言葉の出典ともなっている。（一八九頁）

「この章は……『折獄』という」と読んでしまう。「この章は」は文末の「出典ともなっている」に掛かり、「『折獄』という」は直下の「その言葉」に掛かる。

↓この章は、訴訟事件をさばくことを「折獄」という、その言葉の出典ともなっている。

【C】

(a)……人は左を向き、手をだらりと下げて立つ形を側面から書いたものである。（二七頁）

「人は左を向き」と読んでしまう。「人は」は文末の「書いたものである」に掛かり、「向き」は中途の「立つ」と同格で「形」に掛かる。また、分岐点はむしろ「形を」。

↓人は、左を向き手をだらりと下げて立つ形を、側面から書いたものである。

⑿9 加藤道理『字源　ちょっと深い漢字の話』

【D】

(a) 六十になって何を聞いても物事の表裏や、┐その本質が自然に理解でき、相手の言葉が抵抗なく耳に入り心に納得できるようになった。（八五頁）

↓六十になって（、）何を聞いても物事の表裏やその本質が自然に理解でき、相手の言葉が抵抗なく耳に入り心に納得できるようになった。

「何を聞いても」は後段の「理解でき」「納得できる」に掛かり、「表裏や」は直下の「その本質」のみに掛かる。この間の「、」は取り払った方がいい。「六十になって」は文末の「なった」にも掛かるから、ここにも「、」があった方がいいかも知れない。

(b) 現在の**わが国では**学問が単なる知識の注入にのみに走り、勉強はよりよいとされる学校に進学し、┐一流会社に入って出世し、┐金を儲けるための手段となり、徳性の涵養とは全く無縁のものとなって、汚職や贈収賄の横行する**社会を作り上げてしまっている。**（九一－九二頁）

「わが国では……社会を作り上げてしまっている」はいささか座り心地が悪い。また、「勉強は」は後段の「手段となり」のみならず「無縁のものとなって」にも掛かるが、「進学し」は直後の二文節と同格で次の「ため」に掛かる。併せて左記のようにすれば、理解しやすくなるように思う。

↓現在のわが国では学問が単なる知識の注入にのみに走り、勉強はよりよいとされる学校に進学し一流会社に入って出世し金を儲けるための手段となり、徳性の涵養とは全く無縁のものとなって、汚職や贈収賄の横行する社会が作り上げられてしまっている。

〈著者紹介〉

原　不二夫（はら　ふじお）

1943 年　長野県生まれ
1962 年　諏訪清陵高校卒業
1967 年　東京大学経済学部卒業
1967 年　アジア経済研究所入所
1999 年　南山大学外国語学部教授
2012 年　同学部定年退職
マラヤ大学（マレーシア）、アモイ大学（中国）などで客員教員
学位 1997 年7月　学術博士（東京大学総合文化研究科）

著書：
『英領マラヤの日本人』アジア経済研究所、1986 年
（劉暁民訳『英属馬来亜的日本人』厦門大学、2013 年）
『文豪を添削する：正確な日本語を求めて』謄光出版、1991 年（私家版）
※職業柄書いたものには何の取柄もありませんが、日本語論議には少し自信があります。

反面教師として読んだ
『文章読本』

定価（本体 2800円+税）

乱丁・落丁はお取り替えします。

2019年　3月 22日初版第1刷印刷
2019年　3月 28日初版第1刷発行
著　者　原不二夫
発行者　百瀬精一
発行所　鳥影社（www.choeisha.com）
〒160-0023　東京都新宿区西新宿3-5-12トーカン新宿7F
電話　03（5948）6470, FAX 03（5948）6471
〒392-0012　長野県諏訪市四賀 229-1（本社・編集室）
電話 0266（53）2903，FAX 0266（58）6771
印刷・製本　モリモト印刷

ISBN978-4-86265-725-1　C0095